中公新書 2272

高田博行著

ヒトラー演説

熱狂の真実

中央公論新社刊

プロローグ

イメージは往々にして一人歩きする。ヒトラー（Adolf Hitler）の演説の場合も例外ではない。ヒトラーの演説と言えば、声を大きく張り上げるヒステリックな姿が思い浮かぶ。ヒトラーはたしかに、クライマックスシーンでは大きなジェスチャーでがなり立てるように語り、話すスピードも速い。敵陣営の話題にでもなれば、右手人差し指を立て小刻みに宙に揺らしながら威嚇的に語る。テレビなどで、このようなシーンが繰り返し流されているのだろう。しかし実際には、演説中のヒトラーがいつもそうであるわけでないし、またそれだけがヒトラーの演説の特徴でもない。イメージが一人歩きして行った先から、ヒトラー演説を一度連れ戻してみないといけない。

ヒトラー演説の実像にたどりつくには、ヒトラーが語ったことば自体の分析が不可欠である。まず、実際にひとつ演説文を見ておこう。次に挙げるのは、首相就任の一一日後となる一九三三年二月十日にヒトラーが行った演説の一節である。ここでは、一九一九年二月にワイマール共和国が誕生してからナチ党（国民社会主義ドイツ労働者党）が政権を掌握するまでの一四年間にわたる政府の政治的失策が糾弾されている。われわれのイメージどおりの演説文であるかどうか、一度じっくりと読んでいただきたい。

そしてついに、崩壊の手が都市に再び伸び、今や失業者の大群が膨らみはじめている。一〇〇万、二〇〇万、三〇〇万、四〇〇万、五〇〇万、六〇〇万、七〇〇万、今日では実際には七〇〇万から八〇〇万になるかもしれない。彼ら［ワイマール共和国を作った者たち］は誰からも妨害を受けることなくこの一四年の間に、破壊のかぎりを尽くした。［……］私自身が一四年の間に一度たりとも動揺せずにこの運動［ナチス運動］を築くために常に働いてきたのと同様に、また、党員を七人から今の一二〇〇万人にまで増やすことができたのと同様に、私はそしてわれわれはドイツ国民の復興のために働くつもりである。この運動が今日ドイツを統治するものになったのと同様に、われわれの指導によって今後このドイツは再び偉大な国に、また活気のある国に戻るであろう。統率するにあたりわれわれは、まったく何にも惑わされはしないと固く心に決めている。

ドイツ国民の復活はなにもしないでもひとりでに始まるなどと、私はみなさんに約束するつもりはない。われわれはこれから仕事をなしていきたいと思うが、ドイツ国民の手助けなしにはできはしない。自由、幸福、そして生がなにもせずに突如として天からもらい受けられるなどとけっして考えてはならない。すべての根本は、まさに自らの意思、自らの仕事にあるのだ。他人の援助を頼むこと、われわれ自らの国家でないものに、われわれ自らの国民でないものに援助を頼むことは、ぜったいにしてはいけない。われわれ自らのなかにのみ、ドイツ国民の未来はある。もしわれわれ自らがこのドイツ国民を、自らの仕事で、自らの勤勉さで、自らの決意で、自らの反骨心で、自らの執拗さで高く導き上げるならば、かつて祖先たちがなにもしないでドイツをもらい受けたのではなく、自らの力で国を創り上げたのとまさに同様に、われわれは再び道を駆けのぼるであろう。

このようなヒトラーの演説が聴衆を熱狂させたとすれば、熱狂させた秘密はどこにあったのであろうか。演説文の表現のどこにどんなことばの仕掛けがあり、ヒトラーがどのような音調で語り、どの箇所でどのようなジェスチャーを用いたからであろうか。また、どのような政治的・歴史的状況のなかで聴衆の心を捉えたのだろうか。

ヒトラーは、四半世紀、二五年間にわたって演説を行っている。その始まりは、ミュンヘンのビアホールで開かれた公開集会で初めてその通る声と印象的なジェスチャーを披露したとき（一九一九年十月）であり、その終わりは、ベルリンの首相官邸近くに掘られた総統地下壕で最後のラジオ演説を録音したとき（一九四五年一月）である。政権を取るまでのヒトラー演説は本当に聴衆を熱狂させ、政権期のヒトラー演説は本当にドイツ国民の士気を高揚させたのだろうか。演説するヒトラーに説得力とカリスマ性を刷り込むために用いられた道具は、時代とともにどのように「進化」していったのだろうか。疑問は尽きない。

本書は、一方で言語面に、他方で演説の置かれた政治的・歴史的文脈にスポットライトを当てて、ヒトラー演説に迫ろうとするものである。時間軸に沿って跡づけることで、ヒトラー自身も気づかなかったヒトラー演説の役割ないし機能の変容が見えてくるかもしれない。触れられることが多くても、分析されることは少なかったヒトラー演説の真実を、このようにして浮かび上がらせてみたい。

目次

プロローグ　i

序章　遅れた国家統一……3

第一章　ビアホールに響く演説……11
　――一九一九〜二四

1　見出された弁舌の才　13

2　「指導者」としての語り　26

3　「一揆」の清算演説　36

第二章　待機する演説……47
——一九二五〜二八
1　禁止された演説　49
2　演説の理論　65
3　演説文の「完成」　77
第三章　集票する演説……95
——一九二八〜三三
1　拡声される声　97
2　空を飛ぶヒトラー　106
第四章　国民を管理する演説……133
——一九三三〜三四
1　ラジオと銀幕に乗る演説　135
2　総統演説の舞台　154

第五章　外交する演説　——一九三五～三九……175
1　領土拡大の演説　177
2　戦時態勢に備える演説　189
第六章　聴衆を失った演説　——一九三九～四五……215
1　同意されない演説　217
2　機能停止した演説　240
エピローグ　259
あとがき　263
文献一覧　278
ヒトラー演説のドイツ語原文　286

1937	1月全権委任法，4年間延長
1938	4月オーストリア併合に関する国民投票（オーストリアでは99.73%，ドイツでは99.01%が支持） 9月ミュンヘン会談 10月ズデーテン地方へ進駐 11月水晶の夜事件
1939	3月チェコへ侵攻 9月ポーランドへ侵攻，第2次世界大戦の始まり
1940	ノルウェー，オランダ，ベルギー，フランス等を占領
1941	6月独ソ戦始まる
1942	8月スターリングラード戦始まる
1943	2月ゲッベルス，総力戦布告演説
1945	4月ヒトラー自殺 5月ドイツ降伏

ヒトラー，ナチ党関係略年表（1918～ 45 年）

西暦	出来事
1918	第 1 次世界大戦でドイツ敗戦
1919	ドイツ労働者党（DAP）結成
1920	DAP，国民社会主義ドイツ労働者党（NSDAP，以下「ナチ党」と略記）に改称
1921	ヒトラー，ナチ党党首に
1923	1 月ナチ党第 1 回全国党大会（ミュンヘン） 11 月ミュンヘン一揆失敗，ヒトラー逮捕
1924	12 月ヒトラー出獄
1925	7 月『わが闘争』第 1 部出版
1926	7 月ナチ党第 2 回全国党大会（ワイマール）
1927	8 月ナチ党第 3 回全国党大会（ニュルンベルク）
1928	5 月ナチ党が国会選挙で全 491 議席中 12 議席（得票率 2.6%）獲得
1929	8 月ナチ党第 4 回全国党大会（ニュルンベルク） 10 月世界恐慌始まる
1930	9 月ナチ党が国会選挙で全 577 議席中 107 議席（得票率 18.3%）獲得，大躍進，第 2 党に
1932	3～4 月大統領選でヒトラー次点（得票率 36.68%） 7 月ヒトラー，飛行機を利用し 53 か所で演説．ナチ党が国会選挙で全 608 議席中 230 議席（得票率 37.4%）獲得，第 1 党に 11 月ナチ党が国会選挙で全 584 議席中 196 議席（得票率 33.1%）獲得
1933	1 月ヒトラー，首相に就任（「権力掌握」） 3 月ナチ党が国会選挙で全 647 議席中 288 議席（得票率 43.9%）獲得．全権委任法可決，国民啓蒙宣伝省創設 8～9 月ナチ党第 5 回全国党大会（ニュルンベルク） 11 月ナチ党が国会選挙で 92.2% の得票
1934	8 月ヒトラー，首相兼総統に 9 月ナチ党第 6 回全国党大会（ニュルンベルク）
1935	9 月ナチ党第 7 回全国党大会（ニュルンベルク）．ニュルンベルク法
1936	3 月国民投票で 98.8% がラインラント進駐を支持 8 月ベルリン・オリンピック開催 9 月ナチ党第 8 回全国党大会（ニュルンベルク） 10 月独伊同盟 11 月日独防共協定

ヒトラー演説　熱狂の真実

序章　遅れた国家統一

統一の遅れたドイツ

ヒトラー演説の実像に迫る前に、第二次世界大戦終戦に至るドイツ史の流れを予備知識としてごく簡単に概観しておきたいと思う。ドイツ史をご存じの読者にとって、この序章は不要である。

イギリスやフランスと比べてドイツでは中央集権化が遅れ、ドイツ各地の諸侯がそれぞれに自立的な領邦を形成する状態が長く続いた。十六世紀初頭にルターによって始められた宗教改革も、「アウクスブルクの宗教和議」（一五五五年）において「住民の信仰はその領主の信仰に従う」という原則を生み出し、各領邦の独立性を結果的に強化することになった。その後まもなくカトリックとプロテスタントの対立が再燃し、十七世紀前半にヨーロッパ諸国を巻き込んだ「三十年戦争」（一六一八〜四八年）が起こる。この戦争を終わらせた「ウェストファリア条約」においては、三〇〇あまりのドイツの領邦国家それぞれに、外国との同盟締結権を含む完全な国家主権が認められた。この数ある領邦国家のうちプロイセンは絶対主義王制による富国強兵にある程度成功し、とりわけ十八世紀半ばのフリードリヒ大王治世にはイギリスの支援のもと「七年戦争」（一七五六～六三年）で、フランスとロシアと結んだオーストリアに勝利するなどして、ヨーロッパ列強の仲間入りを果たすことができた。

十九世紀に入るとプロイセンはナポレオンに敗北し存亡の危機に瀕した。しかしプロイセンは、ナポレオン没落後の一八一五年に、オーストリア帝国を盟主として成立した「ドイツ連邦」に主要なメンバーとして加わり、行政、農制、軍制、教育制度など一連の近代的な国内改革を行った。それによりプロイセンは、ドイツの領邦国家のなかで最も早く資本主義的な経済体制を実現させ、一八五〇～六〇年代には産業革命をほぼ完遂させた。普墺《ふおう》戦争（一八六六年）でオーストリアを排除したドイツ統一の考え方（「小ドイツ主義」）を採ったプロイセンは、普墺戦争（一八六六年）でオーストリアを破り、自らが主導権をもつ「北ドイツ連邦」を成立させた。プロイセンは引き続き普仏戦争（一八七〇～七一年）でフランスを破り、鉄鉱石産出地であるアルザス・ロレーヌ地方をフランスに割譲させた。一八七一年にパリに入城したプロイセンは、かつてのナポレオンによる屈辱を晴らすべく、ヴェルサイユ宮殿の「鏡の回廊」で戴冠式を行い、自らの王ヴィルヘルム一世を皇帝とする「ドイツ帝国」を誕生させ、ついにドイツ統一を果たした。

帝国主義的政策

ドイツ帝国宰相ビスマルク（Otto von Bismarck）は、フランスの報復を未然に防ぐために、ロシア外交を重視するなどフランスを孤立させる外交政策をさまざまに推し進めた。ドイツ帝国の中核を担ったのは、プロテスタントの貴族出身の官僚と軍人であった。ユンカー（地主貴族）出身のビスマルクは、反政府的な勢力がカトリック国であるフランスやオーストリアと結び付くことを恐れ、カトリック教会およびカトリック系政党である「中央党」を弾圧した。カトリックが多数派である南ドイツのバイエルン王国は、ドイツ帝国成立の際に王国としての地位は維持できたものの、ドイツ帝国の一邦国に成り下がっていた。そのため、バイエルン王国では反プロイセン的な雰囲気が強く、バイエルン王国はビスマルクが敵視した中央党の重要な基盤となっていた。

中央党を支持した階層は、カトリックの聖職者と貴族のほか、工業化に反撥《はんぱつ》する農民や手工業者であった。工業労働者を中心とする労働者たちは社会主義運動という形で結集し「ドイツ社会民主党」を支持し、一八九〇年の帝国議会選挙ではこのドイツ社会民主党が大きく躍進することとなった。ヒトラーがオーストリアのブラウナウという小さな町で生まれたのはちょうどこの頃（一八八九年）である。ブラウナウからイン川を挟んで向こう岸はドイツであった。

一八八八年に二十九歳の若さでドイツ帝国の皇帝の座についたヴィルヘルム二世は、一八九〇年にビスマルクを解任し、それまでのビスマルク路線から離れて、世界経済に進出することでドイツ帝国を世界の強国として発展させる道を選んだ。この帝国主義的な「世界政策」はしかし、諸列強との対立を生んだ。ドイツが大規模な建艦計画を実行して以来、ドイツとイギリスとの間で建艦競争が生じた。また、中東への進出を企てたことによって、ドイツはロシアとの関係も悪化させた。他方フランスは、露仏同盟（一八九四年）、英仏協商（一九〇四年）などにより着実に孤立状態を脱していき、またイギリスも、日英同盟（一九〇二年）、英露協商（一九〇七年）を締結し、長い間続けていた「栄誉ある孤立」を捨て去った。

軍拡競争のなか、ドイツにはいつのまにか包囲網が布かれていた。この英仏露の「三国協商」を中心とする「連合国」と、ドイツ、オーストリアなどの「同盟国」との帝国主義的拡大競争と民族的対立とが合わさる形で、一九一四年に第一次世界大戦が勃発した。一九一三年にバイエルン王国のミュンヘンへ移り住んでいたヒトラーは、世界大戦勃発時に志願兵としてバイエルン陸軍に入隊し、従軍した。四年を超えるかつてない規模の戦闘の末、ドイツの敗戦が決定的となった。一九一八年十一月三日のキール軍港での水兵の蜂起をきっかけにドイツ各地で革命が起こり、皇帝ヴィルヘルム二世が退位してドイツ帝国は崩壊した。バイエルン王国でも革命が起こり、バイエルン王が退位した。十一月十一日に社会民主党が主導するドイツ政府は連合国と休戦条約を締結し、連合国の勝利のもと第一次世界大戦は終結を見た。

ナチ党の躍進

敗戦直後の革命と混乱の後、一九一九年一月に総選挙が行われ、社会民主党、中央党、そして左派リベラルの「ドイツ民主党」が連立内閣を作った。憲法制定のための国民議会が二月にワイマールで開かれ、そこで憲法が制定され、ベルリンを首都にワイマール共和国が誕生した。社会民主党のエーベルト（Friedrich Ebert）が初代大統領に就任した。

六月にはヴェルサイユで講和条約が締結された。この条約では、ドイツは軍備縮小のほか、保有する植民地の放棄、アルザス・ロレーヌ地方のフランスへの返還、ラインラント地方の非武装化（連合軍の駐屯）、ダンツィッヒ（現グダニスク）とザール地方の国際連盟による管理等を受け入れた。さらには、ドイツを弱体化させて自国の安全を確保できるよう、フランスはドイツに多大な賠償金を課した。

多額の賠償金を背負ったワイマール共和国では、インフレが加速度的に進み、敗戦の責任を現政府に帰する考え方が国民の心を捉えた。このようななか、バイエルンではナチ党がインフレに苦しむ都市中間層の支持を集めはじめた。一九二〇年には極右勢力による「カップ一揆」、一九二一年には「ドイツ共産党」の指導による労働者蜂起があった。一九二三年一月にフランスがドイツの賠償金不払いを理由にドイツの工業中心地であるルール地方を占領したことは、大きな社会不安を招いた。十一月にナチ党党首ヒトラーは、この事態に弱腰の外交をするベルリンの中央政府に対する不満から、中央政府を打倒すべくバイエルンの州都ミュンヘンでベルリン進撃を計画したが、失敗に終わった（「ミュンヘン一揆」）。ヒトラーは獄中で、今後は合法的手段によって政権獲得を目ざす決心をする。このあと、外相シュトレーゼマン（Gustav Stresemann）が協調外交を展開し、ドイツの国際的地位の回復に努めるとともに、一九二四年にはアメリカの支援で「ドーズ案」による賠償金減額に成功し、ワイマール共和国は政治・経済の面でしばらく安定期を迎えた。

しかし一九二九年の世界恐慌によって、ワイマール共和国の経済は壊滅的な状態に陥った。ナチ党はこの混乱に乗じて、没落するかもしれないという危機感をもっていた都市および農村の中間層に救済の期待を抱かせ、支持を飛躍的に広げ、一九三〇年九月の国会選挙では社会民主党に次ぐ第二党に踊り出た。さらに、一九三二年春のヒトラーの大統領選出馬（結果は次点）のあと、ナチ党は一九三二年七月の国会選挙でついには第一党に躍進し、一九三三年一月にヒトラーが首相の地位に就いた。

政権掌握後ほどなく、ヒトラーはワイマール憲法を停止し「全権委任法」を成立させた。ヒトラーは、この独裁体制下で失業問題の解決を進める一方、東方への「生存圏」拡大を視野に再軍備を推し進めた。一九三六年、ナチスドイツはヴェルサイユ条約で非武装地帯とされていたラインラントへ軍を進駐させ、このあと一九三八年にはオーストリアを併合して、ヒトラーが切望していたオーストリアを包括する「大ドイツ主義」によるドイツ統一を果たし、さらには「ミュンヘン会談」でチェコスロヴァキアからズデーテン地方を割譲させることを英仏伊に認めさせた。

一九三九年に入り、ヒトラーがダンツィッヒなどをドイツへ返還するようポーランドに要求するに至り、それまで交渉による平和維持という対独宥和政策をとっていたイギリスも戦争準備を開始した。そして九月一日、ドイツがポーランドへ進撃を開始し、第二次世界大戦が勃発した。九月三日に、イギリスとフランスが宣戦布告した。日独伊の枢軸国と、英仏米ソ中などの連合国との間で戦闘が六年間続くこととなった。ナチスドイツは、一九四〇年にノルウェー、デンマーク、フランス、オランダなどを攻略した後、一九四一年には北アフリカへ進軍するとともに、ソ連への奇襲に出た。

しかし、一九四二年十二月にソ連の猛反撃が始まるとナチスドイツは防戦を強いられ、一九四三年二月にはスターリングラードの攻防戦で大敗した。これが転機となり、一九四四年六月、連合軍は北フランスのノルマンディー上陸に成功し、ナチスドイツを西と東の両面から封じ込めた。ドイツ軍は総崩れとなり、一九四五年四月にはソ連軍がベルリン攻撃を開始し、ドイツは降伏した。

第一章　ビアホールに響く演説　一九一九〜二四

第一次世界大戦の終結後ほどない一九一九年六月に、ヒトラーはミュンヘンにおいてドイツ軍の帰還兵たちに愛国主義的な思想教育を行う「啓発教育部隊」の仕事に就く。その仕事の一環として一定数の聞き手を前にレクチャーを行う経験をし、ヒトラーは自らの弁舌力を確認することができた。偵察先のドイツ労働者党（ナチ党の前身）の集会でヒトラーは演説することとなり、参加者たちに強い印象を与え、請われて入党する。一九二〇年二月のナチ党創立集会時にはすでに、ヒトラーは党の新綱領を発表する演説を任されるまで党内での地位を高めていた。

ヒトラーは、ミュンヘンのビアホールやサーカス劇場を会場にして公開演説を多くこなした。一九二一年七月にはナチ党の独裁的な指導権を獲得し、次第に「指導者」（フューラー）としてのイメージが形成されていった。一九二三年十一月に政治的混乱に乗じてヒトラーが試みたクーデター（「ミュンヘン一揆」）は失敗に終わるが、これを裁く法廷内でヒトラーは巧みな演説力で自己の行為を正当化し、裁判官から寛大な判決を引き出した。この裁判で、その名は全国に知られることとなった。ただし、ヒトラーはこの時点ではまだ、政治家として階段を駆け上っていく存在には見えなかった。

1　見出された弁舌の才

『英国王のスピーチ』

「パパ、この人なんて言ってるの?」――「わからないよ。でも話すのがなかなか上手いようだな」。この会話は、アカデミー賞作品賞を受賞した映画『英国王のスピーチ』(二〇一〇年)のラストに近いワンシーンである。英国王ジョージ六世が自らの戴冠式(一九三七年五月十二日)の様子が映されたニュース映画を家族と一緒に見終わると、たまたま次のニュースとして、演説するヒトラーの映像がスクリーンに映される。これを見た娘のエリザベス(現イギリス女王エリザベス二世)が父のジョージ六世と交わしたのが、今の会話である。ここに映されている演説は、さきほど「プロローグ」で引用した一九三三年二月十日のものであり、そのなかの「自らの仕事で、自らの勤勉さで、自らの決意で、自らの反骨心で、自らの執拗さで高く導き上げるならば」という箇所である。

このあと映画のシーンは、第二次世界大戦の勃発の時点へ切り替わっていく。ドイツがポーランドへ侵攻した(一九三九年九月一日)のを受けて、その二日後にイギリスはドイツに宣戦布告する。ジョージ六世は、ラジオの生放送で開戦演説をすることになるが、かねてからの吃《きつ》音症《おんしょう》を克服しながら九分間の演説を無事に終えたところで、映画『英国王のスピーチ』は終わる。

青少年時代の話しぶり

そもそもヒトラーはこの弁舌力を、いつどこで得たのだろうか。ヒトラー自身は『わが闘争』のなかで、小学生の頃に「わたしの弁舌の才は、級友たちとの多少とも白熱した議論のなかで訓練されたと思う」と述懐している。税官吏をしていた父親の急死のあと、ヒトラーは家族とともにオーストリア第三の都市リンツに住んでいた。ヒトラーは、事務職や専門職に就くために行く中等学校である実科学校に在学していたが、十六歳で退学している。

十六、七歳の頃のヒトラーの弁舌力については、第三者の証言がある。青少年期のヒトラーには、クビツェク（August Kubizek）という無二の親友がいた。クビツェクは戦後に出版した回顧録のなかで、この頃のヒトラーの弁舌力を驚嘆とともに振り返っている。

演説という形で自ら思いを放出するとき、ヒトラーにはそれを我慢強く聞いてくれる人物が必要であった。その理想的な聞き手役となったのが、ヒトラーとは好対照な性格で包容力のあるクビツェクであった。あるときはリンツのドナウ河畔で、またあるときは木陰で、ヒトラーは「私だけが聴衆であることをけっして気にせず」、「私ひとりの前でいきいきしたジェスチャーで演説した」。ドナウ橋のたもとで徴収される飲食税や、街で見かける福祉宝くじのあり方といった、ヒトラーの演説内容にクビツェクは興味がなかったが、その「話し方」には毎回感心した。話の内容に感情移入したヒトラーの口から流れ出すことばの「雄弁」さ。そのことばはクビツェクには演技や誇張だとは感じられず、ヒトラーが心の奥底から本気で語ったもののように聞こえたという。

不面目な「芸術家気質」

十八歳となる一九〇七年に、ヒトラーはリンツの町を離れ、画家を目指しオーストリアの首都ウィーンへ移る。ヒトラーは、当時まだ輝きを放っていたこの帝都に将来の希望を託した。しかし、ウィーン造形美術学校を受験したものの不合格となり、美術を勉強する正規の道が閉ざされたヒトラーは、絵を売りながら建築家を志望するようになった。ヒトラーは、宮廷博物館、宮廷オペラ劇場、ブルク劇場などのウィーンの建築物にも並々ならぬ興味をもっていた。

音楽家を志望していた親友クビツェクは、ヒトラーに誘われてウィーンへ移り、ヒトラーと共同生活を送った。クビツェクの観察によれば、このウィーン時代（一九〇七〜一三年）にヒトラーの関心は次第に芸術から政治へと移行していった。建築家を目指すことと政治に関心をもつこととは、ふつうは互いに無関係に見える。しかしヒトラーにとって、このふたつは深く結びつく事柄であった。建物の建築は「政治的前提条件が整ってはじめて」可能になるという理屈を、ヒトラーはクビツェクに語っていたのである。

ウィーン時代はヒトラーにとって、失意の時期であった。ナチ政権期にドイツを離れた作家トーマス・マン（Thomas Mann）は、ウィーンで芸術家の道を進めなかったヒトラーに皮肉を込めて「芸術家気質」を認めている。マンがここでイメージしている芸術家気質とは、「若いときの「難しさ」と怠惰と悲しむべき不明瞭なあり方、自分は果たして何をしたいのかという疑問、社会的にも精神的にも自由放埒《ほうらつ》極まりなく、なかば呆けた無気力な暮らしぶり」である。芸術家気質をこう定義するマンにとって、ヒトラーは「いささか不快で不面目な兄弟」なのである。マンにとってヒトラーは、芸術家である自分を苛立たせる縁者であった。

ウィーン市長ルエーガーの人気

オーストリア帝国は一八六六年に、ドイツ統一の主導権を賭けた普墺戦争でプロイセンに大敗し、ドイツ統一の蚊帳《かや》の外に置かれた。そして一八六七年にオーストリア＝ハンガリー帝国が生まれた。これは、オーストリアとハンガリーとがそれぞれに自らの政府、憲法、議会をもつものの、軍事、外交、財政は共有する多民族の連合国家であった。

ヒトラーがウィーンにいたときにウィーン市長を務めていたのは、「キリスト教社会党」のリーダーのルエーガー（Karl Lueger）である。キリスト教社会党は、大衆の支持を得る目的で過激な反ユダヤ主義を主張した党である。ルエーガーは、一八七五年にウィーン市会議員に当選したあと、一八八五年にはオーストリア帝国議会議員となった。

ルエーガーは一八九七年から亡くなる一九一〇年まで、ウィーン市長を務めた。ウィーンにガスと電気を供給し、水道網を改善し、市電を走らせ、さらには教育事業と社会施設の建設によって、ウィーンを近代都市に変貌させた市長ルエーガーは、皇帝フランツ・ヨーゼフ一世に勝るほどの人気があった。その人気の一因は演説のうまさにもあり、ジェスチャー豊かに力強くドラマチックに語ったという。ヒトラーは『わが闘争』のなかで、ルエーガーが大衆を巧みに操ることのできる「人間通」であり、プロパガンダ術をうまく用い、「存在がおびやかされ、したがって闘争心が呼び起こされている」大衆にうまくターゲットを絞り政治活動をした人物として評価している。ウィーンに移り住んだ当初、ヒトラーはルエーガーに拒否反応を示していたが、市庁舎で演説を聞いて以来ルエーガーの魅力に惹かれていった。

バイエルン陸軍兵としての敗戦

多民族の二重帝国を形成する母国を批判的な目で見ていたヒトラーは、オーストリア帝国の兵役義務を忌避していた。一九一三年五月、ヒトラーは母国にとどまることを嫌い、ドイツ帝国南部のミュンヘンへと移り住んだ。バイエルン王国の首都であったミュンヘンは、当時ヨーロッパでパリに次いで活気のある文化都市であった。ミュンヘンでヒトラーは、ウィーン時代と同様に絵を売って生計を立てた。絵を描くのは二、三時間だけで、一日の大半は本や雑誌を読んでいた。このころヒトラーは、とくに「破壊の教義」であると考えていたマルクス主義に関する文献を読みあさった。また、ビアホールやカフェへ行って、暇つぶしに周りの客たちを相手に政治論議をしていた。

一九一四年六月に、オーストリア＝ハンガリー帝国の皇位継承者であるフランツ・フェルディナント大公がセルビア人に暗殺されたのをきっかけに、第一次世界大戦が勃発した。八月一日にドイツ皇帝ヴィルヘルム二世がロシアと開戦する命令書に署名した。このニュースにヒトラーは歓喜し、バイエルン王国の陸軍へ入隊することを志願した。バイエルン王国はドイツ帝国に属していたが、独立主権を有していて独自に軍隊を持っていた。バイエルン第一六予備歩兵連隊に入隊したヒトラーは、十月には前線へ送られ、四年間で四〇回近くの戦闘に参加し、伝令兵としての功績により一級鉄十字勲章を受けた。

この世界大戦が始まってほどなく、のちにドイツ軍の参謀総長となるヒンデンブルク（Paul von Hindenburg）と参謀次長となるルーデンドルフ（Erich Ludendorff）は、ドイツ東部国境にあるタンネンベルクでロシア軍を壊滅させた。その後ロシアでは、一九一七年の「ロシア革命」により、労働者や兵士の蜂起を前にニコライ二世は退位を余儀なくされロマノフ朝が崩壊し、史上初の社会主義政権が樹立された。ドイツ帝国は、英雄視されたヒンデンブルクとルーデンドルフが事実上の独裁体制をとって、一九一八年三月に新生ソヴィエト政権と「ブレスト・リトフスク条約」を結んで講和し、ソヴィエトから広大な領土を割譲させることに成功した。

しかし、西部戦線ではドイツ敗戦の色が濃くなった。このため、九月末、ドイツでは新政府樹立と休戦交渉が模索された。十一月三日にキール軍港で兵士による大規模な蜂起が起きたのをきっかけに、ドイツ各地に兵士と労働者の蜂起が波及し、ついに十一月九日にドイツ皇帝ヴィルヘルム二世は退位し、十一月十一日には社会民主党が主導する臨時政府が連合国と休戦条約を締結し、世界大戦は終結した。一九一八年十月に毒ガス弾を受けて入院していたヒトラーは、軍病院でドイツの敗戦とドイツ皇帝の退位を知った。ヒトラーにとって大きな衝撃であった。

一九一九年一月に行われた総選挙により、社会民主党、中央党、民主党が連立内閣を組み、二月に「ワイマール共和国」が誕生した。そして六月に「ヴェルサイユ条約」が締結された。この条約の内容はドイツにとって苛酷なもので、ドイツは軍備縮小を認めるほか、普仏戦争でドイツ領となっていたアルザス・ロレーヌ地方をフランスへ割譲し、ルール工業地帯を含むライン川沿岸一帯のラインラント地方を非武装化し、ザール地方と東プロイセンのダンツィッヒを国際連盟の管理下に置かねばならなかった。また、ザール地方での石炭採掘の権利を一五年間フランスに認め、海外領土すべてを放棄した（ブレスト・リトフスク条約でソヴィエトから割譲された領土も無効となった）。さらには、多大な賠償金がドイツに課せられた。ドイツ国民の間では、戦争で敗北したのは軍事的失敗が理由ではなく、革命を煽動《せんどう》した左翼政党や休戦条約を結んだ政府、またユダヤ人による国内の裏切りのせいであるとする考え方が広がっていった。

「弁舌を振るうテノール」

一九一八年十一月にヒトラーは退院し、ミュンヘンの歩兵連隊兵舎に戻る。戻った先のミュンヘンには、「バイエルン革命」によって社会主義的なバイエルン共和国が誕生していた。この革命には、北ドイツのベルリンの中央政府に対する南ドイツのバイエルンの反抗という性格がある。一八七一年にプロイセンがドイツ統一を成し遂げて以来、バイエルン人はベルリンに対して反感もしくは競争意識を強く持っており、第一次世界大戦もベルリンの中央政府が独断で始めたことだと考えた。バイエルンの軍部もこの革命に対して好意的態度をとった。

この社会主義的な「赤い」共和国は、共産主義を敵視するヒトラーにとって不快な体制であった。にもかかわらずヒトラーは表面上革命政権に適応し、一九一九年四月には労働者兵士農民評議会（レーテ）の委員にまでなった。しかし五月に中央政府国防軍などの反革命討伐軍がミュンヘンを占領し革命政権が崩壊すると、ヒトラーは身を翻して元の反共産主義的スタンスに戻り、今度は革命中に政治活動を行っていた人物たちに共産主義的傾向があったかどうかを調査する革命調査委員会の委員となった。

その委員としての仕事ぶりを上官に評価され、ヒトラーは帰還兵たちに反共産主義的、愛国主義的な思想教育を行う「啓発教育部隊」の仕事に就くこととなった。国防軍の情報課課長のマイア大尉（Karl Mayr）の指示により、ヒトラーは啓発教育部隊員として予備教育を受けるために、六月五日から十二日までミュンヘン大学での講習会に参加した。このときの講師の一人に、マイア大尉の旧友であった歴史学者のミュラー教授（Karl Alexander von Müller）がいた。ミュラー教授は、そのときの様子を次のように回想している。

講義を終えたあとミュラー教授が部屋を出ようとすると、ある一人の男を囲んで何人かが話し込んでいるのに気づいた。その男は、「奇妙に喉《のど》を詰めた声で、しきりになにかを周りの人たちに熱く説いていた。人々が興奮していたのはこの男のしわざであって、人々が興奮していくと、それに応じてこの男の声はどんどん高くなっていって、奇妙な印象を私は受けた」。ミュラー教授はさっそく翌日、マイア大尉に言った。「君の部隊に弁舌を振るう生まれつきのテノールがいるのを知っているかい。いったん元気になると、話すのがとまらないようだ」。これがヒトラーであった。ミュラー教授の記憶では、このときのヒトラーの風貌は、「青白く痩《や》せた顔に一束の髪が垂れ下がっていて兵士っぽくなく、口ひげは短く、異様に大きい水色の目は尋常でない冷たい輝きを見せていた」。

「私は「演説する」ことができた」

ヒトラーは八月、啓発教育部隊員として帰還兵たちを再教育するために、アウクスブルクの南方にあるレヒフェルトの兵舎へ派遣された。二三人派遣された部隊員のなかで、ヒトラーの弁舌は際立っていた。その様子を見てみよう。

この兵舎の責任者であるベント中尉（Bendt）の書いた報告書によれば、ヒトラーは八月二十五日に「社会政策と経済政策のスローガン」と題したレクチャーでユダヤ人問題に言及した。ベント中尉はこのレクチャーを聴いて、ヒトラーのように「明確な形で、とくにゲルマン民族という視点でユダヤ人問題を語ってしまうと、ユダヤ人に対する誹謗《ひぼう》を行っているという批判をユダヤ人に許してしまう」と報告している。

しかし、ヒトラーの演説内容は講習会参加者であった帰還兵たちが持っていた反ユダヤ的感情に訴えたため、聞き手側に大きな反応があった。ヒトラーは失望感の強い帰還兵たちに、誰が敵であるのかをうまく印象づけたのである。講習会に参加した帰還兵たちの報告文を読んでみると、ヒトラーの「情熱に満ちた」レクチャーを聞いて「受講者全員が感激し」、なかにはヒトラーを「生まれつきの民衆演説家」と称えた者もいた。ヒトラーは数回にわたりレクチャーしたが、帰還兵たちは毎回興味を持って聴いたという。ヒトラー自身、「一度にかなり多数の聴衆の前でしゃべる機会」を得たこのときに「私は「演説する」ことができた」と、『わが闘争』で振り返っている。これは、親友クビツェク以外に一所懸命に耳を傾けてくれる聞き手を得る初めての演説体験となった。

言語的特徴の萌芽

この頃、ヒトラーはマイア大尉の依頼を受けて、ある質問に答える書簡（一九一九年九月一六日付）を書くことになった。この書簡には後年のヒトラーの思想が萌芽的に表れているとされるが、同じことが言語面についても言える。

例えば「仮定表現」の多さがある。冒頭部で、「もし、今日ユダヤ人がわが民族に与える危険性がわが民族の大部分の人が抱く明らかな反感という形で表れているとすれば、この反感の原因は」というように、事柄を都合よく仮定した上で、それを出発点に議論を進める手法をとっている。

また特に目立つのは、「AではなくてB」と対比する構文が頻繁に登場することである。例えば、「政治的運動としての反ユダヤ主義は、感情という判断基準によってではなくて、事実認識によって規定することが許される」がそうである。このように、Aを引き合いに出して、そのAを否定してBを際立たせる表現は、レトリックでいう「対比法」に相当する。この書簡は三九個の文からなっているが、その四分の一に当たる九文で、くどいほど「AではなくてB」という構文が使われている。また、この書簡の前半部ではとりわけ否定語が多く（一七文で一八回）、全体で「しかし」という逆接のことばが八回使われている。この「A、しかしB」という逆接の構文も対比法のひとつであり、Aから予想されるのとは異なる帰結Bが存在することを明示し、白か黒かを明確にしている。

大学教授を論破する弁舌力

機械工のドレクスラー（Anton Drexler）と記者のハラー（Karl Harrer）は、極右民族主義的な思想を労働者と中産階級に広める目的で、一九一九年一月に「ドイツ労働者党」（DAP：Deutsche Arbeiterpartei）を創設していた。同党は、マルクス主義者たちによる襲撃を恐れて、招待状を持つ信用できる人だけが参加する集会を月に一、二回行っていた。

九月十二日、ヒトラーはマイア大尉の指示を受け、ドイツ労働者党の活動を偵察するために、同党の集会に参加した。この日の集会は、ミュンヘンの「シュテルンエッカーブロイ」（Sterneckerbräu）というビアホールで開かれた。ミュンヘンのビアホールは収容規模が大きく、単にビールを飲むための場所ではなく、集会や催しを行う会場としての機能も果たしていた。

四六名の参加者のうちの一人であったバウマン（Baumann）という教授が、バイエルンはオーストリアと連合するのがよいという意見を表明したときのことであった。オーストリアは全ドイツと統一されるべきだという大ドイツ主義を信奉するヒトラーは、この聞き捨てならない主張に対して憤然として反対意見を述べた。ドレクスラーの述懐によると、ヒトラーは「短いがきびきびした演説を行い、みなを熱狂させた」。『わが闘争』の記述によれば、このバウマン教授は「水をぶっかけられたプードル犬のように会場から立ち去った」。

ドレクスラーはヒトラーの演説の才能に感銘を受け、「私は演説の後、彼のところへ行き、一週間後にまた来て協力をしてくれるように頼んだ」。「あいつははっきりものを言う。使えるぞ」と考えたドレクスラーにヒトラーは入党要請され、ドイツ労働者党に入党することになった。

宣伝弁士としてのデビュー

一九一九年十月十六日、ドイツ労働者党は『ミュンヒナー・ベオバハター』紙（Müünchner Beobachter）に広告を出して、初めての公開集会をビアホール「ホーフブロイケラー」(Hofbräukeller）のホールで行った。入場料を取って集会を催すという新しい手法が実践された。

ヒトラーは二人目の弁士として、初めて一般聴衆を前に政治的演説を行うこととなった。三〇分間のヒトラーの演説に一一一人の聴衆は熱狂的に反応し、ヒトラーの弁舌力がここでも証明された。ヒトラーはこのときの実感を『わが闘争』のなかで、再び「私は演説することができた」と述懐している。演説のあと、「この小さい部屋にいた人々は強い衝撃を受け、いたく感激した。その結果、なによりも私が献金を訴えたことが功を奏して三〇〇マルクの寄付金を集めることができた」。

ヒトラーはドレクスラーとハラーに、党員と党友だけの小さな集会ではなく、大規模な集会を展開する戦略を採ることを提案し、これを認めさせた。その方針にしたがい、週に一度、一般聴衆を前に集会で演説を行うことが党活動の原則となった。こうして一九一九年十一月から二〇年十一月までに、三一回の公開集会が実際に催された。

2 「指導者」としての語り

ナチ党創立の演説

一九二〇年一月一日、ドイツ労働者党は初めて党事務所を構えた。ビアホールのシュテルンエッカーブロイ内であった。ヒトラーは、演説家としての声望が高まるのに伴って党内での地位も高まり、この月に党の宣伝係長となった。

一月七日にビアホールの「キンドル・ケラー」(Kindl-Keller) で開かれた「ドイツ民族至上主義的攻守同盟」の集会には六〇〇〇から七〇〇〇人の参加者があり、そこでヒトラーも演説をした。この集会の成功を受けてドイツ労働者党は、二月二十四日にビアホールの「ホーフブロイハウス」(Hofbräuhaus) 三階のフェストザール (大広間、写真1) で初めての大集会を催すことにした。ただし、この集会の主役は民族主義的な演説者として当時著名であったディングフェルダー (Johannes Dingfelder) であり、集会を告知するポスターにヒトラーの名前はなかった。当初は参加者数が心配された集会も、最終的には二〇〇〇人を集めることができた。この集会は、ドイツ労働者党を「国民社会主義ドイツ労働者党」(NSDAP：Nationalsozialistische Deutsche Arbeiterpartei)。以下、「ナチ党」と表記する) と改称して、新たに党を創立するための集会となった。

ヒトラーはこの集会で、新しい党綱領を発表する演説を任された。この集会には、一九一七年にドイツ社会民主党を離れて結成されていた「ドイツ独立社会民主党」（左派は一九二〇年十月にドイツ共産党に合流し、右派は一九二二年にドイツ社会民主党に復党した）と、一九一九年に結党していた「ドイツ共産党」の党員も、妨害の目的で多く出席していた。

ミュンヘン警察情報部の報告書によれば、ヒトラーが議長として綱領を読み上げる間、「敵陣営からしばしばヤジが飛び、「出ていけ」という叫びが続いた。何度も大きな騒乱が起きたので、私（報告者）は今にも殴り合いが起きそうだと感じた。［……］さて、議長が決定を読み上げようとすると、［……］あるヤジをきっかけに大きな騒動が起こり、みなが椅子と机の上に立ち、激しい騒乱。出て行けという叫び。採決になると、集会の雰囲気が威《い》嚇《かく》的になったため、反対を表明することは許されない状況となった。決定は満場一致で採決された」。このあたりは、『わが闘争』に書かれた「これら綱領はつぎつぎ、ますます高まる歓呼によって満場一致につぐ満場一致で採決されていった」という記述と大きく違っている。

写真１　「ホーフブロイハウス」３階のフェストザール（現在）.
出所：筆者撮影.

最終的に、この集会でのヒトラーの演説は大きな反響を呼んだ。その三か月後に集会を知らせるポスターには、ヒトラーの姿が輝く弁士として描かれていた。

演説の秘訣

二月二十四日の公開集会に関する警察の報告書をさらに見てみると、ヒトラーの演説に関して「嵐のような喝采」、「拍手」のような状況描写が多くの箇所に書かれている。ただし、ヒトラーより前に演説をしたディングフェルダーの演説の場合も、「活気に満ちたブラボーの声」、「嵐のような喝采」といった説明文が多く添えられている。ヒトラーだけが聴衆に対して効果的な影響力をもったという評価は正しくなく、ヒトラーの演説に相対的に分があったと理解するべきであろう。

では、いったいヒトラーの演説のどこにその優越性があったのであろうか。そのひとつとしては、「ペテン師」(Schieber)、「高利貸し」(Wucherer)、「まんまと信じ込ませる」(vormachen)などの俗語調の言い方が関わっている。一九二〇年五月十一日のヒトラーの演説に関する警察の報告書に、「特に嵐のような喝采をさらったのは、弁士がペテン師と高利貸しに絞首刑を求めたときである」とある。また、「いつの日か、太陽が再び見えてくる日が来る」、「国民が立ち上がり、嵐が起こる」、「われわれの綱領の実現のために、われわれは命知らず、無鉄砲になりたいと思う」、「私には百万長者よりも、なんでもない労働者のほうが好ましい」、「どのドイツ人も反ユダヤ主義者であらねばならない」といったようなスローガンの巧みさも演説効果の重要な要素となっている。

さらにまた別のヒトラーの演説に関する警察報告の記述に、「おなじみの熱狂させるやり方で」（一九二〇年九月二十日）、「情熱的なやり方で」（一九二〇年十月十八日）とあることが示唆するように、ことばの文面以外の音調やジェスチャーといった部分の効果も大きかったことがわかる。

プロパガンダ手段としての集会演説

二月二十四日の公開集会の成功以降、一九二〇年にミュンヘンとその近郊ローゼンハイムで公開集会が五〇回近く行われた。これらの集会の規模は、警察発表を見ると、たいていが一〇〇〇人から二〇〇〇人である。九月にはキンドル・ケラーに四〇〇〇人近い聴衆を集めている。ヒトラーは、まだミュンヘンという町に限定してではあるが、センセーショナルな存在となっていた。のちにヒトラーの側近となりナチ党副総裁に就いたヘス（Rudolf Hess）は、五月にヒトラーの演説を聞き感激し、六月にはナチ党に入党した。視覚効果の強い赤と黒と白の鉤十字《かぎじゅうじ》（ハーケンクロイツ）の党旗が考案されたのは、ちょうどこの頃である。

演説会はたいていの場合、夜の八時半に始まり十一時頃に終わり、ヒトラーはふつう二時間は演説した。ヒトラーは演説のテーマ自体を変えることはせず、古き良きドイツの強さと今のドイツの弱さを対比しながら、演説会のたびごとに少しヴァリエーションを加えた。『わが闘争』によれば、ドイツがソヴィエトに領土を割譲させたブレスト・リトフスク条約と、ドイツが連合国に領土を割譲せねばならなくなったヴェルサイユ条約との正反対の関係を対比して演説をすると、聴衆に絶大な反応があったという。

四月二十七日、ヒトラーはホーフブロイハウスで一二〇〇人の聴衆を前に演説を行った。警察の報告書によれば、そのときヒトラーは国防軍の軍服に身を包んでいた。ヒトラーは、まず第一次世界大戦前の繁栄していたドイツを回顧し、それを現在の経済的破滅状態と対比させた。国民が繁栄するために必要な政治体制は、君主制でも共和制でもなく、独裁制であるとヒトラーは主張した。「われわれが再び立ち直りたいのであれば、天才的な独裁者が必要である」。ヒトラーはさらに、精神労働者と肉体労働者との協力の必要性を述べたあと、国民に「毒を流している」ユダヤ系の新聞、そしてユダヤ人と戦う必要性を訴えた。ヒトラーはそれらの問題を解決する処方箋《しょほうせん》としてナチ党綱領を示し、最後にドイツの統一という目的のために四年半戦ってきた党の実績を謳った。

八月十三日、ヒトラーは「なぜわれわれは反ユダヤ主義者なのか」という演説をホーフブロイハウスで行った。この演説のなかでヒトラーは、「本能的なものを呼び起こし、奮い立たせ、煽動すること」が自分の課題だと述べている。二〇〇〇人を前にしたこの演説は、二時間の間に五八回も歓声で遮《さえぎ》られている。聴衆は中流サラリーマン、労働者であり、女性が四分の一を占めていた。

この演説の構成は簡潔明快で、最初の一文から、聴衆はナチ党がユダヤ人に対する戦いの先頭に立っていることを知る。その後すぐに、ナチ党が労働者の党であることを明確に提示するために、ヒトラーは「労働」というテーマに移る。約一万一〇〇〇語からなる演説の語彙の頻度を調べると、「ユダヤ人」(Jude) が七八回、「民族、国民」(Volk) が六三回、「労働」(Arbeit) が五四回、「人種」(Rasse) が四三回使われている。あとは、仮定する接続詞「もし〜ならば」(wenn) が八五回、焦点を絞る副詞「〜だけ」(nur) が六八回、対比を示す「しかし」(aber) と「〜ではなくて〜」(sondern) がそれぞれ四八回と四五回である。これらの語を多用して、ヒトラーは自らの主張に好都合な仮定をした上で論を展開し、対比法を用いながら、主張したいポイントに焦点化して話している。

九月二十日のキンドル・ケラーでの演説会（参加数一七〇〇人）では、ヒトラーは二時間半演説をしたあと、さらに討論を行い、最後には「声がかれて結びのことばが言えなかった」と警察報告にある。演説の最後でヒトラーは、ナチ党が「民衆の永遠の忠告者および啓蒙者として議会へ」進出するために力添えをしてくれるように聴衆に訴えている。このときにヒトラーが用いたメタファーは、「金槌」と「金敷き」である。ドイツ人は敗戦後、他国の金槌で叩かれる金敷きであったが、今後は「われわれが再び金槌のほうになるようにしようではないか」と、未来志向のことばを含めた。

ナチ党は十二月に『ミュンヒナー・ベオバハター』紙を買収し、『フェルキッシャー・ベオバハター』(Völkischer Beobachter)と改題して党機関紙を獲得することになるが、この党機関紙を持つまでの間は、公開集会で演説することが最大のプロパガンダの手段であった。

サーカス劇場での六〇〇〇人集会

一九二二年になると、集会の規模はさらに大きくなった。二月三日、ミュンヘンで最大級の収容者数を誇るサーカス劇場「ツィルクス・クローネ」(Cirkus Krone)で、本来四〇〇〇人収容のところ六〇〇〇人を詰め込んで公開集会が行われた。

「ドイツ国家人民党」(一九一八年に設立された保守政党で、一九二〇年代半ばから後半にはドイツ社会民主党に次ぐ国会議席数を有した党であった)の共同設立者の一人であるグルーバー(Max von Gruber)は、このサーカス劇場でのヒトラー演説の様子を後年(一九二四年)、次のように述べている。「私は二年ほど前に一度だけ、ヒトラーが「ツィルクス・クローネ」で語るのを聞いたことがある。彼が疲れも見せずに大きな空間で二時間自由に話すその能力に、私は驚嘆した。その一年半前には民主主義と社会主義の夢に取り憑《つ》かれていた民衆層(庶民たち、売り子たち、労働者、下流・中流の公務員、下流・中流の商人)が、今やまた国粋主義に熱狂している姿が私にはすこぶる解《げ》せなかった」。

一九二一年にヒトラーは合計八回、ツィルクス・クローネで演説を行い、いまやナチ党にとってかけがえのない弁士となっていた。一九二〇年六月末に一一〇〇人であった党員数は、一九二一年八月には三三〇〇人に増えていた。

「太鼓たたき」から「指導者」へ

一九二一年七月二十九日、ヒトラーはホーフブロイハウスで臨時党大会を開き党首に就任し、独裁的指導権を我が物とした。当時、党宣伝部長を務めていたエッサー（Hermann Esser）がヒトラーを「われらの指導者（フューラー）」と呼びかけ、ここに指導者（フューラー）神話が始まった。党機関紙もヒトラーを「指導者」と呼んだ。

一九二二年十月にイタリアでムッソリーニがローマ進軍を行い、クーデターで政権を掌握してからは、ムッソリーニのイメージと結びつけられて、ヒトラーの知名度はさらに増大した。この頃から、ヒトラーの自己理解にも変化が見て取れ、ヒトラーは演説のなかで「ドイツを救う強い男」について言及する。それまでは自分をナチ運動の「太鼓たたき」（Trommler）、つまり露払いにすぎないとしていたのが、今や自らがナチ運動の「指導者」となることを意識した内容の演説を行うようになった。警察は、このようなヒトラーの存在を危険視した。十二月のバイエルン内務省の報告書には、「議会活動をする気がない党で、演説内容も無意味である。この運動は明らかに国家にとって危険である」と書かれている。

ヒトラーの自己認識の変化は、次の言い方に見て取れる。一九二三年五月四日のツィルクス・クローネでの演説で、「われわれの課題は、独裁者が現れたときに、その独裁者を受け入れる用意が十分にできている民衆をその独裁者に与えることである」と述べられている。七月の演説でヒトラーはさらに、「国民社会主義党の指導者として責任を引き受けることが私の使命であると私は考える」と明言した。

九月二日、ニュルンベルクで民族主義的な諸団体が参加する「ドイツの日」が開催され、一〇万人が参加した。このときヒトラーは、二時間をかけた行進で、来賓《らいひん》として来ていた第一次世界大戦の英雄ルーデンドルフ将軍と、バイエルンの旧王族で「バイエルン王子」という称号を持つルートヴィヒ・フェルディナント（Ludwig Ferdinand von Bayern）と一緒に先頭を歩いた。この光景の宣伝効果は抜群で、参加者たちの目に偉大な指導者としてのヒトラーのイメージが焼き付けられた。

「太鼓たたき」から「指導者」への自己認識の変化と時を同じくして、「指導者」としてのイメージを強固にするために、写真が利用されはじめる。ここに六月二十日のツィルクス・クローネでの集会を写した写真がある（写真2）。「ヒトラーが語る」というタイトルが付けられているが、ここにはヒトラーの姿は見えず、その代わりにヒトラーのほうを見る大勢の聴衆たちが写されている。ヒトラーの演説に聞き入る聴衆の熱気を写真で伝えることで、指導者としてのヒトラーの存在感を演出した写真である。

ビアホールの霞のなか

ヒトラーが民衆の不安と願望をうまく感じ取って巧みな演説をしたとしても、南ドイツのミュンヘンという街の持つ独特な風土がなければ、ナチ党は擡頭《たいとう》することができなかったであろう。ヒトラーの芝居がかった自己演出のスタイルは、大げさを好むこの街の気質に合っていた。ナチ党が醸し出す無骨さも、ミュンヘンでは人気につながった。同じ大都市でも北ドイツのベルリンでは、このナチ党とヒトラーのスタイルにこれほどの共感は集まらなかったと思われる。

このミュンヘンという街のなかでも、演説会が催されたビアホールという場所が、大げさぶりが一番通用する場所であった。政治に興味があるから演説を聞きに来たというよりは、おもしろい見世物があるからビアホールに行って楽しんでやろうという感覚で、人は演説会にやってきた。ヒトラーが話を始めると、ビアジョッキの音が突如静まる。

写真２　「ツィルクス・クローネ」での集会（1923年６月20日）.
出所：Herz（1994), p. 141.

作家のツックマイヤー（Carl Zuckmayer）は、ヒトラーの集会に参加した感想を一九二三年秋に次のように書いている。「この時期、私はヒトラーのビアホール集会に何度か参加した。私たちのような者からすると、その男は激情に身を任せ踊り狂い、うなるように叫ぶ人間であった。しかし、彼は、葉巻の霞《かすみ》とソーセージのなかで無感覚にぼんやりと集まっている大衆を興奮させ、感激させる術《すべ》を心得ていた。煽動演説では、論理的な説明で大衆を支配することなどできない。だから、ヒトラーは人目を引く登場の仕方をしたり、俗物の大きなうなり声と金きり声で大衆を魅了した。とりわけ、聴衆の感覚を麻痺《まひ》させる繰り返しという金槌をうまく叩いて、伝えたい内容をリズムよくことばにするのである。それは野蛮で原始的ではあるが、鍛錬された巧みなもので、恐ろしいほどの効果があった」。

3 「一揆」の清算演説

演説のためのメモ

一九二三年一月、フランスはルール工業地帯を占領した。ドイツの賠償金支払いが滞ったためである。ドイツ政府の呼びかけに応じて、ルール地方の炭鉱労働者たちはストライキを行い「受動的抵抗」でルール占領に対抗した。政府が労働者にこのストライキ期間の賃金を支払うために紙幣を増刷したこともあり、インフレが加速度的に進み、九月には物価が一月の数百倍になった。ワイマール共和国は経済的破綻の危機に瀕した。この九月にヒトラーは「十一月共

I

崩壊　1）道徳的—立法
2）政治的—国の問題
3）経済的—通貨

1．11月共和国は、　フランス革命のこと
われわれが戦う対象である
——なぜか？
だから、11月の犯罪人たち
2．なにゆえに11月共和国は崩壊するのか？　その創立者たち自身ゆえに
——なぜか？
3．11月共和国を今まで守ってきたのは誰なのか？　けっして創立者たちではない
4．11月共和国はなぜ守られてきたのか？　「祖国」　成功？
5．11月共和国は終末を迎えようとしている

a）道徳的
基盤はなにか？
国民的？
それとも？

Ⅰ．内的正当性はなにか？
誰のためにこの国家は存在するのか？
Ⅱ．誰がまだこの国家を信じているのか？
Ⅲ．誰がまだ11月共和国の立法を信じられるのか？
道義的信用＝ゼロ
嘘の教育（外国為替法）
終末へ（税金法制定）

b）経済的
立て直しのための前提が作れない
どんどん新たに額が増える
終末？

1923年9月12日の演説メモ（1枚目）.

和国の崩壊」という演説を行っている。「十一月共和国」とは、ワイマール共和国のことを指している。ドイツ各地で革命が起き、ドイツ皇帝が退位し、社会民主党が主導するドイツ政府が休戦条約を締結した一九一八年十一月にこの共和国が誕生したという視点からの命名である。

この一九二三年九月十二日の演説「十一月共和国の崩壊」

のためにヒトラーが書いた準備メモが残っている。ヒトラーは、きちんとした読み上げ演説原稿を用意することはなかった。その代わりに、演説で扱うテーマについて、扱う順にキーワードもしくはキーセンテンスを書き留めたメモを作成した。そのメモを手元に置いて、演説を始め、演説を終えることができた。

「十一月共和国の崩壊」のメモ書きは、三枚の紙からなる。一枚目を日本語訳に訳してみると、前頁のとおりである。最初に書かれた「崩壊 (1)道徳的─立法、(2)政治的─国の問題、(3)経済的─通貨」は、この演説全体のテーマの総括になっている。

演説の二日後に党機関紙『フェルキッシャー・ベオバハター』に掲載された演説文と、このメモ書きとを比べてみよう。ヒトラーははじめに、「十一月共和国」が崩壊する理由を一七八九年のフランス革命との比較で論じている。そのあと、次のように続く。「誰のせいでこの共和国は崩壊するのだろうか。共和国が崩壊することは、国会議員を除けばアマガエルでももうご承知だ。共和国は、その創立者たちのせいで崩壊するのである。それはなぜだろうか。祖国の上にギロチンがぶら下がっていた瞬間に共和国を作ったことが、ドイツのためになったとでも言うのか。義務がきちんと果たせる強い政府を樹立しようとして、共和国は創立されたのだろうか。いや、そうではない。共和国が創立されたのは、創立者たち自身の利益になる乳牛を作るためなのだ」。

このように、実際の演説の内容がメモ書きに沿っていることが確認できる。そのあとも演説では、「道徳的に見て、共和国が終末を迎えるのはもはや避けられない。この国家には今日なお正当性があるのだろうか。この国家は国民から道徳を奪い、立法によって国民に嘘《うそ》の教育をする［……］。その一例が外国為替法である」と説明される。さらに引き続き「この国家は単に道徳的に崩壊するだけではなく、経済的にも崩壊する。［……］われわれはすでにすべてを犠牲にした。ルール地方もいま犠牲にされようとしていて、彼らはいつもこれでドイツは救われたと言ってのける。ひどい嘘つきたち。［……］ドイツは「賠償」金という重荷を担わされているため、救いようがないのである」と説明する。このあとも、メモ書きに沿った内容が実際の演説文に確認できる。ちなみに原稿がそもそも用意されてはいなかった演説文が、二日後に『フェルキッシャー・ベオバハター』紙に掲載できたのは、十九世紀から発達していた速記術のおかげである。

演説によっては、メモ書きは一〇枚近くにもなることがあった。例えば、一九二七年十月六日にハンブルクで行われた演説がそうであった。メモの枚数が多かったのは、この演説がナチ党の地盤ではない北ドイツのハンブルクで初めて行われる公開演説であり、いつもよりも演説内容を正確に言い表したかったためかもしれない。この演説をそばで観察していたハンブルクのナチ党管区指導者は、次のように報告している。「ヒトラーは演説の準備を入念にしていた。キーワードで埋め尽くされた数枚の原稿。私は横に座っていたので、彼がこの原稿を何度も裏返すのを確認できた。彼は下書きに従っていたわけで、演説時にその場で思いついたことを言っているように聞こえた言い回しや文が、あらかじめ文字でメモ書きされていた。ヒトラーは、一般に思われているような感情にまかせて語る弁士ではない。一見変な言い方をしている場合でも、それは従来の言い方を意図的に避けて新しいことばと概念で言っているのであって、大衆の注意を引く目的でそうしている」。

ミュンヘン一揆

さて、今見た一九二三年九月十二日の「十一月共和国の崩壊」と題された演説の八日後となる九月二十日に、経済的・政治的大混乱のなかバイエルン州で非常事態宣言が出された。バイエルン州では、独裁的権限が認められた州総督カール（Gustav von Kahr）がバイエルン国防軍司令官のロッソウ少将（Otto Hermann von Lossow）とバイエルン警察長官のザイサー大佐（Hans von Seißer）とともに三頭体制をとり、ベルリンの中央政府と激しく対立した。

十一月八日、カール州総督はビアホールの「ビュルガーブロイケラー」（Bürgerbräukeller）で、三〇〇〇人の聴衆を前に演説をしていた。演説が始まって半時間ほど経った午後八時半頃、ヒトラーが突撃隊長官のゲーリング（Hermann Göring）や何名かの突撃隊隊員らとともに乱入した。「突撃隊」（SA：Sturmabteilung）とは、一九二一年にナチ党の演説者を守るために作られた武闘組織で、他の政治団体を襲撃するなどの街頭活動も行っていた。ホールへ入ったヒトラーは「国民革命が始まった。このホールは六〇〇人の重装兵により占拠されている。バイエルン州政府は停止した。そして暫定的な共和国政府が樹立される」と大きな声で叫んだ。「ミュンヘン一揆」（「ビアホール一揆」）と呼ばれるクーデター未遂事件の始まりである。

ヒトラーは、カール州総督、ロッソウ少将、ザイサー大佐の三名に隣室への同行を求め、そこに監禁し、自分に同調してベルリンへ進軍し、新たな中央政府を樹立するよう要求した。これは、前年十月のムッソリーニのローマ進軍によるクーデターの成功が頭にあってのことであった。ヒトラーらが隣室で話している間、ゲーリングはこの行動がカール州総督に反対するとかバイエルン州の警察や軍に対抗しようとかいうものではないことをホールの聴衆に説明した。

一〇分ほどするとヒトラーがホールへ戻ってきて、今回のことが「ベルリンのユダヤ人政権と一九一八年十一月の犯罪者たち（ワイマール共和国の創立に関わった政治家たちのこと）に対抗」してのものであることを述べた。ヒトラーが、「五年前の今日は、不幸で哀れなわが国民をこのような際限ない悲惨に陥れた最大の恥ずべき行為が行われた。しかし五年後の今日は、その悲惨が終えられる日になっているにちがいない」、「暫定的なドイツ国民政府の課題は、この国の力をあまねく集め、すべてのドイツの管区（ナチ党の支部組織単位）の力を結集し、罪深い都市ベルリンへ進撃を始めること、ドイツ民族を救い出すことである」とレトリック巧みに演説を行った。すると、ホールの雰囲気は一変し、聴衆はヒトラーに同調しはじめた。ヒトラーが、「ドイツの抱える問題をこのように解決することに了解していただけるか」と聴衆にたずねると、聴衆はこれを承認した。このときヒトラーは、「明日の朝になると、ドイツにドイツ国民政府ができているか、それともわれわれが死んでいるかのいずれかである」と、聴衆に二者択一法で決意を示した。その場に居合わせた前述のミュラー教授は、回想のなかでこの演説を「修辞的な傑作」と見なしている。

ヒトラーは、カール州総督らにベルリン進軍に協力するよう説得することを、第一次世界大戦時の英雄であるルーデンドルフ将軍にあらかじめ依頼していた。クーデター成功の暁《あかつき》には、ルーデンドルフ将軍が共和国の大統領になるという算段であった。ヒトラーが到着した一時間後にルーデンドルフ将軍が到着し、カール州総督ら三名はその場では協力を約束した。

しかし、その後は歯車が狂った。カール州総督ら三名は帰宅を許されたあと、その約束を反故《ほご》にした。ロッソウ少将は午前二時五十五分にラジオで、ヒトラーによるクーデターを否認する声明を全ドイツに向けて放送した。これは、ドイツで最初のラジオでの報道であるとされる。これによって、ヒトラーは一揆が失敗したことを認識した。

ヒトラーはこの時点でどうしていいものかわからなかったが、翌朝になって、街をデモ行進してみることを思いついた。それは、行進によって民衆の熱狂を引き起こすことができるかもしれないという漠然とした思いからであった。しかし、実際には、「本日をもって十一月の犯罪者たちの革命は終結し、経済の闇商人と、政治の詐欺《さぎ》師たちの支配は打ち破られ、ドイツ国民政府が宣言された」と書かれたヒトラーらのポスターもすでに破られていた。行進がオデオン広場に着いたとき、デモ隊と警察の衝突という事態に至り、一九人の死者が出た。ヒトラーは逃走したが、二日後に逮捕された。

法廷における弁論術

このミュンヘン一揆失敗の結果、ナチ党は解散を余儀なくされ、ヒトラーは裁判を受ける身となった。この時点で、政治家としてのヒトラーは終焉《しゅうえん》を迎えたように思われた。ミュンヘンのアメリカ領事館は、ワシントンに次のように報告している。「一九二三年の十一月一揆は、最も愚かしい形で失敗した。ドイツ国籍をもたないヒトラーは国外追放されるであろう。少なくともまず彼の国粋主義的な活動は今後、不可能になると思われる」。

オーストリアのユダヤ系作家で、ナチ政権期に亡命することになるツヴァイク（Stefan Zweig）も、『昨日の世界』（*Die Welt von Gestern*、一九四二年）で次のように述懐している。「一九二三年には、鉤十字とヒトラーの名はほとんど忘れ去られた。彼が権力を手にすることになるとは、もはや誰も考えることはなかった」。

ミュンヘン一揆の関係者の裁判は、一九二四年二月二十六日から三月二十一日まで行われた。ヒトラーは当初、裁判で勝ち目がないと考えて発言を拒否し、ハンガーストライキをすると明言していた。しかし審理が始まると態度を豹変させた。バイエルン州上級裁判所における審理で、ヒトラーは法廷を自己宣伝の舞台に仕立てた。鉄十字勲章を付けたジャケット姿で現れたヒトラーは、この一揆における自分の役割を正当化するだけでなく、自己を讃美した。ヒトラーは、自分の行った行為自体は否定しないが、叛逆罪であるとは認めないと述べた。

ヒトラーは、審理のなかで自らに有利な雰囲気を作り上げることに成功した。この裁判を傍聴したジャーナリストによれば、「政治的なカーニバル」のようであったという。この裁判では被告人たちは「〜さん」(Herr)づけで呼ばれ、何時間にもわたって自らの主張を弁明することが許された。ヒトラーが最初の弁明を終えたとき、陪席裁判官が「このヒトラーとはすごい奴だな」と言うのが聞こえたという。

またヒトラーは、フリードリヒ・エーベルト大統領のことを「フリッツ・エーベルト殿下」(Seine Hoheit, Herr Fritz Ebert)という言い方でからかった。「殿下」という表現は、どこかの領主であるかのような呼称で大統領職に対してはふさわしくなく、また大統領のファーストネームである「フリードリヒ」を「フリッツ」という愛称形に縮めて軽く呼んでいるという点で、大統領を嘲笑《ちょうしょう》する言い方である。大統領が社会的に低い階層の出身であったことを、小馬鹿にしているようにも聞こえた。裁判官はこの言い方を我慢して聞き、さらにはまた別の被告が使った「十一月の犯罪人たち」という表現についても批判しなかった。

法廷における次席検事とヒトラーとのやりとりを見てみよう。検事が「あなたは今回の行動を通じて、法的拘束力を持つ投票が行われる可能性を作りたかったのですか」と質問したのに対して、ヒトラーは次のように切り返している。「私の場合、まったく投票などはありえません。国民主義者が統治するべきか、それともマルクス主義者が統治するべきかという問題は投票が決する問題ではなく、道徳と品位が決する問題なのです。ある国家に国民主義者が一〇〇〇人しかおらず、残りの何十万人が国民主義者ではなかったとしても、その場合、神と世界を前にして国民を代表する道徳的権利はその一〇〇〇人のほうにあるのです」。このようにヒトラーは、「AではなくてB」の対比法、「もし〜だとすると」による仮定法を法廷でも多用した。また、ヒトラーは「〜せねばならない」と「きっぱりと」(ausdrücklich)という語をよく使っている。例えば、「あなたは十一月八日の夜にドイツにおける第一の地位を要求したのですか」と検事がたずねたのに対して、ヒトラーは次のように答えている。「十一月八日夜、ドイツにおける第一の地位を要求することなど誰にもできなかったと、私は強調せねばなりません。[……]私は第一の地位を望んだことはまったくなく、政治的な戦いを指揮するだけであると、私はきっぱりと説明しました。私はその集会できっぱりそう説明したのです」。

演説者としての知名度

審理最終日の三月二十一日、主席検事は起訴状のなかでヒトラーを次のように評価した。「ヒトラーはごく普通の環境の出であるが、大戦で勇敢な兵士としてドイツ精神を証明し、その後苦労しながら極めて小さな集団をひとつの党にまとめ上げた。[……]彼の党の政策について私は何ら判断を下さない。しかし、抑圧され、武器を奪われた民族にドイツ精神に対する自信を回復させようとした彼の誠実な尽力は、なんと言おうともひとつの功績でありつづける。

彼はこの点において、演説家としての無類の才能を駆使して意義あることを成し遂げた」。ヒトラーが法廷で語ったことばが新聞に掲載されて広まり、演説者としてのヒトラーの知名度は全国規模で高まった。裁判の経過のなかでヒトラーは、ルーデンドルフ将軍と並ぶ存在としてイメージされていった。

四月一日に、この叛逆罪に対して寛大な判決が言い渡された。判決文では、ドイツ人ではないにもかかわらず志願して四年半の間ドイツの兵役を務め、勇敢さを発揮して活躍したヒトラーに厳しい処置の適用はできないとされた。刑は禁固五年という比較的軽いもので、しかも執行の半年後の時点で残存刑期は保護観察期間となり、釈放される予定であった（実際には収監期間がやや延びて、釈放は約九か月後の十二月二十日になった）。罪を犯した外国人は国外退去となるのがふつうであったが、「ヒトラーほどドイツ人的な思考、感情の持ち主はいない」との理由で国外退去処分は適用しないとされた。ヒトラーは、一揆の失敗を勝利に変えた。

ただし、ヒトラーが政治家としての階段を駆け上ることは、この時点ではありえないように見えた。ミュンヘン一揆の一週間後に首相のシュトレーゼマンは通貨改革（貨幣単位の切り下げ。一兆紙幣マルクを一レンテンマルクとする。一年後にはライヒスマルクへ移行）を実施して、それ以降インフレは沈静化した。ワイマール共和国が政治と経済の両面で安定化するのと反比例して、一九二四年以降、極右系の運動は失速していった。第一次世界大戦の「戦後」は終わった。

第二章　待機する演説　一九二五〜二八

ヒトラー釈放の二か月後となる一九二五年二月、新生ナチ党集会が開かれ、ヒトラーは久々の演説を行った。しかし、この演説で用いた表現が政府批判と見なされて、ヒトラーはバイエルン州をはじめとするいくつもの州や都市で公開演説の禁止を命じられてしまう。その二年後に禁止が解かれてヒトラーが再び公《おおやけ》に演説を行えるようになったとき、ナチ党の党勢は明らかに凋落《ちょうらく》現象を示していた。一九二八年五月の国会選挙でナチ党は、得票率が二・六パーセントの第九党でしかなかった。しかし、刑務所への収監以降の数年間は、ヒトラーがプロパガンダと演説について理論的に考えをまとめることができた時期でもあった。ヒトラーは『わが闘争』(第一部一九二五年、第二部一九二六年)において、書かれた文章ではなく語られることばによってポイントを絞り、白黒を明確にして、スローガンのように繰り返すことで、悲惨な生活を天国だと聞き手に信じ込ませることさえ可能だとしている。一九二五年十二月十二日のナチ党集会における演説を分析してみると、弁論術、レトリックの観点から見て巧みですでに「完成」していることがわかる。ヒトラー演説は、この時期にその理論面と実践面ともに十分に仕上がっていて、あとは何かをきっかけに大衆を鷲《わし》づかみにできるタイミングをじっと待っていた。

1　禁止された演説

釈放後の新生ナチ党集会

ヒトラーが収監先のランツベルク刑務所から釈放されて二か月後になる一九二五年二月二十六日、ナチ党機関紙『フェルキッシャー・ベオバハター』の復刊第一号が出され、翌二十七日には、あのミュンヘン一揆の舞台となった「ビュルガーブロイケラー」で新生ナチ党集会が催された。以前と変わらず、ミュンヘンの街角に何日も前から赤いポスターが貼られ、ヒトラーの演説が予告された。ミュンヘン一揆から数えて、一年四か月ぶりのヒトラーの登場となった。午後五時にはすでに、ビアホールは三〇〇〇人で満杯になっていた。聴衆たちの期待が膨らむなか、午後八時にヒトラーが現れると、聴衆は歓声を上げ、ビアジョッキを合わせて乾杯した。

二時間近い演説のなかでヒトラーは、ナチ運動がふるわない現状を、「実際には死が近づいているのに、ドイツ国民はまだダンスをしている」というメタファーを用いて描写した。この演説文は、約三六〇〇語からなる。演説の意図に対応して、一番頻出する名詞は「運動」（三七回）で、副詞としては「再び」（三〇回）が多い。

ヒトラーはナチ運動が再び活力を取り戻すには指導者としての自らの強いリーダーシップが必要であるということを、演説の核心部で次のように言い表した。「私は、自分で責任を負うからには、人にあれこれと条件を指図されるつもりはない。私は、この運動において起こることすべてに対して、再び全面的に責任を負う。だから、私はみなさんにもう一度お願いしたいと思う。党の分断となる可能性のあることはすべて見合わせてほしい。［……］今このホールには、三〇〇〇人もしくは四〇〇〇人の仲間が集まっている。しかし、この四〇〇〇人が近い将来に二〇〇〇万、三〇〇〇万にならないといけない」。そして、次のように言って演説を終えた。「だから、内輪の争いをやめてほしい、またそれ以外の争いもやめてほしい。［……］私は大衆のなかへ入っていって、民衆を今日の狂気のなかから救い出し、再びひとつの国民へと統合したいと思う。［……］われわれはみな共通の同じ理念を、共通の財産を、共通の神聖な祖国ドイツを持っているのであるから」。このようにヒトラーは、ナチ運動内部に存在している意見の対立を終わらせ和解することを強く訴えた。

公開演説の禁止令

ヒトラーがこの演説で「人にあれこれと条件を指図されるつもりはない」と発言したことが、合法的な政治活動を保障しないものと見なされた。そのため、ヒトラーは演説の一〇日後（三月九日）にバイエルン州政府から二年間の公の場での演説の禁止を命じられることとなった。公の場における演説の機会を奪われることは、ヒトラーにとって最大の打撃であった。プロイセン州は、九月二十五日にヒトラーに公開演説を禁止した。さらには、ハンブルク、オルデンブルク、リューベックの各都市、アンハルト州、バーデン州などが続いて、ヒトラーの公開演説を同様に禁止した。

ヒトラーが演説を行った都市を、禁止令の前後で比較すると、歴然とした違いがあることがわかる。ヒトラー演説は一九二三年には、ミュンヘン（七六回）、ニュルンベルク（七回）、アウクスブルク（三回）、インゴルシュタット、バイロイト、エアランゲン、ザルツブルク等のミュンヘンから遠くない南部の都市でのみ行われていた。それに対して、バイエルン州での公開演説禁止令以降は、ワイマール（六回）、シュトゥットガルト（四回）、プラウエン（四回）、ブラウンシュヴァイク（三回）、ミュンヘン（二回）、あと、ベルリン、イェーナ、ツヴィッカウ、ゲーラ、ヴィスマールといった具合に、北ドイツと東ドイツの都市が目立っている。

北ドイツでの演説活動

ナチ党はこの頃まだ北ドイツでは基盤が弱かったので、ヒトラーは演説禁止令の二日後に、組織力で評判の高かったグレゴール・シュトラッサー（Gregor Strasser）に委託して、北ドイツに党組織を築かせた。北ドイツのハンブルクでは、十月八日にヒトラーの公開演説が禁止されたが、ヒトラーは私的に招かれる形で一九二六年二月二十八日にハンブルクの「一九一九年の国民クラブ」で四五〇名の同クラブ会員を前に演説を行った。このクラブは、国民意識の高揚を目ざし、一九一八年のドイツ革命とワイマール体制を拒絶する考えの人物たちの集まりであった。会員は、企業家、銀行家、将校、法律家、医師、牧師らの「高級な」人々であった。「みなさまご存じのとおり、私は多くの人のいる公の場でそもそも演説することができません」ということばで始まったこの演説でヒトラーは、ナチ党の政治的成功の可能性を論じ、マルクス主義を攻撃した。ヒトラーは聴衆の熱狂的な反応を目の当たりにして、リベラルなこの大都市のエリート層にも反共的な感覚があって、ナチス流のマルクス主義攻撃が抵抗なく受けいれられることを理解した。しかしナチ党はまだ、未来が見えない党であった。

四月には、演説会などのナチ党の催しを護衛する集団として「親衛隊」(SS：Schutzstaffel)が組織された。五月二日にヒトラーは、公開演説が禁じられているハンブルクを避けて、ハンブルクの近隣のメクレンブルク州シュヴェリーンで三〇〇〇人を前に公開演説を行った。そのときの様子を、『ハンブルク・ニュース』紙は次のように報じている。「ハンブルクから特別列車に乗って人々がやってきた。市民ホールは午後二時には満杯となった。激情的な音楽で雰囲気づくりがなされていた。突如、外でハイル(Heil、万歳)という叫びが起こり、ヒトラーが足早にホールを通り抜け演壇に到達する。彼はためらうことなく演説を始め、三時間まったく中断せずに話し続けた。彼は演説の仕方を知っている。初めは程よくウィーン風の方言を交え、聴衆にしっくりくる巧みな文章を聞かせ徐々にクライマックスへ持っていき、そのあと稲妻のようにすばやく結論を示し言い終える。効果がないわけがない。この技法を彼は、文章が長くないときでも繰り返す。この技法を支えるのが、非常に巧みなジェスチャー言語である。これは、聴衆が役者の姿を期待していることからすると、決して悪趣味だとは言えない」。

代読されるヒトラーの声

公開演説禁止令によって、ヒトラーは公の場ではいわば自らの声を失った。しかし、うまい抜け道が考え出された。それは、別人がヒトラーの演説を代読することである。ただ問題は、誰が代読するかである。ヒトラーと同じような声質と調子で語る人物が必要であった。

その条件に合ったのが、ヴァーグナー（Adolf Wagner）であった。彼は早いうちにナチ党に入り、ミュンヘン一揆にも参加していた。後にミュンヘン大管区指導者、そしてナチの政権掌握後にはバイエルン州の副知事を務めた人物である。ヒトラーよりは一〇歳ほど年長であった。

例えば、バイエルン州政府から公的演説の禁止を命じられた一年後の一九二六年三月十七日にミュンヘンのビュルガーブロイケラーで公開のナチ党集会があったとき、ヒトラーの臨席のもと、ヒトラーの声明文がこのヴァーグナーによって代読された。この声明文のなかでヒトラーは、公開演説禁止の命令を受けて以来、「私のように、自分の権利を主張し中傷や攻撃に対して自分で自分の身を守ることができなくなったドイツ人は、ほかに誰もいない」と、ヴァーグナーの声を借りて強く抗議している。

ナチ党による政権掌握後もヴァーグナーは、党大会などでヒトラーの告示を代読することがあった。ヴァーグナーが代読する演壇の後ろにはヒトラーが座った。ラジオから流れてきたヴァーグナーの声が、ヒトラーの声と間違われることもよくあったという。

ヒトラーの発音

ヒトラーのドイツ語の発音は、方言色が目立つものであったのであろうか。ヒトラーは、父が税官吏をしていたこともあり幼少期に何度も引っ越しをしている。生まれ育ったのはオーストリア北部のオーバーエスターライヒ地方（ブラウナウ・アム・イン、リンツ、シュタイアー等）とドイツ南東部のバイエルン地方（パッサウ）であり、ドイツ語の方言分類では上部ドイツ（南ドイツ）の「バイエルン・オーストリア方言」地域である。ヒトラーを含むこの地域の都市部に住む市民層には、公の場では方言を避けるべきだという意識が明確にあった。この観点から見ても、政治家ヒトラーが演説において方言的な発音を臆せずにしているということは考えにくい。

ドイツ語の発音の規準については、ドイツ帝国誕生後、ドイツ舞台連盟がズィープス（Theodor Siebs）らに委嘱し、ドイツのさまざまな舞台での発音を調査させた。その結果、舞台では原則として北ドイツ（低地ドイツ）、とくにハノーファーの舞台における発音を採用することが決められた。その調査結果は、一八九八年に『ドイツ語舞台発音』（以下、『舞台発音』）として公刊された。この本は、本来は舞台以外の日常生活における発音について拘束力を持つものではなかったが、一九二二年以降にタイトルが『ドイツ語舞台発音・標準発音』と変更されて以降は、舞台に限らないドイツ語全般にわたる標準的な発音の規範のように受けとめられることになった。

ヒトラーはすでに政権掌握以前から、演説においてこの『舞台発音』に合った発音を心がけていた。母音前のsを有声で発音（Sonneを南ドイツ風に「ソネ」ではなく正しく「ゾネ」と発音）することや、二重母音の「アイ」を明瞭に発音（Maiを南ドイツ風に「マエ」ではなく正しく「マイ」と発音）することは、『舞台発音』に合致した発音の仕方であり、ヒトラーの出身地域の発音と異なる。rの発音についてもヒトラーはたいていの場合、『舞台発音』で指定された（スペイン語やイタリア語の場合と同じ）「巻き舌」で発音している。ヒトラーの出身地域では、（フランス語の場合と同じ）「口蓋垂《こうがいすい》（のどびこ）」での発音のほうが一般的である。しかし他方で、語頭の無声閉鎖音p、t、kの有声音化（treibenを「トライベン」ではなく「ドライベン」のように発音）、äを開いた［ɛ］ではなく閉じた［e］で発音している点などについては、出身地域の方言の影響が見られる。なかでも一番、北部と中部のドイツ人の耳に違和感を抱かせたのは、南ドイツに特有な「柔らかい」声の立て方である。北部と中部では、単語や音節のはじめで母音を発音する際、喉を緊張させて声門を閉じてから一気に息を解放することで発音され、その結果歯切れよく聞こえる。しかし、南ドイツでは、声門が閉じられずに発音されるため、穏やかな発音の仕方に聞こえるのである。

このようにヒトラーは、自らの方言の特徴を残しながらも、演説家としてドイツ語圏全土で

写真３　６枚組みのポストカードセット．
出所：Herz (1994), pp. 100-101.

通じる「正しい」発音に腐心した。

写真による戦略

ワイマール共和国の政治家たちはたいてい、目で見た印象、視覚的なものが政治的効果を上げることを理解せず、写真撮影を好まなかった。しかし、ナチ党幹部たちは写真撮影をいやがらず、店舗に並べる商品のように毎回新しい装いと演出を施した写真を撮らせた。大衆に人気があることと写真を撮られることとは、同義であった。

ヒトラーほど、とぎれることなく写真を撮られている政治家はドイツにはおそらくいない。写真家ホフマン（Heinrich Hoffmann）は、一九二一年以降二〇年以上にわたりヒトラーの写真を撮り続けた。一九二七年にホフマンは、スタジオでヒトラーの演説のポーズ写真を撮影した。そのうちの六枚はポストカードセットとして売り出された（写真3）。チャップリン（Charles Chaplin）はこの演説をするポストカードセットを見て、「この顔はもはやコミカルではなく、不気味である」と述べている。

党機関紙『フェルキッシャー・ベオバハター』を日刊で発行するナチ党所有の出版社フランツ・エーアー（Franz Eher）社は、一九二六年から『イルストリアター・ベオバハター』（Illustrierter Beobachter）という、写真・挿絵が多く入ったイラスト週刊紙を出した。この『イルストリアター・ベオバハター』の一九二八年一月二十八日号は、「話すことばの威力」という特集を組み、その表紙には、ホフマンが撮影した未来を右手で指し示すポーズのヒトラー写真を使っている（写真4）。

写真4　『イルストリアター・ベオバハター』第3巻（1928年）第2号表紙.

公開演説禁止解除後の初の演説

一九二七年三月五日、バイエルン州政府は、ナチ党が非合法的な目的と手段を持たず、突撃隊と親衛隊を政治的、軍事的なことに関わらせないこと、そして禁止解除後最初の演説はミュンヘン以外で行うことを条件にして、バイエルン州におけるヒトラーの公開演説禁止を解除した。ヒトラーは翌六日に早速、ミュンヘンの北東一〇〇キロメートルほどにある小さな町フィルスビブルク（Vilsbiburg）で、実に二年ぶりとなる公開演説を行った。参加者は警察発表で約一〇〇〇人であった。この集会について、その町のナチ党管区長の報告文には、「すべては静かに行われた。内容も、政府を批判するものは一切なかった」とある。

「未来かそれとも没落か」と題するこの演説の冒頭部を見てみよう。「この禁止の時期は、ドイツ民族の歴史においてだけでなく、われわれ自身の運動の歴史においてもほんの一時期でしかない。二年という時間は、この世界で存在をかけた民族の格闘においてはたいした時間ではなく、またこの闘争のための運動史において何ら問題ではない。［……］私が示したいと思うのは、この二年間が無意味であったわけではなく、この二年間があったからこそ、今後、揺るぎない理念のもと、この運動が年々大きく広がりを見せ、ついにはドイツ民族が足かせを振り払って一つの新しい旗のもとで新たな始まりを体験するであろうということである」。このように、「AだけではなくBも」、「AではなくてB」、「AであるしまたBでもある」のように二項目を対比したり、並列させる構文で演説を進めている。

演説の最後の箇所で、ヒトラーは次のように語っている。「七、八年前は取るに足らない小さな運動であったものが、その後三〇人そして五〇人となった。さらに一年後には六二人の党員となり、その一年後には三〇〇人、さらに一年後には三〇〇〇人となった」。このように徐々に数量や程度を増していくレトリックの手法を、「漸層法《ぜんそうほう》」と言う。この漸層法の後、「この運動は、それが勝利する日が来てわが民族を救出するか、それともわが民族とともに破滅するかのいずれかであろう」という二者択一の対比法が用いられ、最後に、「天がわれわれに祝福を与えてくれるならば、われわれが破滅することはありえないであろう」と、「天が祝福してくれる」という仮定文のかぎりにおいて成功するという帰結文が示されている。

「新しくないこの福音」

バイエルン州での公開演説禁止解除後、二回目となる催しは、三月九日にミュンヘン市内で行われた。会場となったサーカス劇場ツィルクス・クローネには七〇〇〇人が集まった。午後八時四十五分から十時十五分まで、ヒトラーは「ドイツの前線」と題する演説を行った。

それについて、警察の報告書には次のように書かれている。「人々は、かつての演説家としてのヒトラーの成功のことを語っていた。女性たちはまだヒトラーに心酔しているように見えた。多くの男性は鉤十字のバッジを付けていた。多くがヒトラーの信奉者たちである。センセーションを渇望する熱い空気がみなぎっていた。［……］。歓声とともに、ヒトラーが入場。聴衆は興奮し、足踏みの音、ハイルの声。しかし突如、静寂。［……］ヒトラーは最初ゆっくりと強弱をつけて話したが、次第にことばが性急になり、情熱を込めて話す箇所ではもはや聞き取れなくなった。聞き入る聴衆を両腕、両手の身振りで常に魅了しようとヒトラーは試みる。後半部では何度も「否」(ナイン)という語を舞台上の役者のせりふのように強調して言った」。

しかしこの報告書の書き手は続けて、次のような評価を記している。「ヒトラーの演説家としてのできばえは、報告者にはなんら卓越したものには思えない。驚くのは、一九二三年のときと同様に、人がこれを高く評価することである。ヒトラーの選ぶ喩えは、聴衆の理解力に合わせた無骨なもので、文は息の長い複合的な構造をしていて、その終結部はわざとらしく強調されるか、または繰り返されるかのいずれかである。あたかも変更不可能な事実であるかのように、彼の見解が独裁者の確信として聴衆に投げつけられる。聴衆は、内容としては新しくないこの福音を拍手で受け入れる」。この報告者は、ヒトラー演説を理性的、客観的に見る限り、何の価値もないと評価しているわけである。しかし、ヒトラー演説のこの程度の低さは、ヒトラーが大衆を理解力のない集団と認識していることによっている。この点については、このあとすぐに第2節の「演説の理論」で詳しく見てみたい。

ナチ党の凋落

バイエルン州で公的演説禁止が解除された背景には、党勢の凋落があった。このころ、ヒトラーの「魔法」は解けたように見えた。今見た演説を記事にしたユダヤ系週刊新聞の『CV新聞』(一九二七年三月十八日)は、「ヒトラーの再登場によってわれわれが神経質になる必要はない。というのも、集会演説家としての彼は、以前の勢いを失ったから」と書いている。一九二七年の内務省の秘密報告にも、「ナチ党は先へ進めない。党は数からして取るに足らない少数集団である。大衆に顕著な政治的影響を与えることはできない」と書かれている。一九二八年五月二十日のナチ党再建後初の国会選挙では、ナチ党は得票率が二・六パーセントしかなく、議員数も一二議席（第九党）にとどまった。この選挙では、長い間野党であった社会民主党が大勝し、同党のミュラー（Hermann Müller）を首相として、ドイツ人民党、中央党などとの大連立政権が生まれた。

時間軸で見る語彙的特徴

筆者は、ヒトラーの演説文を客観的に分析できるように、ヒトラーが四半世紀に行った演説のうち合計五五八回の演説文を機械可読化して、総語数約一五〇万語のデータを作成した（なお、データの選択にあたり、ヒトラーの演説が第三者によって報告されているものや、ヒトラーのことばが間接話法として書かれているものは除外した）。ナチ党が一九三三年一月三十日に政権を掌握するまでの「ナチ運動期」と、政権を掌握した後の「ナチ政権期」のデータの内訳は、次のとおりである。

ナチ運動期：一九二〇年八月七日～三三年一月二十二日、全二六八演説、総語数約八二万

語
ナチ政権期：一九三三年二月一日〜四五年一月三十日、全二九〇演説、総語数約六九万語

この「ヒトラー演説一五〇万語データ」*を基に、ヒトラーが演説において用いた語彙が時の流れとともにどのように変遷したかについて統計的調査を行った。ナチ運動期におけるヒトラー演説とナチ政権期におけるヒトラー演説とを統計学的に比較してみると、それぞれの時期に特徴的な形容詞は表1のとおりとなる。

表の見方は、次のとおりである。表1の上半分のナチ運動期の一覧には、ナチ政権期と比べてナチ運動期における出現回数が顕著である形容詞が上位二〇位まで並んでいる。最上位にある「ゆっくりとした」(langsam)は、ナチ運動期には五五二回、ナチ政権期には一一七回出現していて、その「対数尤度比《ゆうど》」**は二三四・二七である。ナチ運動期において最も高い対数尤度比を示す「ゆっくりとした」は、ナチ政権期と比べたときナチ運動期にとって最も特徴的である。同様に、表1の下半分のナチ政権期の一覧で最上位にある「国民社会主義の」(nationalsozialistisch)という形容詞（対数尤度比四二一・五七）は、ナチ運動期と比べたときナチ政権期にとって最も特徴的である（表1に関する詳しい分析は二〇九〜二一〇頁を参照）。

さて、「ゆっくりとした」は、五五二例中五一〇回が副詞としての用法（「次第に」、「そろそ

（ナチ運動期：1920年8月～33年1月）

順位	単　語	ナチ運動期の出現回数	ナチ政権期の出現回数	対数尤度比
1	langsam（ゆっくりとした）	552	117	234.27
2	bayerisch（バイエルンの）	260	14	227.21
3	bürgerlich（市民の）	487	130	160.68
4	lieb（愛すべき）	478	157	117.33
5	national（国民の）	838	372	109.10
6	politisch（政治的な）	1,314	746	73.05
7	plötzlich（突然の）	318	114	67.03
8	schuld（責任がある）	83	6	66.28
9	marxistisch（マルクス主義の）	177	49	55.75
10	völkisch（民族主義的な）	138	31	55.30
11	täglich（日々の）	154	42	49.45
12	link（左の）	76	9	49.03
13	ganz（全体の）	1,614	1,031	45.98
14	pazifistisch（平和主義の）	53	3	45.68
15	prinzipiell（原則的な）	41	1	41.91
16	geistig（精神的な）	370	174	41.34
17	rot（赤の）	116	30	39.78
18	preußisch（プロイセンの）	69	10	39.52
19	augenblicklich（目下の）	118	33	36.68
20	deutschnational（ドイツ国民の）	40	2	35.64

（ナチ政権期：1933年2月～45年1月）

順位	単　語	ナチ運動期の出現回数	ナチ政権期の出現回数	対数尤度比
1	nationalsozialistisch（国民社会主義の）	304	896	421.57
2	britisch（イギリスの）	14	248	298.22
3	europäisch（ヨーロッパの）	53	285	219.48
4	deutsch（ドイツの）	4,647	5,198	209.82
5	kulturell（文化的な）	40	246	204.40
6	geschichtlich（歴史的な）	67	268	168.05
7	polnisch（ポーランドの）	10	143	163.41
8	gewaltig（強力な）	159	379	136.63
9	wahrhaft（本当の）	22	146	126.16
10	tapfer（勇敢な）	14	125	123.00
11	einmalig（一度限りの）	3	90	118.84
12	künstlerisch（芸術の）	10	105	109.51
13	erfolgreich（成功した）	12	101	97.10
14	militärisch（軍事の）	70	205	95.77
15	volklich（民族の）	1	66	94.74
16	menschlich（人間的な）	136	290	88.14
17	damalig（当時の）	65	187	85.63
18	fortgesetzt（絶え間ない）	3	65	81.39
19	aufrichtig（誠実な）	14	90	76.53
20	schwer（困難な）	365	545	75.63

表1　ナチ運動期（上）とナチ政権期（下）の特徴語（形容詞）．

ろ」、「ゆっくりと」)で、頻度としてはとくに一九二八年が突出している。これは、一九二八年五月二十日の総選挙でナチ党が議席数を激減させたことと関連していると思われる。党の凋落を前にして、一九二八年十二月三日の演説でヒトラーは、「新聞が別の民族の手に落ちる様子が、次第にわれわれにはわかってくる。演劇が別の民族の手に落ちる様子が、次第にわれわれにはわかってくる。文学が別の民族の手に落ちる様子が、次第にわれわれにはわかってくる」といった具合に、「次第にわれわれにはわかってくる」(langsam sehen wir)という表現をくどいくらいに何度も繰り返している。ヒトラーは、聴衆たちに「そろそろ」理解してもらえる時期が来ることを強く期待している。

＊「ヒトラー演説一五〇万語データ」を用いたヒトラー演説の分析はこのあとも本書で行うが、さらに詳しくは高田博行「時間軸で追うヒトラー演説——コーパス分析に基づく語彙的特徴の抽出」『学習院大学ドイツ文学会研究論集』第一五号(二〇一一)八九〜一五五頁を参照していただきたい。なお、この論文は「学習院学術成果リポジトリ」(http://glim-re.glim.gakushuin.ac.jp/)からダウンロードが可能である。

＊＊対数尤度比とは、ある現象が二つの別個の母集団で出現するときに、その二つの出現頻度の差が有意な差であると推測するもっともらしさ(尤度)を統計学的に検定するために用いる関数である。〇・〇一パーセント水準の場合、つまり、有意な差があるという判断が誤りである可能性が〇・〇一パーセント以下しかないという水準の場合($p<0.0001$)、その判断を

棄却する限界値となる対数尤度比は一五・一三である。つまり、対数尤度比が一五・一三を上回る場合、二つの出現頻度には有意な差があると言うことができる。この対数尤度比の数値が高いほど、二つの出現頻度の差はより有意で顕著である。

2　演説の理論

『わが闘争』の口述筆記

今見たように、刑務所に収監されてからの五年間は、ナチ運動の拡大という観点では振るわない時期であった。しかも、公開演説の禁止を命じられた二年間は、ヒトラーが「話すことばの威力」を発揮することができなかった時期である。しかし他方でこの五年間は、獄中生活をきっかけにヒトラーが『わが闘争』の原稿を作成し、プロパガンダと演説に関する理論的な考えをまとめることができた時期でもあった。獄中生活は待遇がよく、看守はヒトラーに対して尊敬心を持って接したという。安楽椅子に座って新聞を読むこともでき、ヒトラーは望みどおりの人と面会できるように取りはからわれた。このような環境のなか、ヒトラーは一九二四年十二月に釈放されるまでの間に、同じくミュンヘン一揆に関わり収監されていたモーリス(Emil Maurice)とヘスに自分の考えを口述筆記させたのである。

獄中で口述筆記された内容は、釈放の七か月後（一九二五年七月）にナチ党所有のエーアー社から出版された。それが『わが闘争』（*Mein Kampf*）の第一部である。執筆当初は『嘘と愚かさと臆病に刃向かった四年半』であったタイトルは、出版段階で『わが闘争』に変更された。『わが闘争』の「序文」によれば、この著述の意図は「われわれの運動の目標を明らかにするだけでなく、われわれの運動の展開史を描くことでも」あった。『わが闘争』の第二部は、ヒトラーが釈放の後にエーアー社社長アマン（Max Amman）に口述筆記させて、一九二六年十二月に出版された。

プロパガンダの標的としての大衆

「プロパガンダ（布教宣伝）」とは、情報の送り手が用意周到に情報を組織的に統制して、特定のイデオロギーが受け入れられるように、受け手に対して働きかけることである。歴史的には、一六二二年にローマ法王グレゴリウス一五世が反宗教改革運動の推進のために設立した「ローマカトリック教会教義布教聖省」（Sacra Congregatio de Propaganda Fide）の「布教」という語にさかのぼる。「プロパガンダ」という語の元になるラテン語の動詞は「繁殖させる」、「種子をまく」という意味である。情報の送り手と受け手との関係から言うと、プロパガンダの最終目的は、送り手が流す情報をあたかも自発的であるかのように受け手に受け入れさせることである。

『わが闘争』のなかでヒトラーは、プロパガンダに関してどのようなことを述べているのであろうか。ヒトラーは、理念は「大衆の力なくして」実現することができないと考え、大衆の支持を獲得する手段としてプロパガンダ活動を最重要視する。プロパガンダは「永久に大衆に対してのみ向けられるべき」であって、インテリはその対象とならない。プロパガンダの課題は、「ポスターのばあいと同様に大衆の注意を喚起することであらねばならず、［……］その作用は常に感情のほうに向けられるべきで、いわゆる分別に向けられることは大いに制限しておかねばならない。いかなるプロパガンダも大衆的であるべきであり、その知的水準は、プロパガンダが向かう対象とする人々のなかで最も頭の悪い者の理解力に合わせるべきである」。

このプロパガンダという手段は、「社会主義とマルクス主義の組織が習熟し見事な手際で使用」してきたものであるとヒトラーは認識している。またヒトラーは第一次世界大戦時の「敵陣営の戦争プロパガンダから、限りなく多くのものを学んだ」と言う。第一次世界大戦時に、飛行機による宣伝ビラ投下を行ったイギリスとアメリカのプロパガンダによって、ドイツ軍は戦意を失い、勝利の希望を失った兵士が最後に叛乱を起こし、ドイツ軍は自国領土に敵兵をほとんど入れないまま崩壊してしまったとヒトラーは捉えている。この「歴史的事実」からプロパガンダの技術を学ぼうと考え、ヒトラーは『わが闘争』のなかでプロパガンダの基本原則を確認していった。

「語られることばの威力」

大衆にメッセージを伝えるには文字によってではなく、音声によって訴えかけるのが重要であるとヒトラーは確信している。『わが闘争』では、「語られることばの威力」が繰り返し言及される。語られることばの目的は、民衆の支持を得て理念を実現することである。『わが闘争』第一部の序言にすでに、「人を味方につけるには、書かれたことばよりも語られたことばのほうが役立ち、この世の偉大な運動はいずれも、偉大な書き手ではなく偉大な演説家のおかげで拡大する」とある。偉大な革命は、「決してガチョウの羽ペンで導かれはしなかった。そう、ペンは常にただ革命を理論的に根拠づけるためのものでしかなかった。宗教的、政治的な類の大きな雪崩を引き起こした力は、永遠の昔から語られることばの魔力であった。とくに一般大衆は常に演説の力の影響を大きく被る」。

ヒトラーによれば、マルクス主義が拡大したのは書かれた著作によってではなく、「演説家による波のように途方もなく打ち寄せるプロパガンダ」のおかげである。マルクス主義が一年で一〇〇万人もの労働者を獲得できたのは、「何十万回もの集会」のおかげである。このような集会では、「民衆演説家たちが、たばこの煙がもうもうと立ちこめる酒場でテーブルの上に立って、大衆の頭上にハンマーのようにことばを叩き付けた」。

論理より感情

政治家の演説の価値は、「大学教授に与える印象によってではなく、民衆に及ぼす効果によって」測られる。ヒトラーは、「民衆の圧倒的多数が女性的な性向と態度をとり、冷静な熟考よりもむしろ感情的な知覚で自らの思考と行動を決定する」と考えている。大衆は、どうかお願いしますと下手に出て頼まれるよりも、こうしろと命令され支配されるのを好むのだとヒトラーは言う。

ただ、この感情というものは奥深いところにあるので、「本能的な嫌悪、感情的な憎悪、先入観にとらわれた拒絶という障壁を克服することは、学術的な意見の誤りを正すことよりも一〇〇〇倍も困難である」。理性的な事柄なら啓蒙によって正すことができるが、感情の上での抵抗感は演説家が「神秘的な力へ訴え」ることを通じてしか除去することはできないと、ヒトラーは考える。

ポイントを絞り、繰り返す

「大衆の受容能力は非常に限定的で理解力は小さく、その分忘却力は大きい」。大衆は「頭の回転が遅いために、一つのことについて知識を持とうという気になるまでに、常に一定時間を要する」。したがって、「最も単純な概念を一〇〇〇回繰り返して初めて、大衆はその概念を記憶することができる」。多くを理解できない大衆の心のなかに入り込むには、「ごくわずかなポイントだけに絞り、そのポイントをスローガンのように利用する。そのことばを聞けば誰でもそのことばが指す内容を思いうかべることができるようにせねばならない」。したがって、「主観的で一面的な態度」が要請される。

ヒトラーは、石鹼《せっけん》のポスターを例に挙げて、ポスターでは宣伝したい石鹼だけを強調するべきで、「他の石鹼も「良い」と書いているようなポスターがあったなら、人はなんと言うだろうか」と述べている。つまり、ものの「多面性」を示すのは誤りであるとする。「細分化は存在せず、肯定か否定か、愛か憎か、正か不正か、真か偽かであり、決して半分はそうで半分は違うとか、あるいは一部分はそうであるとかいうことはない」。この点において、ドイツ人には客観的にものを言う習性があり、これが欠点であるとヒトラーは説く。

聴衆の反応のフィードバック

ヒトラーは、ポイントを絞り、繰り返すことだけで大衆の心をつかむことができると考えているわけではない。演説家は、「その時々の聴衆の心に話しかける」ことが重要であるとヒトラーは認識している。聴衆の反応をフィードバックしながら、演説を修正していくことが必要だというのである。演説者は、聴衆の表情や反応から「自分の講演を絶えず修正」することが可能である。その場で受け手の反応に応じることは、文筆家にはできない技である。

演説家は、聴衆が演説内容を理解できていないと気づいたときには、「聴衆のなかで最も頭の悪い者でさえ取り残されない程度に丁寧に、そしてゆっくりと自分の考えを組み立てる」よう配慮する必要がある。また、聴衆が納得していないとわかったときには、「何度も常に新しい例を出して繰り返す」のがよい。演説のテーマや内容は同じであってよいが、効果的な演説であるためには、けっしていつも同じ具体例を繰り返してはいけないのである。さらにまた、聴衆が異論を持っているように感じられる場合には、演説者自らがその異論を先に持ちだして、反駁《はんばく》しておかないといけない。ヒトラーは自らの経験から、「ありうる異論を自らただちに引き合いに出して、その根拠のなさを証明」し、「聴衆の記憶のなかに刻み込まれた疑念を前もって解決しておくことによって、聴衆の獲得がより容易になった」。これは、レトリックの手法としての「先取り法」に相当する。

演説の時刻

同じ演説を行うにしても、どの時間帯に行うかによって効果に決定的な違いがあることを、ヒトラーは経験から心得ている。「同じ講演、同じ演説者、同じ演題でも、午前十時と午後三時と晩とでは、その効果はまったく異なっている」。

以前にヒトラーが朝の十時に演説を行ったときの結果は、さんざんなものであった。そもそも聴衆は朝では「熱くならず」、「雰囲気が氷のように冷たかった」。また朝では、聴衆のなかで反対の見解を持つ人の心に訴えることができない。映画の場合もそうであるが、演説の場合も晩に行うほうが午前に行うよりも印象が大きく、集まった大衆の心のなかに入っていきやすく、人の自由意志を妨げやすいという。「朝、そしてまた日中には、人間の意志力は自分と異なった意思と見解を強制しようとする試みに対しこの上ないエネルギーで抵抗するように見える。他方、晩には、人間の意志力はより強い意志に支配されやすくなるのである」。

ヒトラーは演説会場についても、「その理由はよくわからないが、ひとを冷めさせて、雰囲気の形成になぜか極めて激しく抵抗する会場がある」ことを、経験として述べている。

ル・ボンの『群衆心理』

ヒトラーは、「大衆に理念を伝えられる煽動者は、つねに心理学者であらねばならない。心理学を心得ていれば、その煽動者は人間に疎《うと》く世間知らずの理論家よりも指導者にふさわしい」と述べている。「大衆集会では、〔……〕一人であるという不安におちいりやすい個々人が、大きな共同体という情景を初めて目の当たりにし、たいていの人は勇気づけられる。すでにこの理由からして、大衆集会は必要である。〔……〕探求しようとする個々人が、ほかの三〇〇〇人、四〇〇〇人の人々が強く感化され、暗示的な陶酔と熱狂のなかに浸っている様子に魅了されるとき、〔……〕そのときその人物は、われわれが大衆暗示ということばで呼ぶ魔術的な影響の支配下に置かれる。〔……〕彼は共同体の一員となるのである」。

ヒトラーは、早いうちからフランスの心理学者ル・ボン（Gustave Le Bon）の『群衆心理』を読んで知っていた。産業革命の進展によって生まれた「群衆」たちの存在を論じたこの本は一八九五年に出版され、ドイツ語訳の初版は一九〇八年に出ていた。絵を売って生計を立てながら政治への関心を強めていたヒトラーはその頃ウィーンの宮廷図書館を定期的に利用していて、このドイツ語訳をウィーンですでに読んでいたという指摘がなされている。

ル・ボンによれば、群衆は常に「意志の強い人間のことばならよく聞くものである」。「指導者」が簡潔に「断言」し、「できるだけ同じことばで」繰り返すことで、繰り返して言われた意見や信念が「威厳」を得て「批判能力を麻痺させ」、群衆の間に否応なしに「感染」していく。群衆のなかの個人は、「単に大勢のなかにいるという事実だけで、一種抗しがたい力を感ずる」ようになり、「暗示を受け」やすく、最終的には「自分で何も考えることのない機械人形となる」。思想は、「知能や理性に働きかける論証によって」ではなく、「極めて単純な形式」によって群衆に受け入れられる。「群衆の心を動かす術を心得ている演説家は、感情に訴えるのであって、決して理性に訴えはしない」。群衆の心を動かす「イメージ」をことばによって呼び起こす際、「自由」とか「平和」といった「極めて意味の曖昧《あいまい》なことばが、しばしば極めて大きな影響力を持つ」。

選挙においても、「明確な意味を持たず、さまざまな願望を叶えるのに使える」決まり文句を新たに発見するような候補者が当選する。候補者は、敵陣営から攻撃材料にされる恐れのある明確な綱領文書を作成してはならないが、「口頭による綱領は、どんなに誇張してあってもさしつかえない。［……］これら誇大なことばは、大きな効果を生むが、口で言ったからといって、将来が拘束されることはない」。

真実らしくない大げさで「刺激的な」ことばを用いるのは指導者にとっては有利なことであり、演説は「どんなに威嚇的であっても威嚇的すぎるということはない」。また、演説において群衆を説得するためには、群衆の興味のありかを常に理解して、演説中の群衆の反応に合わせながら「さまざまにことばを変えることが必要である」。したがって、「あらかじめじっくり検討し、準備万端で臨んだ演説には効果はない」のである。

無からパンを取り出す魔法

ル・ボンはさらに、物事の本質的な部分はまったく変えずに、ただ名称を変えるだけで、新しいすばらしいものができたかのような幻想を作り出せることを指摘している。ことばには「魔術師」の持つような「神秘的な力」があると考えるル・ボンは、ある事象に群衆が大きな反感を抱いてしまった場合には、その事象を指す単語を変更して「人受けのすることば」で「用語を巧みに選択しさえすれば、最もいまわしいものでも受け入れさせることができる」と主張する。「政治を担う者の技術」は「ことばを駆使する術」である。ことばによって、群衆に「幻想」を与える。古代ローマの皇帝の仕事は、「人に不快なイメージを呼び起こすことばに代えて、不快なイメージを喚起することのない新鮮なことばを用いることであった」。

これと同じ内容をヒトラーも『わが闘争』で語っている。そこには、プロパガンダを用意周到に継続して行えば、「天国を地獄と思わせることができるし、逆に、極めてみじめな生活を天国と思わせることもできる」と書かれている。ヒトラーはウィーン時代に体験したこの「魔法」について語っている。生活上の重要問題を国民に忘れさせる目的で、政権が意義深く見えるような国家的行事を作り上げて、新聞で大々的に扱わせる。すると、「一か月前にはまったく誰も聞いたこともなかったような名前」が「何もないところから魔法のように作り出され」、知れ渡り、大衆は大きな希望を寄せるようになるのである。ナチ党が政権を掌握してから実際にそのような新名称によるみせかけが行われた例をいくつか挙げると、「企業家」を「従業員の指導者」、「独裁」を「より高次の民主主義」、「戦争準備」を「平和の確保」と呼び変えている。これは、レトリックで言う「婉曲語法」であり、またジョージ・オーウェル（George Orwell）のいう「ダブルスピーク」である。ことばの表面と意味内容が正反対である。

ナチ政権成立後まもなく亡命した作家ヘルマン＝ナイセ（Max Herrmann-Neiße）は、一九三七年に亡命先のロンドンで「にせ者の魔術師」（Der falsche Magier）という詩を書いた。ここではまさに、無からパンを取り出すナチ政権の姿が諷刺されている。「彼は空の瓶のなかから実際には存在しない飲み物を空のグラスへ注ぎ、空のポケットのなかから何もないものを取り出しそれをパンと名づけ、呑み込み食べて見せた。［……］大衆が我慢強いのをいいことに彼はさらに大胆になり、自分にはもっと大きな力があると言い出し、［……］手に負えないほど傲慢になり、実際には存在しないものだけを飲み食いして、彼のつく嘘のとおりに生活するようにと大衆に突然、命令しはじめた」。

アメリカ流の広告術

すでに見たように、ヒトラーは『わが闘争』のなかで、石鹼のポスターの例を挙げている。提示法に最大限の注意を払うことでその物がよいものだと思い込ませるプロパガンダの手法は、商業広告と本質的に一致する。

ヒトラーを支援したブレーメンの実業家ロゼーリウス（Ludwig Roselius）は、第一次世界大戦以前にKaffee HAGという商標を使ってノンカフェインのコーヒーを販売し、例のない成功を収めていた人物である（一九〇七年にKaffee HAG社を設立）。ロゼーリウスは、アメリカの広告術を手本に、カフェインの摂り過ぎは心臓に悪いが、ノンカフェインなら安心というイメージを消費者にうまく訴えかける販売戦略をとった。「Kaffee HAGはあなたの心臓に優しい」というキャッチフレーズを黒で描き、心臓を救う救命浮輪をロゴとして赤で描いたデザインを考案した。このデザインは、コーヒー豆の袋だけでなく、便箋、ブリキの看板、コーヒーカップなどに用いられ、企業イメージを形成するモダンなコーポレート・デザインの先駆けとなった。

このことを念頭に置くと、ナチスの赤と黒の鉤十字、ヒトラーの髪型とちょび髭《ひげ》も、ナチ党の効果的なコーポレート・デザインとなっていることがわかる。一九二四年に出版されたシェーネマン（Friedrich Schönemann）の『アメリカ合衆国における大衆感化の術』（*Die Kunst der*

Massenbeeinflussung in den Vereinigten Staaten von Amerika）は、ナチのプロパガンダ観に影響を与えた。この本のなかでシェーネマンは、「真実というのは、それに効果がある限りにおいてのみ価値がある」という原則を示している。

3　演説文の「完成」

「弁論術」から見た演説

古典期のギリシャに始まった弁論術（雄弁術）とは、あるときは法廷で弁明し、あるときは政治的主張を訴え、またあるときは人を賞賛する際に、聴衆に対して説得的に語る技法のことである。聞き手の心を動かし共感を得る雄弁な語りをするには、①「発見」（inventio）、②「配列」（dispositio）、③「修辞」（elocutio）、④「記憶」（memoria）、⑤「実演」（actio）という五つの部門をすべてクリアせねばならない。すなわち、話題とするテーマをうまく見出し（「発見」）、語りたい内容を適切に構成し（「配列」）、語りたい内容をさまざまなことばの文彩で魅力的に表現し（「修辞」）、さらにはそのようにして紡ぎ上げた表現をそらんじられるように覚え込み（「記憶」）、そしてその覚えたものを実際に表情豊かに口に出す（「実演」）ことで、人は説得的に語ることができるのである。

ナチ党集会での演説文

以下では、ヒトラーのある演説を例にして、この弁論術という観点を中心に演説分析をしてみたい。その演説は、ランツベルク刑務所から釈放されて一年後となる一九二五年十二月十二日に、ハーメルン近郊ディンゴルフィング（Dingolfing）でのナチ党集会のものである。体育館で午後八時以降に行われた。この演説の日本語訳は、次のとおりである（ドイツ語原文は二八五～二八六頁を参照）。各文は改行し、①～㉔までの通し番号を付した。また、Ⅰ～Ⅳまでのローマ数字は、筆者による段落分けを示す。

ディンゴルフィングにおけるナチ党集会での演説（一九二五年十二月十二日）

［Ⅰ］

①われわれがクリスマスのときに祝う出来事が実際に起こっていた時代は、多くの点で今日の時代とよく似た特徴を持っている。

②当時も、ユダヤ人気質によって病んだ唯物主義的世界であった。

③当時も、困難が乗り越えられたのは、国家権力によってではなくて、最もあわれむべき状況下で生を享けた人物が告知した救済の教えによってであった。

④そして、アーリアの血を持つ人はみな、今日でもなおこの人物の誕生を祝っている。

⑤キリストは、アーリアの血を持っていたのだ。

［Ⅱ］

⑥われわれは今日ふたたび、毒によって生み出された時代、国家権力による統治が不可能な時代を迎えている。

⑦われわれと同じ血を持つ人々をこの唯物主義の世界から解放し、この人々に再び魂の平和を与えようとする運動のためにわれわれが戦うとき、われわれはみな根本において最も堅いキリスト教の信仰によって駆り立てられているのである。

⑧われわれ国民社会主義者たちは、キリストのなした御業《みわざ》のなかに、熱狂的な信仰を通じて最も途方もないことを達成する可能性を見ている。

⑨キリストは腐敗した世界のなかで立ち上がり、信仰を説き、初めは嘲りを受けたが、しかしこの信仰が大きな世界的運動となった。

⑩われわれは同じことを、政治の領域でもたらしたいと思う。

⑪どの国民社会主義者も、心にひとつの確信を持っておいてよかろう。もしわれわれが鉄のような精力と粘り強さと最高の信仰を持ってわれわれの所業をなすならば、われわれの所業はいかなる現世の権力によってもくじかれることはありえないであろうと。

⑫貨幣と黄金の力も、くじかれるであろう。というのも、黄金は世界における最高のものではないから。

［Ⅲ］

⑬われわれは、われわれの理念が、もしそれが正しいのならば、普及するであろうことを確信してかまわない。

⑭そしてそれは正しいのであり、普及するのである。

⑮そのことは、今日のドイツにおいて明らかである。

⑯あらゆる妨害、あらゆる迫害、あらゆる禁止、そして指導者たちを倒して麻痺させようとする（指導者たちの活動を封じようとする）あらゆる試みにもかかわらず、この運動は中断されることなく広がっている。

⑰四、五年前に誰がいったい、この運動が全国の小さな街々にまで広がると予感したであろうか。

⑱われわれはとりわけ、「意志があれば道は平坦になる」ということばを肝に銘じておかねばならない。

⑲もし誰かがわれわれのことを時勢に乗じた党であると言うならば、われわれは悠然と、しかり（Ja.）と言うことができる。

［Ⅳ］

⑳今日のドイツの土壌は、われわれの運動にとって最良の土壌となっている。

㉑われわれの理念が勝利するのに、あと二〇年または一〇〇年かかるかもしれない。

㉒今日この理念を信仰している人々は、死んでしまっているかもしれない。民族と人類の発展において一個人は何の意味があるというのか。
㉓われわれの理念が認められる時代が来るであろう。
㉔したがって、われわれは戦いを戦い抜かねばならない。われわれは、ドイツ人としてだけではなく、キリスト者としても戦いを正しく耐え抜いたと後世の人々に言ってもらえるように、戦いを戦い抜かねばならない。

話題の「発見」

この演説のテーマとしてヒトラーが「発見」した話題は、党勢拡大を過去におけるキリスト教の普及と関連づけて訴えることである。ヒトラーは、十二月十二日という時期にふさわしいように意識的にクリスマスと関連づけ、自らを救済者としてキリストと平行的に提示して、ナチ運動に大きな力を与えることが人類の救済となるというメッセージを語っている。この演説の主旨は党勢拡大である。この演説の五か月前に刊行された『わが闘争』第一部のなかでは、「支持者を募ること」がプロパガンダの明確な目的とされている。ナチ党の党員数は、この演説の時点では二万七〇〇〇人であった。その後、一九二六年に四万九〇〇〇人、二七年に七万二〇〇〇人、二八年に一〇万八〇〇〇人、二九年に一七万八〇〇〇人と広がっていく。

演説における「配列」

演説における「配列」、すなわちテクストの構成について見てみよう。弁論術の第二の部門である「配列」の観点からは、弁論は「序論」(exordium)、「陳述(主張)」(narratio)、「論証(理由づけ)」(demonstratio)、「結論」(conclusio)から構成されるものである。ディンゴルフィングでのヒトラー演説には、ちょうどこのⅠ「序論」‐Ⅱ「陳述」‐Ⅲ「論証」‐Ⅳ「結論」という段落構成を見て取ることができる。各段落の核心をなす内容は、次のようになる。

第Ⅰ段落では、「最もあわれむべき状況下で生を享けた人物が告知した救済の教え」(③)によって困難が克服された例が過去においてあることが、導入として言われる。第Ⅱ段落では、「われわれは同じことを、政治の領域でもたらしたいと思う」(⑩)ことが主張される。第Ⅲ段落では、その主張の根拠として「今日のドイツの土壌は、われわれの運動にとって最良の土壌となっている」(⑳)ことが示される。第Ⅳ段落では、「われわれの理念が認められる時代が来るであろう」(㉓)と結論づけられる。このように、ヒトラーはこの演説文を弁論術的に的確に「配列」していると言うことができる。

別の観点から「配列」を見てみると、第Ⅰ段落で《過去》との類似性が指摘され、続く第Ⅱ段落と第Ⅲ段落で《現在》の信念と状況が述べられ、最後の第Ⅳ段落で運動を貫徹するという、《未来》の予言ないし約束が行われている。《過去‐現在‐未来》という時間の流れに沿った提示の仕方は、聴衆に理解しやすい。そのなかで、《過去‐現在‐未来》という三つの構成部分のいずれにおいても用いられている「今日」という語（①、④、⑥、⑮、⑳、㉒）が時間の座標軸上で原点となっていて、つねに演説構成の出発点にある。また、第I段落では過去と現在が交差するように交互に示され、その妥当性について批判的に捉え直す余裕を聞き手に与えないようになっている。

演説における「修辞」――敵と味方の対比

続いて、弁論術の第三の部門である「修辞」の観点で演説を見てみよう。語り手は、さまざまなことばの技法、文彩を用いることで、意味内容を目に見え耳に残るような表現にすることができる。印象的に語ることによって、聞き手の記憶に残りやすく、同意も得やすくなる。そのような技法は数え上げると実に多数あるが、次の四つに大きく分けることができよう。⑴対比する、⑵繰り返す、⑶意味をずらす、⑷度数をずらす。以下、まずこの四つの修辞法を見ていく。

「AではなくてB」という表現で、Aと対比させてBを際立たせる対比法は、コントラストによる印象づけに役立つ。この演説のなかでヒトラーは、「国家権力によってではなくて［……］救済の教えによって」（③）と表現している。二者を対比する形式を採りながら聞き手に片方の選択肢を採るように強制する。この対比による印象づけは、敵と味方という二分法によく表れている。演説全体を通して見ると、次のような表現が敵と味方を表していて、白と黒とを際だせていることに気づく。「ユダヤ人気質」（②）、「唯物主義的世界」（②）、「唯物主義の世界」（⑦）、「国家権力」（⑥）、「腐敗した世界」（⑨）、「現世の権力」（⑪）、「貨幣と黄金の力」（⑫）で敵が表示され、「われわれ」（①、⑥、⑦など）、「国民社会主義者たち」（⑧）、「アーリアの」（④、⑤）、「キリスト者」（㉔）で味方が表示される。

ここでは、敵対的なあり方をユダヤ人に代表させて唯物主義、金銭至上主義として表現している。聞き手は、共通の敵が設定されることによって集団としての一体感を獲得する。味方陣営を「われわれ」で包括する語り方も、白黒図式のもとでの連帯感形成による説得術である。この演説では、語り手が聴衆と一体化して、全員を動員する一人称複数形「われわれ」（**wir, unser, uns**）が多用され（①、⑥、⑦など合計二七回）、「わたし」は一度も用いられていない。

繰り返されるフレーズと音調

このヒトラー演説のなかには、同じフレーズや音の繰り返しが何度も聞こえる。②と③はともに「当時も」で始まり、文の初めが反復されている。同様に㉑と㉒では「〜かもしれない」が、㉔では「戦い抜く」が、また⑪と⑫では「くじかれる」が反復されている。⑯の冒頭の、「あらゆる妨害、あらゆる迫害、あらゆる禁止、そして［……］あらゆる試みにもかかわらず」（**Trotz aller Hemmungen und Verfolgungen, aller Verbote und aller Versuche**）の部分では、**trotz aller Ver-** という音の連鎖が繰り返されていると同時に、「妨害」（**Hemmungen**）、「迫害」

（Verfolgungen）、「禁止」（Verbote）という類義語が連続することで、「反復法」のたたみかけが増幅される（英語と同様、ドイツ語でも同じことばの繰り返しを避ける傾向があるが、これは、同じことばを繰り返すと「反復法」というレトリックを使って強調することになるから、ふつうは避けられるわけである）。

⑫の「貨幣と黄金」（Geld und Gold）では、語末の -ld が「脚韻法」的に共通しているだけでなく、g- という同じ音が語頭に使用されている。語頭で同じ音が繰り返される方法は、「頭韻法」と呼ばれる。しかしさらに詳細に観察すると、⑦において w- が入った語が頻出していることに気づく。

［…］wenn wir für eine Bewegung kämpfen, die die Menschen unseres Blutes aus dieser Welt des Materialismus befreien und ihnen den seelischen Frieden wieder geben will.（われわれと同じ血を持つ人々をこの唯物主義の世界から解放し、この人々に再び魂の平和を与えようとする運動のためにわれわれが戦うとき）

これは、この演説の最大のキーワードである「（ナチ）運動」（Bewegung）における子音 w を耳に印象づけるために、意図的に繰り返されていると解釈することが可能である。この w という子音は、物の動きを表す音象徴性を有する。たとえばフンボルト（Wilhelm von Humboldt）は

『言語と精神』（*Über die Verschiedenheit des menschlichen Sprachbaues und ihren Einfluß auf die geistige Entwickelung des Menschengeschlechts*）のなかで、w音は「揺れ動いて安定せず、［……］右へ左へ乱れるような動き」を表すと述べている。w音については、さらにまた⑱「意志があれば道は平坦になる」（Der Wille ebnet den Weg.）のなかにも頭韻の繰り返しが確認できる。

⑬と⑭を見ると、（A）「正しい」－（B）「普及する」がパラレルに置かれた構造となっている。A－B／A－Bという構造を「平行法」と呼ぶ。さらによく見ると、「正しい」という箇所と「普及する」という箇所は、それぞれ richtig（英 right）－ist（英 is）／ist－richtig、durch（英 through）－setzen（英 set）／setzt（setzen の活用形）－durch というように、クロスした構造となっている。a－b／b－aという構造を「交差法」と言う。交差法は、単に構文を平行的に置く場合と比べて、絶妙な均衡感を醸し出し、耳に心地よい構文のヴァリエーションを作る。

A　B

⑬［…］ wenn sie an sich richtig ist, durch setzen wird.　（もしそれが正しいのならば、普及するであろう）

⑭ Und sie ist richtig und setzt sich durch.　（そしてそれは正しいのであり、普及するのである）

A　B

このように⑬と⑭には、平行法と交差法とが組み合わされているため、「われわれの理念が正しく、普及する」という主張内容が、聞き手の耳に特に印象的に残りやすくなっている。

生物学的メタファー

「メタファー（隠喩）」は、抽象的な事柄を具象的な事柄に見立てて表現する手法である。この手法には、意味をずらすことで印象づける効果がある。ヒトラーはこの演説のなかで、「敵」に対して一連の生物学的メタファーを用いている。指し示したい意味内容を生物学的・病理的内容に見立てて聞き手を幻惑し、恐怖の対象、忌避の対象として示す。「ユダヤ人気質によって病んだ唯物主義的世界」②、「毒によって生み出された時代」⑥、「腐敗した世界のなかで」⑨、「指導者たちを倒して麻痺させよう」⑯。ヒトラーは「現在のドイツ」の窮状をすべて「敵」に責任転嫁し、これらの生物学的メタファーによって「敵」に対する嫌悪感を形成する。

「アーリアの血」④、⑤、「われわれと同じ血」⑦のように人種的差別化を主張する「血」（Blut）という生物学的な語に関連して、興味深いことが観察される。「血と土」（Blut und Boden）というスローガンがナチズムのキーワードになったのは、一九三〇年に出されたダレ（R. Walther Darré）の主著『血と土に由来する新貴族』（*Neuadel aus Blut und Boden*）によってである。ダレは、文化を伝承する民族の血統と大地との本質的な結びつきを説いた。そのすでに五年前の一九二五年にヒトラーが行ったこの演説のなかで、「血」と「土」とが「と」による結合ではないにしても、同じテクストに同居している。筆者の「ヒトラー演説一五〇万語データ」によると、ヒトラーは演説において、「血と土」という組み合わせを二回しか口にしていない（一九三三年一月三日の演説で二回）。ヒトラーは「土」（Boden）という語を、演説では多くの場合（六四〇回中二七〇回）、「土地と土壌」（Grund und Boden）という表現として用いている。

誇張法

「誇張法」は、程度をずらして大きくすることで印象づける技法である。この演説全体には、誇張法が多く用いられている。まずは、「最もあわれむべき」（③）、「最も途方もない」（⑧）、「最高の」（⑪、⑫）、「最良の」（⑳）という最上級表現の多用が挙げられる。⑪にある「鉄のような精力」のなかの「鉄のような」は、メタファーによる誇張表現である。さらには、あたかも例外がないかのように聴衆と現実を包み込む総称的な不定代名詞「みな」（「あらゆる」）と「どの～も」（④、⑦、⑪、⑯）も確認できる。これらの誇張法も、聴衆の冷静な判断を阻む。「途方もない」（ungeheuerlich）（⑧）と「熱狂的な」（fanatisch）（⑧）という語は、それ自体がすでに誇張法的であると言える。

ナチ政権下でのことばの用いられ方について同時代に手記を書いていたユダヤ人言語学者のクレンペラー（Victor Klemperer）は、この「熱狂的な」という語を、「第三帝国の全時期を通じて最上級の評価を与える形容詞」と位置づけている。クレンペラーによれば、この語は「勇敢、献身的、ねばり強いという概念を過剰なまでに高めたもので、より正確に言えば、こうした美徳がすべて見事に溶けあった包括的な意味内容」を表した。「熱狂的な」は、数え上げてみると、『わが闘争』第一部では一三回、『わが闘争』第二部では一四回使用されている。「ヒトラー演説一五〇万語データ」によると、ヒトラーは「熱狂的な」という語を、政権掌握以前であるナチ運動期には七九回、ナチ政権期には九三回用いているが、演説の年代による有意な頻度差は認められず、全期間においてまんべんなく用いられている。

クレンペラーの観察によると、「世界（的）」（Welt）という語はナチズムにおいては「最上級を意味する接頭辞として至るところで」用いられていた。すると、「世界的運動」⑨という すでに最上級的な表現にさらに「大きな」という形容詞が付いているのは、過剰である。このように、基本的に同じ意味を表す表現を必要以上に付け加えるレトリックの方法は「冗語法」と呼ばれる。この冗語法も、最終的には表現の誇大化に役立てられている。

根拠が示されない次のような断定的主張も、誇大表現に数え入れることができる。「キリストは、アーリアの血を持っていたのだ」⑤、「それは正しいのであり、普及するのである」⑭、「今日のドイツの土壌は、われわれの運動にとって最良の土壌となっている」⑳。このような断言の連鎖のあとに、「われわれの理念が認められる時代が来るであろう」(㉓)。という予言がなされる。予言者的・宗教的な権威がかぶせられて、演説が締めくくられている。

曖昧表現

誇張法と一見したところ好対照をなすが、結果として同じく聴衆を幻惑するものとして、「多くの点で」(①)、「根本において」(⑦)という曖昧表現を挙げることができる。「二〇年または一〇〇年」(㉑)という幅の広すぎる時間規定も、まさに曖昧きわまりない表現である。これらは漠然としすぎていて、聴衆は反論する余地がない。

また、「平和」(⑦)、「確信」(⑪、⑬)、「意志」(⑱)、「理念」(㉑、㉒、㉓)、そして「発展」(㉒)等の抽象名詞は、誰の耳にもポジティブに聞こえるものの、具体的内容に乏しいことばである。これらも曖昧表現の系列に入る。まさにル・ボンの言った、大きな影響力を持つ「極めて意味の曖昧なことば」である。このような抽象名詞は、それによって理解される意味内容が実際にはイデオロギーによって大きく異なりうる。(疑似)宗教性を帯びた「救済」(③)、「信仰」(⑦、⑧、⑨、⑪)も、指す内容が曖昧であるが、ナチ運動を神聖化するのに役立てられている。

法助動詞

話者の主観的判断を表す「〜にちがいない」、「〜であろう」、「〜してもよい」等の、「法助動詞」（推量を表す未来形を含む）の使用は、意味内容の主観性という点で興味深い。政治家の発言の場合、例えば「〜にちがいない」か「〜の可能性がある」か、どの法性（モダリティ）を持って言うか、つまりどのような真偽判断と価値判断を持って言うかで、その政治家の責任問題にも関わってくる事柄となる。

今分析の対象としているヒトラー演説では、演説の中盤あたりから法助動詞が出はじめる。⑦「〜しようとする」、⑩「〜したいと思う」の法助動詞 wollen（will）、⑪「〜であろう」の未来の助動詞 werden がそうである。終盤に入って、⑬で「〜してかまわない」の法助動詞 dürfen を経て、最後の⑱以降㉔までに、「〜ねばならない」（⑱、㉔）の法助動詞 müssen、「〜できる」（⑲）の法助動詞 können、「〜かもしれない」（㉑、㉒）の法助動詞 mögen、「〜であろう」（㉓）の未来の助動詞 werden（wird）という具合に、真偽判断と価値判断を表す法助動詞が次から次に間断なく発せられている。そして演説最後の「〜ねばならない」（㉔）によって、受け手に反論を許さない自信に満ちた命令が行われている。注目すべきは、これらの法助動詞の主語となっているのは、ほとんどが語り手と受け手とを一体化させた一人称複数の「われわれは／われわれの〜」だということである。

仮想する構文

「もし〜ならば」という仮定表現が多く用いられている点も、目に付く。「われわれの所業はいかなる現世の権力によってもくじかれることはありえない」のは、「もしわれわれが鉄のような精力と粘り強さと最高の信仰を持ってわれわれの所業をなすならば」⑪という仮定の上での話であり、「われわれの理念が［……］普及するであろうことを確信してかまわない」のは、「もしそれが正しいのならば」⑬という前提でのことである。「もし〜ならば」(wenn) という接続詞によって独断的に可能性が仮定され、帰結部にはその前提に合致した都合のいい論が展開される。これは、一方的な主張をするのに適した表現形式である。「もし誰かがわれわれのことを時勢に乗じた党であると言うならば、われわれは悠然と、しかり (Ja.) と言うことができる」⑲は、相手からの反論を予期し先取りして述べて、あらかじめ反駁しておくという「予弁法」として機能している。

この「もし〜ならば」という接続詞の頻度に関して、「ヒトラー演説一五〇万語データ」を見ておこう。ナチ運動期とナチ政権期のそれぞれ内部での変遷を見ることができるように、各期を前半と後半とに分けた。ナチ運動期については、ゲッベルス (Joseph Goebbels) が全国宣伝指導者となった一九三〇年四月（このあとナチ党は選挙戦で大きく躍進していく）を境に前後に分けた。ナチ政権期については、ドイツがポーランド侵攻を開始し第二次世界大戦が勃発した一九三九年九月一日を境に前後に分けてみた。

ナチ運動期前半：一九二〇年八月七日〜三〇年三月十八日、全一〇九演説、約四九万語
ナチ運動期後半：一九三〇年五月九日〜三三年一月二十二日、全一五九演説、約三三万語
ナチ政権期前半：一九三三年二月一日〜三九年八月二十二日、全二三八演説、約四六万語
ナチ政権期後半：一九三九年九月一日〜四五年一月三十日、全五二演説、約二三万語

	出現回数	対数尤度比の直前の期との差
ナチ運動期前半	3,700	−
ナチ運動期後半	2,819	25.62
ナチ政権期前半	2,166	−447.22
ナチ政権期後半	1,094	1.28

表２　wenn（もし〜ならば）の出現頻度.

表２にあるように、ナチ運動期後半とナチ政権期前半との間に極端に大きな差がある（この表では、「対数尤度比の直前の期との差」という欄にマイナスで書かれているのは、頻度が直前の半期よりも、その数値で表される程度に減少していることを示す。マイナスの付いていない箇所は、頻度が直前の半期よりも、その数値で表される程度に増加していることを示す）。

したがって、「もし〜ならば」という接続詞は、ナチによる政権掌握をはさんで、ナチ運動期後半に極めて特徴的なことばとなっていることがわかる。政権を掌握してからは、仮定を前提に話を進める必要度が圧倒的に少なくなったものと解釈できる。ナチ運動期前半と比べても、このwennの使用はナチ運動期後半のほうに特徴的である。

弁論術的完成度

以上のことから、一九二五年十二月十二日のヒトラー演説は弁論術、レトリックの観点から見て、極めて巧みであったことがわかる。党勢拡大の訴えをキリスト教の普及と関連づけて示すことをテーマとして選んだ（「発見」した）この演説文は、「配列」と「修辞」も巧みである。したがってヒトラー演説は、ランツベルク刑務所から釈放されて一年後の時点で遅くとも、その文章は弁論術、レトリックの観点では完成していたと見積もることができよう。「記憶」力と「実演」の巧妙さについては、いくつも証言があるところである（実際の分析については一四一頁以降を参照）。逆に言うと、ヒトラーはジェスチャーを交えた実演がうまいという理由だけで演説家として評価を得たのではなく、その演説文のテーマ、構成、表現に関しても早期から成熟していたわけである。

第三章　集票する演説　一九二八〜三二

一九二八年末以降、演説会場でマイクとラウドスピーカーが使用され、ヒトラーの声は巨大な会場の一番後ろの席まで届けられるようになった。一九三〇年四月にナチ党の全国宣伝指導者に就任したゲッベルスは、世界恐慌による不安に国民がおびえるなか、計算しつくしたプロパガンダ戦略を展開し、選挙戦に向かった。その結果ナチ党は、一九三〇年九月の国会選挙で地滑り的勝利を収め、いきなり第二党に躍り出た。ヒトラーはこの頃から、演説でユダヤ人攻撃を避けたり、「憲法」、「政治」、「経済」ということばを頻繁に用いたりして温和な路線を進むとともに、外国のメディアに積極的に露出し、自らのイメージアップに腐心した。

一九三二年は五回も選挙が行われる年となった。ヒトラーは、飛行機による遊説という新しいスタイルで選挙戦に臨んだ。四月の大統領選挙ではヒトラーは次点に終わったが、七月の国会選挙ではナチ党がついに第一党となった。度重なる選挙戦は、ヒトラーの声帯を酷使するものであった。そのため、ヒトラーはあるオペラ歌手から秘密裏に発声法について、さらにキーワードの抑揚の付け方やジェスチャーの仕方まで指導を受けた。この年最後の選挙となった国会選挙では、選挙民のナチ党離れの傾向が明らかとなったが、ヒトラーは政治の舞台裏でうまく駆け引きした。

1　拡声される声

メガ会場でのラウドスピーカー

ナチ党の凋落ぶりを見極めるようにして、バイエルン州以外の州でもヒトラーの公開演説の禁止が解除された。ベルリンのあるプロイセン州では、一九二八年九月二十八日にヒトラーの公開演説禁止令が解かれた。その二か月後の十一月十六日、ベルリンにおける初めての公開演説会が「スポーツ宮殿」（Sportpalast）で開かれた。このスポーツ宮殿は二三〇〇平方メートルの広さで、梁行（梁間）が四三メートル、高さが二八メートルという巨大な建築物であった。この集会は一万八〇〇〇人の聴衆を集め、それまでで最大の規模のナチ党集会となった。

ナチ党の週刊イラスト紙『イルストリアター・ベオバハター』の第二七号（一九二八年十一月二十四日）は、「ベルリンのヒトラー」というタイトルの記事のなかで、「このベルリンでの初めての公のヒトラー集会は、国民社会主義の創立以来最大で最も印象深い集会であった」と報告している。この記事の真ん中には、「アドルフ・ヒトラーはこのとき初めてラウドスピーカーを用いた」とあり、総統のことばは、「このラウドスピーカーによって巨大な空間のすみずみどこでもはっきりと聞き取ることができた」と書かれている。説明文の上の写真には、演壇でカーボンマイクを前に演説するヒトラーが写っている（写真5）。ほんの数か月前までは

Seite 336 Illustrierter Beobachter 1928 / Folge 27

Die erste öffentliche Hitler-Versammlung in Berlin war unstreitig die größte und eindrucksvollste Kundgebung, die der Nationalsozialismus seit seinem Bestehen zu verzeichnen hat. Und der Berliner Sportpalast, der größte Saalbau des Deutschen Reiches, dessen lichte Spannweite von 43 m in einer Höhe von 28 m rund 2300 qm umfaßt, war sicher der gewaltigste Rahmen, den diese Massenversammlung finden konnte.

Zum ersten Male bediente sich Adolf Hitler der Unterstützung einer Lautsprecheranlage, so daß das Wort des Führers in jedem Winkel des Riesenraumes klar und deutlich zu verstehen war

Selbst die dem Nationalsozialismus feindlich gesinnte Berliner Asphaltpresse spricht von einer Besucherzahl von über 15000 Menschen. Tausende verlangten vergeblich Einlaß. Die brausenden Beifallschöre und die donnernde Melodie des Jubels der Massen hat bewiesen, daß der Nationalsozialismus in Berlin fest Fuß gefaßt hat und durch nichts mehr in seinem Zug aufgehalten werden kann.

HITLER IN BERLIN

写真５　「ベルリンのヒトラー」誌面（上半部）．
出所：『イルストリアアター・ベオバハター』第３巻（1928年）第27号．

公の場所で肉声を奪われていたヒトラーが、今やこのようにして電気的に増幅する「発声器官」を得て、メガ会場の最後列まで明瞭に声を届けることができた。その三週間ほど前の一九二八年十月二十二日のゲッベルスの日記には、「今日、ボスはスポーツ宮殿でラウドスピーカーを試してみる」とある。

ヒトラーは早い時期から、自分の声の通り具合をとても気にかけていた。第一章で紹介した「啓発教育部隊」のときの様子に触れている箇所が、『わが闘争』のなかにある。ヒトラーは、その頃には「声もすでに非常によくなっていて、私の声は少なくとも小さな兵員室においてはどこでもじゅうぶんに聞き取ることができた」と振り返っている。ヒトラーは一九二二年頃にすでにミュンヘンの会場をいくつも回って、音響効果が悪くて声を大きく出さなければならない会場を細かくチェックしていた。このように声の通りを気にしていたヒトラーにとって、電気的な拡声装置は自らの声を遠くへ運んでくれるありがたい道具となった。一九二八年末には、世界的名声を得た音響機器開発者であるノイマン（Georg Neumann）によって高品質なコンデンサーマイクCMV3が開発された。これは瓶のように見え、ヒトラーが後年、演説において愛用したので「ヒトラーの瓶」（次頁の写真6）とも呼ばれることになったものである。

パブリック・アドレス

音響中継装置を開発していたジーメンス&ハルスケ社（Siemens & Halske）の研究チームは、このベルリンでの演説会の三年前になる一九二五年に、ミュンヘンの「ドイツ博物館」の開館祝典時に実験を行っていた。それは、祝典スピーチをいくつもの部屋に電気的に送り、さらには数キロメートル先の広場にまで中継してラウドスピーカーから流すというものであった。またテレフンケン社（Telefunken）の主任設計者であったゲルディエン（Hans Gerdien）は、一九二六年の『テレフンケン』誌に、「ラウドスピーカーによる音響再現について」という報告文を書いている。ゲルディエンは、一万六〇〇〇人を収容できる巨大な自動車格納庫にコンデンサーマイクと八つのスピーカーを設置して、演説者から遠く離れた場所でも演説を聞き取らせることに成功した。ただゲルディエンは、音が明瞭に聞こえるのに反して、演説者の動きが見えないことに違和感があると書いている。声の近さと姿の遠さのアンバランスである。

「言語を用いて同時に何十万人もの大衆に対して影響を与える可能性が、もしも古典古代の時代に知られていたならば、歴史は変わったであろう」といみじくもゲルディエンが述べているように、パブリック・アドレス（公衆伝達、拡声伝達）の実現は演説の威力を飛躍的に高める力となった。マイクとラウドスピーカーは、ナチ党集会に標準的な装備となる。

写真6 「ヒトラーの瓶」を使って演説するヒトラー.
出所：『イルストリアアター・ベオバハター』第14巻（1939年）第9号表紙.

ヤング案と世界恐慌

一九二六年に設立された「国民社会主義ドイツ学生同盟」は、ナチズムを信奉する大学生の団体である。知識層を好まないヒトラーは、初めは大学生をナチ運動に取り込むことに積極的ではなかったが、合法的政権掌握に向け考えを改め、この「学生同盟」の存在を重要視しはじめた。のちに「ヒトラーユーゲント」の指導者となる二十一歳のシーラッハ（Baldur von Schirach）は、一九二八年七月にこの「学生同盟」の指導者に就任した。十一月には、ミュンヘン大学で二五〇〇人の学生がヒトラーを歓迎した。このようにしてナチ党は、大学生を支持層として獲得することができた。

第一次世界大戦の賠償金負担がドイツ経済にとって大きな負担だったため、新たな賠償方式として一九二九年六月に「ヤング案」が出された。これは、ドイツの賠償額を大幅に軽減する一方で、今後五九年間賠償金を払い続けねばならない案であった。ナチ党はこのヤング案に明確な反対の立場をとり、このことがナチ党の党勢を拡大する大きなきっかけとなった。トーマス・マンが、催眠術師チポッラとその術にかかる人たちを描写した『マリオと魔術師』（*Mario und der Zauberer*、一九三〇年出版）を執筆したのはこの頃である。この作品は、ナチスドイツの擡頭を予感した小説とされている。

国民に人気の高かったシュトレーゼマン外相（元首相）が亡くなり三週間が経った一九二九年十月二十四日、ニューヨーク市場の株式が大暴落した。いわゆる「ブラック・サーズデイ」、世界恐慌の始まりである。世界恐慌の混乱の最中、一九三〇年三月に大連立政権のミュラー政権が崩壊し、カトリック系政党である中央党のブリューニング（Heinrich Brüning）が首相となった。しかしこれ以降、政党間での合意形成が困難になり、議会政治が空洞化していく。ブリューニング以降の内閣は議会で多数派を取れなかったため、政策については議会審議を行わず、そのかわりにワイマール共和国憲法第四八条で認められていた大統領緊急令として施行される形で政策が実行され、大統領の信任に依存する内閣となっていった。

全国宣伝指導者ゲッベルス

ナチ党は、世界恐慌による混乱を党勢拡大の最大のチャンスと見た。この機会にうまく乗じるように、一九三〇年四月二十七日にゲッベルスがナチ党の「全国宣伝指導者」に就任した。この職は、初代グレゴール・シュトラッサーのあと一九二八年春以降はヒトラーが兼務していたものである。

ゲッベルスは、一九二一年にハイデルベルク大学で文学博士号を取得したインテリであった。ゲッベルスが初めてヒトラーと対面した一九二五年十一月六日、ゲッベルスは日記に、「ウィット、皮肉、ユーモア、当てこすり、まじめ、情熱。この男は王者になるためのすべてを持っている。生まれつきの民衆指導者、来るべき独裁者だ」とヒトラーを評している。そのあと一時期ゲッベルスはヒトラーから距離を置いたことがあったが、最終的にはヒトラーを敬愛し尊敬した。一九二六年にゲッベルスはナチ党のベルリン大管区指導者に抜擢され、一九二八年には国会議員となっていた。

全国宣伝指導者になったゲッベルスは前代未聞のプロパガンダを開始した。一週間の間に党の弁士を全員、数百の集会に投入し、町や村にポスターや横断幕を張り、パンフレットを洪水のように配布した。また「宣伝の夕べ」を組織し、突撃隊が音楽隊の音楽に合わせて映画や劇の上演を行った。一九三〇年六月のザクセンの州議会選のために、ナチ党はこの種の催しを一三〇〇〇回以上催した。

国会選挙で地滑り的勝利――第二党に

ブリューニングが首相になってから、ワイマール共和国における経済と政治の危機は一層深刻化していた。ブリューニングは財政縮小によって経済危機に対処しようとしたが、過半数の

写真7　フランクフルトでの集会（1930年8月3日）．
出所：『イルストリアアター・ベオバハター』第5巻（1930年）第42号．

賛同が得られず、一九三〇年七月十八日に国会を解散し、選挙戦が始まった。これは、ゲッベルスが全国宣伝指導者として実力を問われる初めての全国規模の選挙戦であった。ヒトラーは、八月三日から九月十三日の間に二〇回以上演説者として登場した（写真7）。選挙戦の四週間で、三万四〇〇〇回の集会が計画され、一九二九年にできていたナチ党の弁士学校の卒業生が大量投入された。投票日直前の二日間だけでも、ベルリンではナチ党の大規模なデモ行進が二四回もあった。家の壁や塀にナチ党の赤いポスターが貼られ、ナチ党機関紙が大量に刷られた。プロイセン州の内務省の報告書によると、「聴衆が一〇〇〇人から五〇〇〇人までの規模の集会は、大都市で毎日のように催された」。

　投票日の九月十四日は、ワイマール共和国の歴史的転換点となった。ナチ党は二年の間に得票数を八一万から六四〇万に、得票率は二・六パーセントから一八・三パーセントに伸ばし、議席数を一二から一〇七にした。これでナチ党は、社会民主党（一四三議席）に次ぐ第二党に躍り出た。ナチ党以外には、共産党も議席を伸ばした（五四議席から七七議席へ）。このセンセーショナルな選挙結果により、ナチ党は一挙に権力の手前まで進んだ。

この時期にナチ党が擡頭するための大きな武器となったのは、禁止が解かれていたヒトラーの公開演説であった。戦後に西ドイツの初代大統領になったホイス（Theodor Heuss）は、このナチ党の地滑り的勝利を目の当たりにして、一九三一年に『ヒトラーの道』（*Hitlers Weg*）という本を書いた。この本のなかでホイスは、ナチ党の成功の秘密を「集団的な暗示」に見ている。ホイスの分析によれば、ヒトラーは何かを論理的に説明することなく、具体的なことを避けて曖昧なことを言う。入場料を払ってヒトラーの演説会場に来る聴衆が望んでいるのはまさに、名誉、権利、勝利などといった漠然とした一般的な訴えを行進音楽、歌、党旗などの道具立てのなかで聞くことなのであった。この時期のプロパガンダ活動においては、とくにサラリーマンと農民層を獲得することが目標とされた。その際、漠然とした経済的な公約よりも、国民的名誉、団結、犠牲心、献身などの抽象概念のスローガンのほうが大衆を引きつけたのである。

各都市での躍進

十一月十六日、ナチ党はダンツィッヒの市議会選挙で一六・一パーセントの票を得て、七二議席中一二議席を得た。これは社会民主党に次ぐ第二党の議席数であった。ナチ党は十一月三十日のブレーメンの市議会選では、九月十四日の選挙時の倍になる二五・六パーセントの票を得て、一二〇議席中三二議席を占めた。一九三〇年末の時点でナチ党員数は、一年前の倍を超える三九万人となった。

十二月一日、ヒトラーはハンブルクの「一九一九年の国民クラブ」で約四五〇名の聴衆を集め、このクラブで二度目となる演説を行った。ある参加者が、次のような報告をしている。「彼はタキシードに身を包んでいた。白い額にかかる髪が目を引いた。ヒトラーは生まれながらの弁士だ。徐々に高い熱狂へと上りつめ、声は次第に大きくなる。大事なところは、両手を挙げて繰り返して言う。その後すぐに、牧師のように両手を胸に当てて語る」。十二月四日には、ベルリンで国民社会主義ドイツ学生同盟の集会があり、五〇〇〇人の学生を前にヒトラーは演説を行った。のちにナチ党の巨大建築物の建築をてがけ、また軍需大臣になるシュペーア（Albert Speer）は、そのとき初めて演説を聴いて、ヒトラーに強く魅せられた。

2 空を飛ぶヒトラー

豪奢な建物

新しい年一九三一年は、ナチ党本部の移転から始まった。ナチ党は、在外公館が多く建っているミュンヘンの高級な一角に、一月一日付けで本部を移した。ナチ党の制服の色が褐色であったため、この本部はアメリカの「ホワイトハウス」に対比させて、「ブラウネス・ハウス」(褐色の家)と呼ばれた(写真8)。ただ、先の九月の国会選挙での大躍進以来、ヒトラー自身はミュンヘンよりも首都ベルリンに滞在することが多くなっていた。ベルリンのヒトラーは一九三一年二月以降、首相官邸の斜め向かいにある豪華なホテル「カイザーホーフ」に滞在することで、空間的な意味においても首相の位置に近づくことを意識した。

外国メディアへの露出

国会選挙でナチ党が第二党に躍り出て以降、国際的な関心が党首であるヒトラーに集まった。一九三一年十二月、数か月後の大統領戦への出馬が取りざたされていたヒトラーは、外国のメディアをうまく利用して一連の対外プロパガンダを行った。

十二月五日、ヒトラーはベルリンの「カイザーホーフ」ホテルでイギリスのタブロイド紙

『サンデー・グラフィック・アンド・サンデー・ニュース』（*Sunday Graphic and Sunday News*）の記者マッケンジー（Donald Mackenzie）からインタビューを受けた。このインタビュー記事は、翌日掲載された。ヒトラーは「大統領になるというような計画はしていない」、「ヴェルサイユ条約を守るためにドイツが崩壊して、世界が経済的カオスのなかに放り込まれるのを私は断じて見たくない」、「ボルシェヴィズム（ソヴィエト連邦の共産主義のこと）は世界の脅威となっている」、「直近の選挙結果は、私が夢見ていたものよりも何倍もよいものであった」ことなどを述べ、最後に「これからの一週間で今後一〇年間のヨーロッパの歴史が決まるでしょう。ドイツに財政的な圧迫を与えようとするならば、世界は悲劇を身をもって体験することになるでしょう」と述べた。今の一週間と今後の一〇年間という、一見具体的に見える数値を使った対比法である。

写真8　「ブラウネス・ハウス」（ナチ党本部）.
出所：***Deutschland erwacht***（1933），p. 43.

同じ日に、ヒトラーはアメリカのAP通信のロホナー（Louis P. Lochner）からもインタビューを受けている。この内容は翌日、『ニューヨーク・ヘラルド』紙（*New York Herald*）に掲載された。このなかでヒトラーは、「いかなることがあってもドイツの大統領候補として出馬することはない」、「政権を取った場合も大統領候補となる意図はない」と述べた。インタビュアーは、「ナチ党が、ヒンデンブルク大統領（ワイマール共和国初代大統領エーベルトの死去の後、一九二五年からずっと大統領の職を務めていた）に引き続き元首を務めてもらうつもりであるかについて、ヒトラーは明言を避けた」とコメントしている。

翌六日にAP通信は再度ヒトラーにインタビューした。「国会選挙があれば、ベルリンを目ざしていざ行進ですね？」という記者の質問に、ヒトラーは「この街のほうがわれわれの後についてきてくれると私は確信しています。われわれのほうからベルリンへ向かって行進する必要はありません」と、ナチ運動という行進にベルリン市民が自発的についてくるという自信を示した。

さらに同じ六日には、ヒトラーはイタリアの新聞『ガゼッタ・デル・ポポロ』紙（*Gazzetta del Popolo*）の記者ソラーリ（Pietro Solari）のインタビューを受けた。ここでは「ナチ運動は引き続き法を遵守し、憲法の下で戦いを進める」、「賠償という形のフランスによる搾取をドイツに強いるのを世界が止めないならば、世界は完全な崩壊を覚悟しないといけない」、「春のプロイセン議会選挙ではナチ党ははなばなしい勝利を収めるであろう」などのヒトラーの発言が掲載された。

奪取できないラジオ電波

十二月七日付けの『ニューヨーク・タイムズ』紙（*The New York Times*）には、「ヒトラーが誓う建設的方針」という見出しのもと、ヒトラー自身の書いた文章が掲載された。「今日のドイツが必要とするのは、ドイツの経済的・産業的状況を新たに診断しなおしてみることである。ドイツが今日、力尽きていることは誰の目にも明らかである」で始まるヒトラーの文章は、ドイツ国民が大きな変化を求めているという結論を引き出して終わる。「私の後ろにいるこれら何百万人という人々が私に期待していることは、この現在の体制を維持することではない」、「これら大衆は、どこにでもあるような何の変哲もないブルジョア政党による体制を望んでいるのではなくて、ただ一人の人物が責任を持つことを望んでいる」と、多くの政党間での合意形成できない現体制とひとりの指導者が意思決定するあり方とを対比させて、まさにその指導者が自分であることを示唆している。

このヒトラーの文章が掲載された翌日の十二月八日、ブリューニング首相はナチ党の動きに大きな危機を感じ、「経済と財政の安定と国内の治安の維持のため」の大統領緊急令をラジオ放送によって発表した。実はヒトラーは、ロンドンと結ばれているラジオ回線を経由して、十二月十一日に「アメリカの人々にドイツにおけるナチ党の理念と目的」について自ら説明するラジオ演説をアメリカで放送する予定を組んでいた。しかし、ブリューニングの出した緊急令によって、この計画は禁じられた。ナチ党は外国の新聞メディアを効果的に利用することはできたが、ラジオというメディアは政権側に独占されていて、ヒトラーの手に届くものではまだなかった。

ドイツの「ビリー・サンデー」

年が改まり一九三二年一月二十三日には、アメリカの『ニューヨーク・イブニング・ポスト』紙（*New York Evening Post*）のニッカーボッカー（Hubert Renfro Knickerbocker）が、サーカス劇場のツィルクス・クローネにおけるヒトラー演説を取材した。ニッカーボッカーは、記事のなかでヒトラーを次のように評した。「ヒトラーは巡回する福音説教師だ。ドイツ政治界のビリー・サンデーである。ヒトラーの支持者たちがフランスを嘲り、共和国についてやじる。八〇〇〇人の聴衆はひとつの楽器となっていて、ヒトラーがその楽器を使い国民的熱狂のシンフォニーを奏でる。この巡回福音説教師ヒトラーは、新しい宗教を創るかもしれない。役者ヒトラーは、観客で埋め尽くされた劇場を魅了するかもしれない。演説家ヒトラーは、革命を起こすかもしれない。ヒトラーは今日では英雄であり、ヨーロッパが恐れる危険人物である。彼が次期のドイツ首相となるか、それともドイツの党指導者にとどまるかどうか。この時代、ドイツが障害物を払いのけようとするこの時代は、彼の名が重要となろう」。ビリー・サンデーとは、プロの野球選手として活躍し、引退後も福音伝道者として人気を博したアメリカの人物である。

大統領選出馬（第一回選挙戦）

一九三二年二月、失業者数は六〇〇万人を超えた。ブリューニング首相の厳しい緊縮政策を人々は疎ましく思った。この首相は感動的な弁舌をふるえる政治家ではなく、犠牲がなぜ必要であるのかを国民にうまく説明することができなかった。一方で大統領のヒンデンブルクは、八十四歳の高齢という問題を抱えていた。ヒトラーは、ブリューニング首相を罷免《ひめん》して選挙を行うならば大統領選で支援するとヒンデンブルクに申し出た。しかしヒンデンブルクはこれを断ったため、ヒトラーは自らが大統領選に出ざるをえない状況となった。ヒンデンブルクは、七年前には敵対していた社会民主党と中央党の支援を得ることができた。

ヒトラーは躊躇《ちゅうちょ》したが、最終的に出馬を決心した。第一次世界大戦時にタンネンベルクの戦いでロシア軍を壊滅させたドイツ国民の英雄ヒンデンブルクに、かつての一等兵のヒトラーが挑んだ。ゲッベルスは、二月二十二日にスポーツ宮殿でナチ党員たちを前に、ヒトラーが大統領選に出ることを表明した。しかしこの時点でヒトラーはまだ、大統領選出馬に当然必要なドイツ国籍を獲得していなかった。オーストリア国籍のままであった。二月二十五日にヒトラーはブラウンシュヴァイク市の参事官になるという形を取って、ドイツ国籍を即席で取得することができた。そして二月二十七日、ヒトラーはスポーツ宮殿で二万五〇〇〇人を前に大統領選出馬を公式に発表した。大統領選挙の投票日は、三月十三日であった。

ゲッベルスはプロパガンダ指導部をベルリンに移して、「世界がまだ見たことがないような」選挙戦を行うことを予告した。ラジオは、政権側にいるヒンデンブルクだけが利用できるメディアであったので、ナチ党はラジオに対抗するものとして、レコードを五万枚発送したり、ゲッベルス自身が一〇分ほど話すトーキー映画を制作したりした。映画館で娯楽映画が上映される前にこの映画を映写するように、ゲッベルスは映画館に働きかけた。さらに、選挙用のイラスト入り雑誌を作り、街をポスターと党旗の赤で覆った。

三月十三日の投票日に向け、ヒトラーは三月一日から十一日までの間に、ハンブルク（一・五万人）、シュテティーン（一・五万人）、ブレスラウ（七万人）、ライプツィッヒ（一・一万人）、バート・ブランケンブルク（六〇〇〇人）、ワイマール（七八〇〇人）、フランクフルト・アム・マイン（六万人）、ニュルンベルク（二・八万人）、シュトゥットガルト（一・九万人）、ケルン（七万人）、ドルトムント（三万人）、ハノーファー（七万人）の計一二都市で演説した（以上、かっこ内は聴衆数）。ヒトラーは、メルセデスに乗り自動車で遊説した。ブレスラウでは四時間、シュトゥットガルトでは二時間遅れて到着したが、聴衆はじっと待っていた。ゲッベルスは三月四日の日記に、「このプロパガンダ装置で本当に戦うことができる」と記している。

しかし、期待の高まりに反して、三月十三日の選挙結果は衝撃的であった。得票率は、ヒンデンブルクが四九・六パーセント。ヒトラーは三〇・一パーセントであった。第三位は、ドイツ共産党のテールマン（Ernst Thälmann）で、一三・二パーセントであった。過半数を取った候補がいなかったため、この上位三名の再投票となった。再投票の日は四月十日に設定された。

飛行機による大統領選再投票遊説（第二回選挙戦）

選挙結果は、ナチ党内の士気を低下させていた。ゲッベルスは日記に、「われわれは選挙の最初の段階で多くの過ちを犯した。そこから学ばねばならない」と書いている。このときヒトラーは、極めて効果的なプロパガンダの方法を思いついた。それは、飛行機をチャーターして全国を遊説することである。ラジオの使用は排除されていたので、電波に乗せた瞬時の情報伝達ができないならば、自らが最も速い乗り物に乗ってドイツ中をめぐることで、短期間に多くの聴衆を獲得できるという発想であった。この飛行機による遊説は、「ドイツ飛行」(Deutschlandflug) と呼ばれた。こうして、四月三日から九日までの間、チャーター機Ｄ-１７２０を使ったアメリカスタイルの選挙戦が展開された。

写真９　写真集『ドイツの空を飛ぶヒトラー』表紙.

『ドイツの空を飛ぶヒトラー』(*Hitler über Deutschland*)。これは、写真家のホフマンによる写真集のタイトルである（写真９）。この写真集は、今回の四月前半の大統領選再投票と、その後に続く四月後半の州議会選挙とにおいて飛行機を使い遊説するヒトラーの姿を写したものである。この写真集の初めには、「この企画は、今までまだ歴史が一度も見なかったような巨大規模の大衆啓蒙の作品であると思っていただきたい」と書かれている。ホフマンによるヒトラーの写真集は、ナチ運動を大衆化しヒトラーを偶像化する目的で、一九二九年から一九三三年までの間に、ひとつの市場を成すほどの規模で刊行されていた。

飛行機のおかげで、ヒトラーは一日に三、四回演説ができた。ゲッベルスが日記に書いた様子を見てみよう。四月四日、「総統は月曜日にザクセンで二五万人を前に演説した。ベルリンの遊歩庭園（ルストガルテン）では一五万人が行進した。最初に私が、そしてそのあと総統が演説をした。熱狂のるつぼと化す。すばらしい演説。そのあと時速一〇〇キロメートルでポツダムへ。ここでは五万人を前に総統が演説。夜遅くベルリンのスポーツ宮殿で、一・八万人を前に演説。割れんばかりの喝采。真夜中にフリードリヒスハインへ移動」。「ベルリンでポスター戦を成功裏に実行した。われわれのデモ、とりわけ飛行機を使った総統の演説戦は大当たりをしている」。五日は、ドイツ北東部のラウエンブルク、エルビング、ケーニヒスベルク、六日は南部のヴュルツブルク、ニュルンベルク、レーゲンスブルク、七日は中部のフランクフルト・アム・マイン、ダルムシュタット、ルートヴィヒスハーフェン、八日は北西部のデュッセルドルフ、エッセン、ミュンスター、そして最後の九日は西南部のベーブリンゲン、シュヴェニンゲン、シュトゥットガルトで、ヒトラーは演説を行うことができた。

聴衆の期待感、切望感を高めるために、ヒトラーは演説会場に意図的に遅れて到着した。選挙遊説は、細かな点まであらかじめ計画されたものであった。遊説のルート、デモ行進の回数、集会の規模、行進のリズム、演説者の登場の仕方、空間と時間、行進音楽と照明。ラウドスピーカーのおかげで、総統の声という限りある資源を極めて効果的に利用できた。ラウドスピーカーは、総統の声を遍在化させた。ヒトラーの声は、ラウドスピーカーによってホールやテントの外の公共空間へも伝えられた。ナチ党による政権獲得後の一九三四年に印刷されたテレフンケン社の印刷物には、「テレフンケン社の大型ラウドスピーカー装置は、国民社会主義の理念が勝利する手助けとなりました。［……］テレフンケン社の大型ラウドスピーカー装置があったおかげでいつも、演説が迫力のある印象的なものになりえたのです」と書かれている。

一九六五年生まれのドイツ人作家バイアー（Marcel Beyer）は、『夜に甦《よみがえ》る声』（*Flughunde*、一九九五年）という小説を書いている。ナチ政権下の音響技師である主人公は、「大衆を前にして語る偉大な演説者は、私のような見えない協力者たちをかくも頼っているとわかっているだろうか。［……］彼の勝利の時期が、大集会における聴覚的効果が決定的に改善された時期と重なるのを単なる偶然と思っているのであろうか」と語っている。

しかしこれほど組織的な選挙運動を行っても、ヒトラーは大統領選再投票で勝利できなかった。四月十日の再投票の結果は、ヒンデンブルクが過半数の五二・九三パーセントの得票、ヒトラーが三六・六八パーセントであった。ただし、敗北しても三分の一以上の選挙民（一三〇〇万人以上）がヒトラーに票を投じたことになるので、今回はナチ党に落胆はなかった。ドイツ共産党のテールマンは一〇パーセントの票を得たにすぎなかった。

州議会選のための遊説（第三回選挙戦）

大統領選再投票のための選挙戦の疲れも癒えないまま、ヒトラーは二週間後に設定された州議会選挙戦の指示を与えた。四月十六日から二十四日まで、プロイセン、バイエルン、ヴュルテンベルク、アンハルトの州議会選挙とハンブルクの市議会選挙の遊説で、ヒトラーは二回目の飛行機遊説を行い、二五の町を訪れた。今回ヒトラーは大都市だけでなく、小さな町まで回った。小さな町ではヒトラーの訪問はセンセーションであり、多くの人が雨のなかでもヒトラーを待った。一〇万人の聴衆を集めた四月十八日のゲルリッツの演説では、演説終了のあと飛び立つヒトラーの飛行機が夜空に照らし出されて聴衆の上で旋回した。この光景に魔術的な効果があることにヒトラーは気づき、このあとこの手法を何度も繰り返した。遊説最後の日となる四月二十三日、ハンブルク近郊のロークステット（Lokstedt）という小さな町では、演説会場となったバイクサーキットに一二万人がやって来た。

今回の選挙結果は、大統領選再投票のときの得票数と呼応していた。ワイマール共和国の三分の二の人口を抱えるプロイセン州でナチ党は三六・三パーセントの得票で第一党となった。バイエルン州では、三二・五パーセントの得票で、〇・一パーセントの僅差で第一党の「バイエルン人民党」（BVP）に迫った。ヴュルテンベルク州では二六・四パーセント、ハンブルクでは三一・二パーセント、アンハルト州では四〇・九パーセントの得票であった。

第一党に躍進（第四回選挙戦）

この州議会選挙から三か月も経たないうちに今度は、一九三二年において四回目となる選挙戦が始まることになった。六月一日、ヒンデンブルク大統領は、自らが厚い信任を与えていたシュライヒャー将軍（Kurt von Schleicher）の擁立したパーペン（Franz von Papen、直前に中央党を離脱し無所属）を首相に任命した。このパーペン首相がただちに国会を解散したため、国会選挙が行われることとなった。

ヒトラーは七月十五日から三十日まで、三回目となる飛行機遊説で五三か所を回り、二〇〇回近くの演説をこなした。演説でヒトラーは、ドイツ人の生活が前代未聞の惨状を呈している責任は十一月革命を支持した諸党にあり、ナチ党こそがこの悲惨さからドイツ民族を救い出せる唯一の党であると訴えた。何度もくり返される選挙戦に、国民がしだいにうんざりしはじめていることが懸念された。例えば、七月二十一日にヒトラー演説が行われたゲッティンゲンのナチ党支部長は、「聴衆の間に倦怠感《けんたい》がある」ことを報告している。

ナチ党への支持をさらに拡大する目的で、ヒトラー自身が語るレコード『国民への訴え』が五〇万枚制作された。七月十五日付けの『フェルキッシャー・ベオバハター』紙に掲載された広告には次のように書かれている。「初のアドルフ・ヒトラー・レコード。国民に対するヒトラーの訴え。録音時間八分半。七月二十日以降の発売。レコードの両面にアドルフ・ヒトラー総統の吹き込みを録音。販売価格五ライヒスマルク。収益はもっぱら国会選挙のプロパガンダのために使われる。国民社会主義者たちよ、われわれの総統の訴えがドイツ全土のあらゆるドイツ人に届くように努めよ。どの集会の主旨も、このヒトラーの訴えに合致したものでなければならない」。ただ、実際に録音されたものを聞いてみると、原稿の棒読みで迫力のない冴えない印象の演説になっている。

トーキー映画も投入され、「われわれの指導者たちは語る」という短篇映画が制作された。そのひとつが、四月四日にヒトラーが大統領選再投票時にベルリンの遊歩庭園で語った演説の映画である。今回の選挙戦の様子は大々的に撮影されて、九三分の『ドイツの空を飛ぶヒトラー』(*Hitler über Deutschland*)というタイトルの記録映画が作成され、十月二十三日にミュンヘンでプレミア上映された。この映画は、政権掌握より前のヒトラーの演説風景を最も多く撮影したものであるが、サイレント映画であるためヒトラーのジェスチャーは見えても、肉声は聞こえない。

さて、七月三十一日の選挙結果は、得票率が三七・四パーセントに上がり二三〇議席を占めて、ついにナチ党は第一党となった。共産党も議席を増やした(得票率は一四・五パーセント)が、社会民主党は後退した。しかし、大統領選再投票時とくらべて得票率が一パーセントポイントしか上がらなかった点で、ナチ党には落胆があった。

数日後ヒトラーは、ヒンデンブルク大統領に大きな影響力を持っていたシュライヒャー将軍を仲介者にして、自らを首相にするように大統領に求めたが、大統領はかつての一等兵を首相にすることを受け入れようとしなかった。八月十日から十二日にかけてヒトラーとパーペン首相とシュライヒャー将軍との三者会談が行われ、そこでヒトラーを副首相にする提案があったが、ヒトラーはこれをきっぱりと拒否した。翌十三日、ヒトラーはヒンデンブルク大統領と会い、そこでも連立政府の副首相としての入閣をすすめられたが、首相指名以外を断固として拒絶した。このことでヒトラーが入閣を拒否したことを、パーペン首相がその日のうちに勝手に公式発表した。ヒトラーはパーペンを恨みに思った。九月四日のヒトラー演説では、だまされた怒りが「値切らせたり、売り物に出したり、安売りしたり」という売り物のメタファーを使って表現されている。

得票を減らした国会選（第五回選挙戦）

結局、支持基盤のない政党無所属のパーペンが再び首相となった。しかし、パーペンはシュライヒャー将軍に見限られ、九月に不信任案が可決されてしまい、国会はまたもや解散された。一九三二年の五度目になる国会選挙が、十一月六日に設定された。ナチ党はあらたな資金源を得ることが困難になったこともあり、選挙戦継続のために党本部をミュンヘンからベルリンに移した。ヒトラーは十月十一日から十一月四日まで再度飛行機遊説を行い、五〇回以上の演説をした。この「ドイツ飛行」では初めてユンカース社のJu-52型機が使われた。一九三二年の時点においてJu－52型機はルフトハンザが二機持っていたが、そのうちの一機を国会議長ゲーリングの仲介で使うことができた。今までよりも七人多い一六人の乗客が乗れ、時速にして三〇キロメートル速く飛べた。

このときナチ党がプロパガンダした対立の図式は、「わずかな数の勢力の支持しか得ていないパーペン」対「民意に根ざした総統」というものであった。しかし今回は、ナチ党がさらに多くの民意を得るようには見えなかった。演説会場にやって来た聴衆の数を、ナチ党は水増しして報道させた。また、演説会場の町以外から聴衆を動員するなどして、選挙民の幻滅を包み隠そうとした。ヒトラー演説も、かつてのようにホールを満員にすることはもはやできず、例えば十月十三日のニュルンベルクでの演説では、ルイトポルトハインの祝祭ホールを半分しか埋めることができなかった。ヒトラー自身が、今回は多くの票を失うかもしれないと思った。ゲッベルスもすでに十月の段階で、得票数の減少を予想していた。

事実、この十一月六日の国会選挙では、ナチ党は得票率を七月の三七・四パーセントから三三・一パーセントに落とし、議員数を二三〇人から一九六人に減らした。ナチ党は、二〇〇万票と三四議席を失ったことになる。ヒトラーが政権を掌握する直前の、ワイマール共和国で最後となる自由選挙において、ナチ党が低落傾向を示したのである。勝者は共産党で、得票率を一四・五パーセントから一六・九パーセントに上げた。

ヒトラーが敗北を喫した原因のひとつは資金不足であるが、ヒトラーがこの国会選挙直前の八月にせっかくの入閣要請を拒否していたことが大きな敗因であった。そのヒトラーに再度投票することに、選挙民はためらいを感じたのである。ヒトラーは十月十八日から十一月三日までの演説で、「乗り込む」(einsteigen)と「降りる」(aussteigen)という列車乗降のメタファー表現を用いている。これは、入閣するしないを、列車に乗車する、列車から降車することに喩えて、その行為が自分自身の判断で決定できるのだというイメージを想像しやすく伝えようとしたからであろう。選挙の数日前に、ベルリンの交通企業のストライキにナチ党が同調したことには、農村部の選挙民も中間層も同様に驚いた。階級をなくすという主張においてはナチ党が共産党と変わらないように見えた点も、ナチ党への投票数を減らすことにつながった。今回のこの敗北で、ナチ党内ではヒトラーのプロパガンダの方法に対する批判が大きくなり、ナチ党左派のグレゴール・シュトラッサーはヒトラーの演説中心の戦略が間違いであると糾弾した。

共産党が躍進したのに危機を感じた財界の一部は、共産主義を封じ込めるべくヒトラーを首相に任命するようヒンデンブルク大統領に働きかけた。しかし、十二月三日に首相に任命されたのはシュライヒャー将軍であった。シュライヒャーはナチ党の分断を画策し、グレゴール・シュトラッサーを自らの政権に入れようとしたが失敗に終わった。

小都市へのプロパガンダ活動全力投入

このような党勢の退潮を目の当たりにして、『フランクフルト新聞』(*Frankfurter Zeitung*)は十二月二十三日に「ナチ党の魔力が消えた」ことを祝い、イギリスの左翼思想家のハロルド・ラスキ（Harold Laski）は、「ナチが脅威であった日は過去のものとなった」と安堵した。

しかしその安堵する雰囲気の最中に、誰も予想しなかった事態が進行しつつあった。シュライヒャー首相との確執からパーペンがナチ党に急接近し、一九三三年一月四日にヒトラーと会談したのである。この会談で両者は、シュライヒャー首相を追い落としてヒトラー＝パーペン内閣を作ることで合意した。この会談は現代史において、実質的な「第三帝国誕生の時」と呼ばれる。一月十日から十一日の未明にかけて、ヒトラーとパーペンの間で二度目の会談があったが、話はまとまらず、さらに協議をすることで結論は先送りされた。

写真10　リッペでのラウドスピーカー車.
出所：http://www1.wdr.de/themen/archiv/sp_amrechtenrand/nationalsozialismus/hitler_lippe102.html

そこでヒトラーは、ナチ党の勢いが衰えていないことを証明しようと、一月十五日に行われる人口一一万の小都市リッペ（Lippe）での地方選挙に党の力を結集させた。資金不足にもかかわらず、この小さな町で大がかりなプロパガンダ活動が繰り広げられた。ヒトラー自身、十一日間で一七回の演説を行った。のちにこのときの様子は、「ヒトラーが村に来る」という言い方で表現された。ラウドスピーカー車（写真10）八台が選挙戦に投入された。前年の選挙戦でラウドスピーカー車はドイツ各地を隅々までカバーするために投入されたのに対して、今回は限られた小さな範囲での集中的な使用となった。

一一万人の町の選挙結果によって、六八〇〇万人の全国民の将来が左右されることになった。この選挙でのナチ党の得票率は、三九・五パーセントであった。この数字は、実は前年七月の同じリッペでの選挙時の得票率と比べると低下していた。しかし、前年十一月の国会選挙での全国規模の得票率である三三・一パーセントと比べると増えていることになるので、この選挙結果がナチ党の復活を実証しているという主張が可能であった。この結果を踏まえヒトラーは、より有利な立場で一月十八日にパーペンとの再会談に臨み、首相の地位を要求した。

選挙対策のことば

表3（次頁）と表4（一二六頁）を見てみよう。「ヒトラー演説一五〇万語データ」に基づいて、ナチ運動期前半（一九二〇年八月～三〇年三月）とナチ運動期後半（一九三〇年五月～三三年一月）のヒトラー演説にそれぞれ特徴的な名詞と形容詞のリストである。

この二つの表から次のことが読み取れる。ヒトラーは、一九三〇年九月の大勝以降、名詞では、「憲法」、「政府、統治」、「指導（部）」、「内閣」、「組織」、形容詞では「政治的な」と「経済的な」、「憲法に基づく」をそれまでの演説と比べて有意な差をもって用いている。このこと

（ナチ運動期前半：1920年８月〜30年３月）

順位	単　語	運動期前半の出現回数	運動期後半の出現回数	対数尤度比
1	Jude（ユダヤ人）	393	37	218.86
2	Stresemann（シュトレーゼマン）	235	6	196.11
3	Grund（土地）	544	120	150.15
4	Frankreich（フランス）	280	31	142.34
5	Republik（共和国）	240	20	141.94
6	München（ミュンヘン）	147	6	111.28
7	Staat（国家）	1,017	382	101.03
8	Leute（人々）	234	38	89.63
9	England（イギリス）	229	38	88.11
10	Boden（土壌）	492	148	83.10
11	Italien（イタリア）	123	8	80.68
12	Kind（子供）	229	42	78.06
13	Volkspartei（人民党）	188	31	71.02
14	Fremdenverkehr（観光産業）	65	0	66.75
15	Militarismus（軍国主義）	72	1	65.20
16	Marxismus（マルクス主義）	290	78	59.96
17	Südtirol（南チロル）	254	63	58.53
18	Fremde（他国，よそ者）	80	4	57.29
19	Majorität（多数派）	187	38	57.02
20	Kunst（芸術）	144	24	53.87

（ナチ運動期後半：1930年５月〜33年１月）

順位	単　語	運動期前半の出現回数	運動期後半の出現回数	対数尤度比
1	Nation（国民）	479	818	276.12
2	Regierung（政府，統治）	137	368	221.80
3	Papen（パーペン）	0	112	204.37
4	Führung（指導〔部〕）	39	200	192.33
5	Notverordnung（緊急命令権）	0	80	145.98
6	Bauer（農民）	53	185	139.58
7	Gegner（敵）	163	320	133.68
8	Verfassung（憲法）	13	111	132.67
9	Kraft（力）	661	796	123.95
10	Ende（終わり）	229	346	93.37
11	Leistung（成果）	55	150	91.75
12	Treue（忠実）	11	77	85.49
13	Jahr（年）	1,393	1,331	84.33
14	Beruf（職業）	37	119	84.22
15	Begriff（概念）	196	294	78.19
16	Plattform（基盤，出発点）	12	74	77.84
17	Organisation（組織）	209	305	76.64
18	Zukunft（未来）	309	396	73.33
19	Titel（肩書き）	5	55	71.07
20	Kabinett（内閣）	5	53	67.78

表３　ナチ運動期の前半（上）と後半（下）の特徴語（名詞）.

は、ヒトラーが一九三〇年九月の国会選挙以降、政治と経済を全面に出し、憲法を遵守しながら政権獲得を目ざして演説している様子を物語っている。その際、ヒトラーは大統領による「緊急命令権」を濫用する政治のあり方を批判する。ナチ運動が何を「基盤、出発点」としているのかを選挙戦で繰り返し言及している。一九三〇年九月以降の選挙戦ではさらに、「国民」（Nation）と「農民」にそれまでの演説よりもはるかに頻繁に触れ、「未来」を約束した。

また重要なのは、表3の「ユダヤ人」と表4の「ユダヤ人の」という語がナチ運動期後半と比べてナチ運動期前半に顕著で特徴的なことである。ヒトラーが演説で「ユダヤ人」に言及するのは、一九三〇年九月以降は顕著に少なくなっている。このことは、『ヴェルトビューネ』紙（*Die Weltbühne*）が一九二九年七月に、ヒトラーは「数か月前から反ユダヤ主義をかなり制限している」と報じていることと合致する。

オペラ歌手による発声法の指導

今見たように、ヒトラーは一九三二年に二月から十一月まで五回にわたる選挙戦を戦うこととなった。ヒトラーは短期間に多数の演説を、しかも多くの場合は屋外で行ったため、声帯は酷使されていた。これを認識した医師はすでに四月初めに、「酷使による声帯麻痺の恐れ」ゆえに急いで発声法の訓練を受けてみるようヒトラーに勧めていた。

そこでデフリーント（Paul Devrient）というオペラ歌手が、四月から十一月までヒトラーに

（ナチ運動期前半：1920年8月〜30年3月）

順位	単　語	運動期前半の出現回数	運動期後半の出現回数	対数尤度比
1	bayerisch（バイエルンの）	239	21	137.82
2	Münch[e]ner（ミュンヘンの）	140	2	126.40
3	national（国民の）	652	186	121.72
4	lieb（愛すべき）	384	94	91.94
5	gleich（同じ）	539	177	75.64
6	vollkommen（完全な）	177	29	67.26
7	international（国際的な）	344	107	54.31
8	jüdisch（ユダヤ人の）	101	11	51.86
9	sogenannt（いわゆる）	180	50	35.23
10	radikal（急進的な）	34	0	34.92
11	jährlich（毎年の）	63	6	34.87
12	täglich（日々の）	125	29	32.28
13	militärisch（軍事の）	63	7	31.96
14	link（左の）	67	9	29.93
15	sozial（社会の）	179	55	28.98
16	modern（現代の）	40	2	28.64
17	englisch（イギリスの）	77	13	28.46
18	nah（近い）	150	44	26.60
19	pazifistisch（平和主義の）	48	5	25.29
20	damalig（当時の）	57	8	24.64

（ナチ運動期後半：1930年5月〜33年1月）

順位	単　語	運動期前半の出現回数	運動期後半の出現回数	対数尤度比
1	deutsch（ドイツの）	2,474	2,173	83.08
2	inner（内の）	288	362	63.65
3	politisch（政治的な）	644	670	62.81
4	wirtschaftlich（経済的な）	217	276	50.09
5	göttlich（神の）	2	33	46.94
6	neu（新しい）	734	696	42.36
7	denkbar（考えうる）	19	59	40.56
8	gänzlich（まったくの）	10	44	38.81
9	belanglos（重要でない）	15	50	36.41
10	geltend（支配的な）	3	29	36.08
11	lang（長い）	156	198	35.74
12	hart（辛い）	39	80	35.48
13	geistig（精神的な）	165	205	34.91
14	entscheidend（決定的な）	23	59	33.96
15	einheitlich（統一した）	34	71	32.23
16	weise（賢明な）	21	54	31.16
17	verfassungsmäßig（憲法に基づく）	0	17	31.02
18	untreu（忠実でない）	0	17	31.02
19	geschichtlich（歴史的な）	19	48	27.19
20	mürbe（もろい）	3	23	26.45

表4　ナチ運動期の前半（上）と後半（下）の特徴語（形容詞）.

発声法をレクチャーすることとなった。これは、デフリーントの死後、息子が一九七五年に歴史学者マーザー（Werner Maser）に公刊させた日記に書かれている内容である（*Mein Schüler Hitler*。二〇〇七年のドイツ映画『わが教え子、ヒトラー』は、この史実をヒントに制作されたフィクションである）。デフリーントはその訓練の報酬として月額一〇〇〇マルクを得たという（この時代、役所の課長の月給は約五〇〇マルク、省庁の参事官が一二〇〇マルクであった）。ヒトラーが「演説の天才」であるためには訓練を受けていることが露見してはいけない。そのため、デフリーントによる訓練は秘密裏に行われた。遊説時の飛行機の機長をはじめとして、選挙遊説の同行者たちにもこの事実は知らされておらず、デフリーント自身も終生、誰にもこの事実を話さなかった。以下、この日記の記述に従って見ていこう。

第三回目の選挙戦（四月十六日〜二十四日）の遊説に間に合うよう、四月六日に、デフリーントはベルリン・テンペルホーフ飛行場でヒトラーと初めて対面した。このとき、ヒトラーからは挨拶《あいさつ》すらなかったという。ヒトラーの演説を実際に聞いてみてデフリーントはすぐに、発声法の問題点を見抜いた。ヒトラーが一時間も演説すると汗びっしょりになり疲労困憊《こんぱい》するのも、デフリーントにとって不思議ではなかった。ヒトラーは鼻腔《びこう》が歪んでいることもあり音が潰れ、張り詰めて発声しすぎるので血管が腫《は》れ上がり、声がしわがれる。息の仕方も、途切れ途切れになる。急速に声が弱まるのを大げさなジェスチャーでカバーしようとすることで、「田舎芝居」になるのであった。

四月十三日からレッスンが始まった。デフリーントはまず、人間の発声器官を吹奏楽器に喩えながら、力を振り絞らずに行うのが正しい発声法であることをヒトラーに教えた。ヒトラーは一所懸命に発声練習に取り組み、一回目のレッスンですでに呼吸法が改善され、声量も増えた。ある日、演説会場が停電してスピーカーが使えなくなった。ヒトラーは仕方なく肉声で演説を始めたが、ホールの後ろまで声が届かなかったため、諦めて演説を切り上げた。この出来事のあった日の夜にヒトラーはデフリーントを呼び、「マイクやスピーカーに頼らないですむようになりたいが、どれくらいでそうなれるか」とたずねた。デフリーントは、古代の弁士は肉声で会場の隅々まで伝わるような声を出したことを説明した。「きちんとした養成を受けていない職業弁士は、声がすぐに尽きる」が、「老齢の役者の話し方と歌い方に若いときと変わらない力とつやがあるのは、どうしてだと思いますか。これは、一所懸命に声を訓練した賜物なのですよ」とデフリーントが説明すると、ヒトラーは大いに興味を示した。デフリーントがオペラ歌手という職業についていろいろエピソードを聞かせると、ヒトラーは珍しく心から笑い、その場が和んだという。

発声法の訓練は終わった。次にデフリーントは、同じことを毎日繰り返し語っているうちに、演説のなかで重要な働きをするはずの「感情語」をなんの感情もなく発音してしまいがちであることを指摘した。デフリーントは、演説においてこれらの「感情語」を、その感情内容にふさわしい響きと色合いで発音することが重要であると説明した。ふさわしい響きと色合いを見つけ出して、ただそのように発声するだけで、その単語には新たな命が与えられ、聴衆は大いに魅せられるのだと、デフリーントは解説した。これを聞いてヒトラーは、「幸せ」（Glück）という単語をふさわしい響きと色合いで発音する練習をしてみた。すると、この「幸せ」ということばが心に迫り来るように聞こえた。これは、ヒトラーにとってコロンブスの卵であった。翌日の演説でヒトラーがこの方法を早速実行に移したところ、今までと変わらないはずの演説がまったく違って聞こえた。ヒトラーは「私にはほとんど奇跡に思えた。あたかもまったく新しい演説をしたかのようだった」と、デフリーントに満足して言った。

この日以来、デフリーントはヒトラーから絶大な信頼を得て、ヒトラーの部屋に自由に入ることが許された。ある夜、デフリーントが部屋へ行ってみると、ヒトラーはシャツとパンツだけで仰向けになって、両足を高く上げて壁にもたせかけていた。「演説の前には、私はできる限りいつもこの姿勢をするんだ。記憶力が高まる」とヒトラーは説明したという。

ジェスチャーの指導

第四回目の選挙戦（七月十五日〜三十日）のとき、デフリーントはヒトラーのジェスチャーも矯正してみたいと思った。デフリーントは、「あなたの場合、動き、ジェスチャーが自己目的になっています。これは、聴衆に媚《こ》びるだけです。聴衆にとって一番大事なのは聞くことであって、見ることではないのです」と、デフリーントは鋭く指摘した。むやみに手を振り回したり、揺すったり、指さししたり、振ったりするのはもうやめるべきで、ジェスチャーは意味を明確にするものでないといけないという説明がなされた。

またデフリーントは、演説中に激高しすぎて自己抑制ができなくなったときのために、じっと見つめることができる、なにかお守りのようなものをあらかじめ用意しておくべきだと助言した。するとヒトラーは、鞄《かばん》から銀色の犬の首輪を出し、これをお守りにして練習した。何日か後、実際の演説で落ち着かなかったときにお守りを見て落ち着いたと、ヒトラーはデフリーントに語った。

声の高さに関しては、デフリーントは次のように説明をした。「最初はできる限り低い声で語らなければいけません。可能な限り低い声で始めると、あとで高めるときに大きな溜めができるからです。そして静寂と激情のちょうど間に、弾劾する声を置かねばなりません」。

第五回目の選挙戦（十月十一日〜十一月四日）の頃には、ヒトラーの演説はデフリーントから見て相当に改善されていた。ヒトラーは適切な音声で、ジェスチャーを控えめにして効果的に語った。あとは、手のひら同士を重ねるとか、誰かを弾劾する前には、聴衆に聞こえるように息を大きく吸い込むなどすれば、演説内容に緊張感がさらに出て、聴衆からさらに大きな喝采を受けるだろうとデフリーントは確信した。その頃ヒトラーは、「このテクニックは、実際に効果的な手段であるようだ。私は聴衆たちの反応を見て自制できないほど興奮しかけたが、再度自制することができた。私にとって新しい壇上での立ち居振る舞いの始まりだ」と、自らの演説を振り返った。

別のレッスン時に、デフリーントは『演劇のABC』という小さな本からいくつか演劇の心得を読んで聞かせた。例えば姿勢はまっすぐにする、床もしくは天井に向かって話さない、横顔を見せて話さない、いちどジェスチャーを始めたら文が終わるまではジェスチャーをやめない、などであった。ヒトラーはこれらについてせっせとメモを取り、「あなたから聞いた指摘のなかで一番よいものだ」と言った。

レッスンも半年を過ぎ、終わりに近づいた頃、デフリーントはヒトラーが演説中に最前列の席のほうをちらちら見て、聴衆の反応をフィードバックしようとしていたことを指摘し、「あなたは、主賓、仲間、崇拝者たちが座っている前列の席のほうに目を向けています」、「後ろのほうに常に目を向けないといけません」と助言した。

最後のレッスンの日、「これで私はもはや弁士としては問題がなくなった。演劇術とあなたのおかげだ」とヒトラーは言って、デフリーントの目を見て両手で固く握手をした。第五回目の選挙戦が終わった翌日の一九三二年十一月五日、ヒトラーと同乗したユンカース社のJu‐52型機がミュンヘンに到着したとき、デフリーントはヒトラーの教師としての任務を終えた。

演説文作成の舞台裏

デフリーントは、ヒトラーが演説のためのメモを書いている場に同席したことがある。そのときにデフリーントはヒトラーから直接に、演説文作成の舞台裏を聞き出すことができた。ヒトラーは、「私の創作装置は自動で動く。演説文を生み出すのに、私は苦労しない。すべてのことばが、いわば自然に出てくる。新しい演説をして人々の心を動かしたいという欲求が出てくる。聴衆が熱心に関心を持ってくれることが、私のエネルギーになる」と説明した。ひとつの演説文を作成する時間は、「一日から四日の間。一番長くても一週間。いつも時間がないが、時間があると細かいことにまで拘《こだわ》ってしまうので、それくらいがちょうどいい」と、ヒトラーは言ったという。

演説のテーマについては、自らが体験し見聞したこと、読んだことから考え出すが、そのほかに、ドイツ各地にあるナチ党のネットワークから各地の出来事や情報が上がってくるので、それを踏まえて演説文を考えることもあると、ヒトラーは語った。その際、たいていキーワードをメモするだけで文章にはしないとのことであった。「私は、このメモに従って自由に話す。覚える段には最初は情熱や熱弁を込めずに小さな声で話す。とにかくよく読んで、正確に頭に入れることだ」。このようにヒトラーは説明したという。

興味深いのは、いつも同じ内容の演説を繰り返すことの単調さをヒトラーがデフリーントに嘆いていたということである。「この永遠の繰り返しは、プロパガンダにとって必要なのだが、私の気持ちがかき立てられることはない。演壇に登る際に、燃える気持ちが失せているときがある。なのに聴衆から拍手喝采を受けてしまい、私は本当に驚いてしまう」。

第四章　国民を管理する演説　一九三三〜三四

一九三三年一月三十日、ヒトラーはついに首相に就任した。その二日後のラジオ放送による施政演説は、スタジオにおける抑揚のない原稿の読み上げに終わってしまった。そこで、ヒトラー演説のラジオ放送は以後、臨場感ある演説会場から中継されることとなった。首相として初めて臨んだ二月十日の集会演説は、ラジオ放送のほかに、映画撮影もされた。そこに映されているジェスチャーを見ると、手と腕の動きを駆使した、巧みな実演を行っている。

三月以降ヒトラーは、国民を強制的にナチ政権の考え方に「同質化」させる目的で、一連の法令を出す。「国民啓蒙宣伝省」大臣に任命されたゲッベルスは、安価なラジオ受信機の生産を電機メーカーに委託し、全国民にラジオ電波で瞬時に「総統」の声を届ける環境作りに着手した。五月一日の「国民労働の日」には、ベルリンの飛行場に巨大な舞台が製作され、ラジオ中継されるなか、一五〇〇万人の集結した「民族共同体」が演出された。党大会も大きな規模で行われた。しかし総統演説の聴取がラジオ所有者に義務づけられたことで、ヒトラー演説に対する倦怠感が助長された。演説会場における体験をラジオ中継に肩代わりさせようというプロパガンダの方法には限界があったのである。

1　ラジオと銀幕に乗る演説

政権掌握の日

一九三三年一月十八日のパーペンとの会談のあとしばらくして、ヒトラーはヒンデンブルク大統領の息子オスカー・フォン・ヒンデンブルク（Oskar von Hindenburg）と大統領府長官のマイスナー（Otto Meißner）を味方に付けることができた。ヒンデンブルク大統領はこのふたりに説得され、ついにヒトラーを首相に任命する決心をした。

一月三十日、ヒトラーが首相に就任し、ここにナチ政権が誕生した。しかし首相はヒトラーであるものの、ナチ党からの入閣は内相フリック（Wilhelm Frick）と無任所大臣ゲーリングだけであり、副首相のパーペンをはじめとする保守派の領袖《りょうしゅう》たちは、政権担当の経験がないナチ党を簡単に懐柔できると考えていた。

ラジオ演説放送の失敗

二月一日、国会が解散され、三月五日に国会選挙が行われることとなった。ヒトラーは早速この日に、「ドイツ国民に対するドイツ政府の呼びかけ」と題する施政方針をラジオ放送で発表した（写真11）。それまで他党の政権によって牛耳られていたラジオを、ナチ党がようやく手中に収めた瞬間である。ヒトラーは、ラジオ放送で施政方針を演説した最初の首相となる。ヒトラーは、「一四年間、マルクス主義がドイツを荒廃させた。経済の再建は二度にわたる四か年計画で成しとげることを保証する」と述べ、第一次世界大戦敗戦後の一四年間の過去と訣別することで「国民的高揚」を実現することを約束した。この施政方針放送は、選挙戦のプロパガンダの一環であった。

ただ、目の前に聴衆がいない状態でマイクだけを前にして、施政方針演説をうまく行うことがヒトラーにはできなかった。ヒトラーはただ抑揚なくほとんど原稿を読み上げただけであった。ラジオは、この一九三三年の時点でまだ誕生から一〇年そこそこしか時間が経っていない新しいメディアであった。レポーターがラジオの生中継で話すことが増えていたが、ラジオの出演者は関連雑誌で映画スターのような扱いを受けた。そのようなラジオの影響力を認識していたからこそ、ラジオ放送用に原稿を読み上げるときに、ヒトラーは極度に緊張したのかもしれない。実際の放送を聞いた聴取者からも、またラジオ番組の制作者からも、このラジオ演説は批判を受けた。

そこで、施政方針を再度録り直すことになった。この二回目の録音では、一回目よりも明確な話し方ができ、三分長い一三分間の演説となった。ヒトラーにとってまだ満足なできばえではなかったが、この録り直し版は二日後の二月三日に三度放送された。一九三三年三月のインタビュー記事のなかでヒトラーは、「音は、画像よりも暗示性が強い。ラジオの可能性を利用し尽くすことを、これから学んでいかねばならない。私自身は、マイクの前で当惑してしまった状態であった。今でもまだ満足できていない」と、めずらしく自己批判的に語っている。

演説会場からのラジオ中継

ナチ党のラジオ戦略の推進者であったハダモフスキー（Eugen Hadamovsky）は一九三三年に、ラジオ時代であっても変わらない大衆集会の重要性を次のように述べている。「大衆集会では大衆から演説者の姿は見えなくてもよいが、演説者と大衆とがじかにつながるようにしないといけない。聴衆と直接につながっていてこそ、演説者は［……］最初のうちは冷めていることの多い聴衆の気分を高め、興奮させ熱狂させることができる。今日では、演説者自身が大衆のなかへ直接的に投入されて、反応を得て初めて、大きな政治的活動を引き起こすことができる。一九一八年以降のドイツの統治者たちや大新聞は、冷たいラジオ演説やたいくつな新聞記事によって、大衆による嵐のような批判から自らの体制を守ることができると思ってきた。これは根本的に誤った認識であ

写真11　ラジオ放送演説を吹き込むヒトラー（1933年２月１日）.
出所：*Kampf um's Dritte Reich*（1933), p. 63.

る」。ここで言われている演説者と聴衆との感性のつながりというものが、新聞、ラジオ、また映画には欠けている。「新聞だと概念、ラジオだと聴覚、映画だと視覚に限定されてしまう」。

ゲッベルスは、このような温かい接触、場所を共有する臨場感のある接触の必要性を理解した上で、一九三三年二月三日の日記に次のように書いている。「選挙戦を戦うことは、今では容易である。なぜなら、われわれは国家の持つ手段をすべて自由に用いることができるのであるから。ラジオと新聞はわれわれの手中にある。煽動の傑作を生み出してみたい。またもちろん今回は、お金にも困らない。難しい点は、選挙戦をどう組織するかだけだ。われわれの出した結論は、ラジオ放送局のあるすべての都市で総統が演説を行うということだ。われわれはラジオ中継を民衆のまっただ中へ投入し、集会の場の雰囲気を生き生きとラジオ聴取者に伝える。私はその総統演説の前に導入役をして、大衆集会の魔法と雰囲気を聴取者に伝えるように努めよう」。かくして、ゲッベルスとヒトラーは相談をして、マイクの前で孤独に演説原稿を読み上げるのではなく、多くの聴衆を前にしてヒトラーが直接語りかける演説会場からラジオ中継することにした。

演説の記録映画撮影

ラジオ放送の失敗体験から二週間も経たない二月十日にさっそく、ヒトラー演説は会場からラジオ中継された。それは、三月五日の国会選挙を告知する催しであり、ベルリンのスポーツ宮殿で行われた。この催しでヒトラーは、「ドイツ国民への呼びかけ」と題する演説を行った。ゲッベルスが先に三分ほど演説し、ヒトラーの登場を盛り上げた。ヒトラーの演説自体は、約五〇分間であった。この催し全体を、ラジオでアナウンサーが実況中継した。ラジオに流れたのは、ただのヒトラーの声ではなくて、その場にいる聴衆たちの肯定的な共鳴が重なったヒトラーの声であった。このようにして、会場からヒトラー演説がラジオによって国民の耳もとに届けられることとなり、一九三三年だけで五〇回の総統演説が放送された。

実はこの二月十日の演説は、ラジオ放送されるだけでなく、多くのカメラを使って映像としても撮影された。これは四六分間の映画として編集され、上映された。完成した映画を観たゲッベルスは、二月二十日の日記にこう書いている。「スポーツ宮殿での総統演説の映画を観る。成功だ。プロパガンダの武器として、この映画はわれわれに不可欠のものとなるだろう。総統が直接に演説することができない町では、この映画を上映する必要がある。この映画には、催しの様子がうまくまとめられている。さらにまた、演説のことば、表情、ジェスチャーがうまく映されているので、この映画が人に与える影響力は大きい」。四六分間のうちヒトラーの演説シーンは三三分間あり、映像として残るヒトラー演説としては最長のものである。その三三分の演説映像部分のうちの約二〇分について、演説中のヒトラーの表情とジェスチャーを観察することができる。そこで、この映像資料によって、弁論術の第四と第五の部門（七七頁以降を参照）である「記憶」（あらかじめ考えた内容を覚えること）と「実演」（あらかじめ考えた内容を音声化して表情と身振りを付けること）に関して、ヒトラー演説に迫ってみたいと思う。

声の高さ

映像について分析する前に、ヒトラーの声の高さについて見ておきたい。ヒトラーが平時に話した会話の録音が、幸い今日残っている。一九四二年六月四日、ヒトラーは同盟関係にあったフィンランドの軍最高司令官であるマンネルヘイム（Gustaf Mannerheim）の七十五歳の誕生日の催しに参加するためフィンランドへ飛んだ。フィンランド国営放送は、この催しでの祝辞を録音したが、音声技術者が危険を冒してマンネルヘイムのサロン車にマイクを隠して、そこで交わされたマンネルヘイムとヒトラーの会話を録音したのである。その磁気テープが現存するおかげで、ヒトラーの平時の話しぶりが今日わかる。

このテープを実際に聞いた印象では、ヒトラーは平時にはけっして高い声で話していない。音響音声学的に声の高さの指標となるのは、基本周波数（F0）である。この録音を音響分析してみると、平時のヒトラーは六〇～一六〇ヘルツの基本周波数で話している（分析には、音響分析ソフトPraatを用いた）。それに対して二月十日の演説では、話されたひとかたまりの文章の平均基本周波数はおよそ二〇〇～四〇〇ヘルツであり、平時と比べて一オクターブ以上声が高くなっている（図1）。

自制するポーズ

映像に映し出されたヒトラーのジェスチャーすべてを記述することはできないので、以下ではまず映像の進行に沿いながら、いくつか特徴的なことを説明していきたい。

演説の冒頭、ヒトラーは聴衆のざわつきが収まるのをじゅうぶんに待ち、そのあとゆっくりと一五〇ヘルツという平時の声の高さで、「今年一月三十日、国民を統合する新政府が樹立された」とおごそかに宣言する。全身が聴衆の注目を受けているという状況のなか、ヒトラーは両手を下で合わせて、ジェスチャーをしないように意識して努めている。リラックスしているわけではない。むしろ緊張している。人は緊張すると、自らの身体な

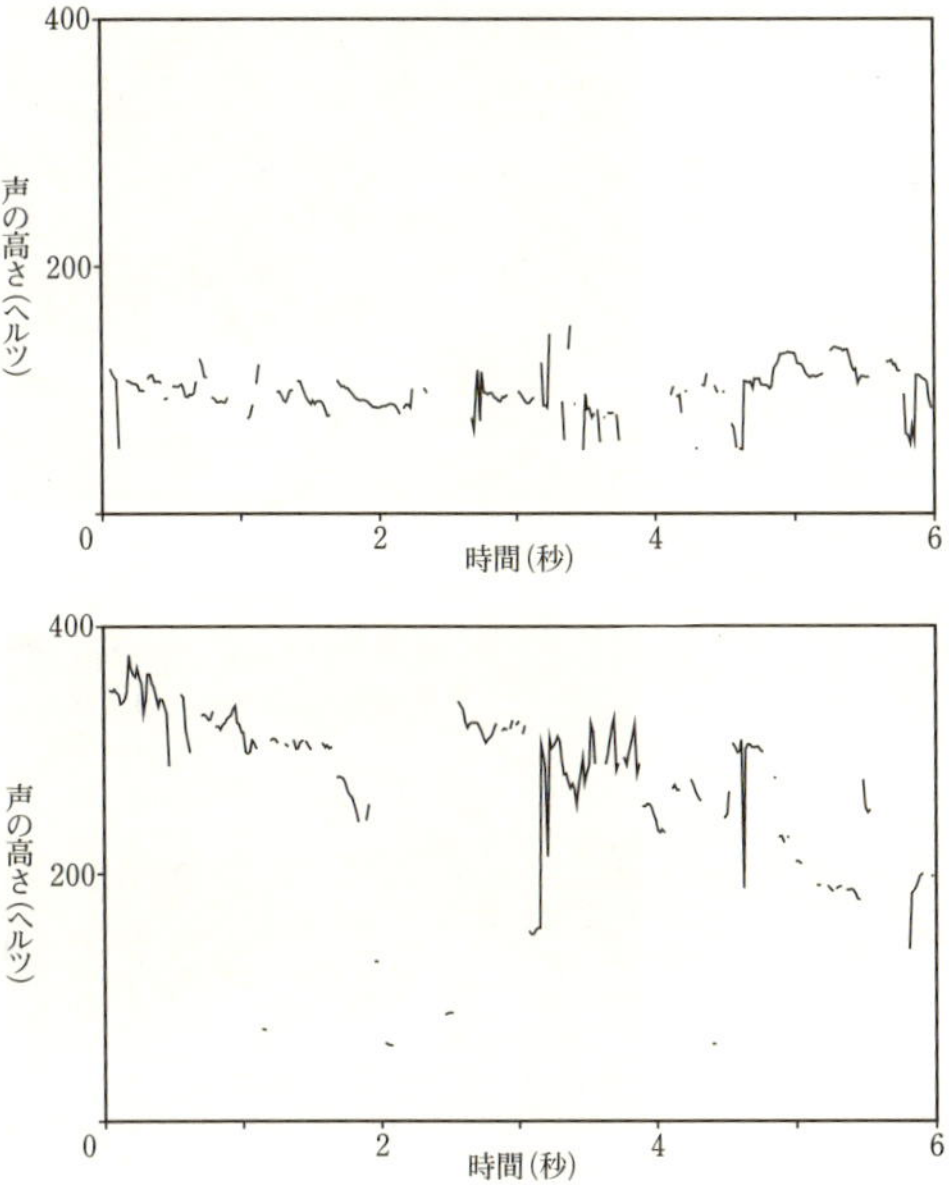

図１　(上) マンネルヘイムとの平時の会話 (始まりから３分経過後), (下) 1933年２月10日の演説 (143頁にある「ついにはこの現象がドイツの生活から排除されることになる日まで」の部分).

写真12.

写真13.

どを触ることが知られているが、ヒトラーが下のほうで手を合わせていることが、その緊張ぶり、神経質な様子を窺わせる（写真12）。同時にまた、この姿勢は聴衆の反応を抑えているという側面もある。聴衆はまだ喝采やヤジを飛ばしてはいけないのである。声の高さについては、映像では五〇秒ほど経ってナチ運動を始めた理由をヒトラーが語りはじめたところから、平均基本周波数が二〇〇ヘルツを超えていく。

しかし、謙虚さを感じさせるこのポーズだけでは間が持たない。そこで、ジェスチャーを自制するポーズがもうひとつ用意されている。それが、腕組みのポーズである（写真13）。両手を下のほうで合わせるポーズのあと、「金持ちも貧困者も、都会人も田舎者も、教養と学識のある者も学識のない者も、みながここに揃《そろ》っている」と述べるところで、この腕組みのポーズに変える。この腕組みポーズは、静かな立ち姿を印象づけ演出するものになっていて、そのポーズをいったん経由してからさらに別のジェスチャーが始まることが多い。他のジェスチャーがそこから出発するゼロポイントであると言える。その腕組みポーズで、いわば自らのジェスチャーにロックをかける。そのあと、手を下げて緩めた直後に、右手人差し指による指さしをしながら、政治家の使命は「このさまざまな人たちを互いに隔てることではない」と語る。そのあとほんの十数秒の間に、両手そして握り拳《こぶし》によるジェスチャーが交えられる。

腕を振り上げ、振り下げる

演説が五分ほど経った時点で、ヒトラーは「当時私は初めて自分に誓った。無名の者として、一個人として、この戦いを始めることを、そしてけっして休まないことを。ついにはこの現象がドイツの生活から排除されることになる日まで」ということばを発するシーンとなる。「誓った」の部分で両手を合わせたあと、「無名の者として」では人指し指を左右に揺らし、「この戦いを始める」では人差し指を小刻みに上下に揺らして「戦い」にスポットライトを当てる。そのあと、「けっして休まない」で腕を大きく振り上げる。そして敵の姿が「この現象」として明らかにされ、この「現象」という部分でクライマックスとなって、ヒトラーは腕をストンと振り下ろす（写真14）。「現象」という抽象語は、ドイツに蔓延《まんえん》していたさまざまな不満が吸収される焦点となっている。そのあと、「排除される」という箇所で、実際にものを脇へ押しやるように、右手を水平に外側へ払って終わる（写真15）。ネガティブなものを外へ払いのけているように見える。このあたりは、平均基本周波数が三〇〇ヘルツを超え、「戦い」、「現象」、

「ドイツの」という語では三五〇ヘルツを超えている。

右手から左手へ、そして両手

このあと、第一次世界大戦敗戦後一四年間にわたってドイツ民族から名誉を奪い取り、生活を崩壊させ、文化を頽廃《たいはい》させた、敗戦責任者たちの「最も恐るべき犯罪」をヒトラーは糾弾する。そのなかの一シーンを見てみよう。ヒトラーは、「そしてわれわれ自身がこの時代に目の当たりにした。じわじわと個々のドイツ人の生活がさらにさらに落ちぶれていった様子を。わが国民はインフレを耐えねばならず、インフレが何百万人もの人から少額の蓄えを奪った。すべて、すべてを引き起こし、すべてを行い、すべてに責任があるのが、一九一八年十一月の人物たちなのである」と語っている。

写真14.

写真15.

最初の「そしてわれわれ自身が」の部分でヒトラーは、左横の小さなテーブルに置かれた紙のほうを見ている。この紙は、演説の内容進行が思い出せるように書かれたメモ書きであろう。この記録映画のなかで、ヒトラーがメモ書きに目をやっている姿は何度か映されている。ヒトラーがそのあと、左手の原稿に目をやりながらも、右手を前に突きだして指先を小刻みに振っている（写真16）のは、自分が演説のトピックを思い出せずにこのメモ書きを見ていることを聴衆に気づかれないよう、聴衆の注意を左手にある原稿からそらしているのかもしれない。

そして「この時代に目の当たりにした」のところになると、ベルトを触ってすぐその後に腰に両手をやる。これが次の動作、左手によるジェスチャーへの経由点となっている。つまり、いきなり右手から左手へ交替するのではなく、ベルト触りと腰にやった両手を経由して左手へ移るのだ。「じわじわと個々のドイツ人の生活がさらにさらに落ちぶれていった様子」という箇所で、左の手の平を下に向け、リズムを取る（写真17）。左手はヒトラーの利き手ではないので、ゆっくりした激しくないジェスチャーをするのにあてがわれている。三三分間の映像のなかで左手が用いられるのは、すでに一二分半が経過したこの箇所が初めてである。そしてその弱い左手が、そのあとに用意された両手と強い右手による激しいクライマックスのジェスチャーを引き立てることになる。ヒトラー

写真16.

写真17.

写真18.

写真19.

は手を下ろした後、「インフレが何百万人ものひとから少額の蓄えを奪った」の箇所でいったん腕を組み直してゼロポイントに戻ったあと、そこから両手を前にVの字に包み込むように（写真18）、「すべて、すべてを引き起こし」と言い、そのあと両手で握り拳をつくって「すべてを行い、すべてに責任があるのが」と言い、最後に右手人差し指を激しく突き出して、犯人を指さすかのように、「一九一八年十一月の人物たちなのである」と糾弾する。そのとき、左手は拳のままで、あたかも聴衆の不満をそこに引き寄せているように見える（写真19）。「一九一八年十一月の人物たち」という敵の姿が判明したときにヒトラーのジェスチャーは最も激しく、また聴衆も歓声やヤジで一番強く反応している。声の高さとしては、「すべてに責任があるのが」という箇所が三七〇ヘルツを超える基本周波数となっている。この前後では、「誇り」、「数十億（マルク）」、「質に入れる」、「最も恐ろしい（犯罪）」、「芸術」、「民族」、「記憶」などの語が三五〇ヘルツを超えている。

喝采の間

ヒトラーは、聴衆から大きな喝采を受けたときに、どのような反応をしているのであろうか。例えば「一四年の間わが民族を荒廃させたこの政党の統治下、今日のドイツはそのような現状である」とヒトラーが言った直後に、聴衆からは「なら絞首刑にしろ、絞首刑だ」というヤジが飛び、大きく喝采が起きる。このとき、ヒトラーはほんの一瞬、腕組みをして止まるがすぐに演説を継続する。これは、喝采という評価を受けつづけるよりも、自らの主張を語りつづけるほうが重要だとヒトラーが謙虚に考えていると聴衆に感じさせる効果がある。「そしてそれは今や」と言って左手で原稿を触り、再度「そしてそれは今や、次の問題となる」と髪を少し触って演説を続ける。

聴衆の喝采のあと少し休止するときにヒトラーが行っている動作の基本構成は、このように腕組み→原稿触り→髪触りのようである。自らの精神的緊張を落ち着かせるために、腕、原稿、髪に指や手を接触させているのであろう。別の箇所では、腕組みが二回入っている。さらに別の箇所では、大きな喝采のあと、ベルト触り→腰への手当て→左手による聴衆へのサインで休止している。ここでもやはり、身体接触によって緊張を解こうとしている。

胸にやる手と指差しの意味

ヒトラーが胸に手をやるときには、「われわれ」に関わるポジティブなことが語られている。

写真20.

写真21.

「われわれは働きたい」と言うとき、ヒトラーは宣誓するように胸に手をやり、「われわれ自身のなかにのみ、ドイツ国民の未来がある」と言うときには、握り拳で力強く胸をたたいている（写真20）。「われわれ自身がこのドイツ国民を高揚させるとき」でも、同様である。

　この胸に手をやる動作は、とくに内的なものへの信頼を示すときに用いられている。それが最も典型的なのは、「名誉」と語って右手を胸に押し当てているジェスチャーである。「（国家と国民の）基礎を固めて、強くする」では両手で胸を叩き（写真21）、「ドイツ国民の本来の活力を再建する」では両手を胸に当て、「すべての根源は、自らの意志、自らの労働のなかにある」では右手を小刻みに胸に当てている。

　ヒトラーのジェスチャーでおそらく最も印象的なのは、指さしであろう。指さしを行っている箇所を詳しく見てみると、指さしが「この」、「これ」という指示代名詞と共起している箇所が確認される。例えば、「この分離状態を克服する」、「七人がこの一二〇〇万人に」がそうである。ただ、それ以上に指さしは、ヒトラーから見た敵対者「彼ら」を糾弾するときに好んで用いられている。「彼らはこの一四年間にドイツをどこへ連れて行ったのか」、「(一九一八年)十一月の人々によってすべてがなされた」、「彼らが誰にも邪魔をされず行ってきた(一四年間の)仕わざ」などの箇所がそうである。

敵対者を糾弾するという意味合いは、ヒトラーが事柄全般について否定する際にこの指さしを頻繁に用いていることと符合する。「休むことなく」、「いかなる国家にもない」、「誰にも邪魔されない」、「誰も私に逆らえない」、「けっして信じてはいけない」などがそうである。つまり、指さしによって、敵と味方、肯定と否定といった何らかの対比構造が背景にあることが聴衆に対して暗示されていると思われる。

その観点でさらに興味深いのは、指さしが敵対者とは正反対の味方である同胞(「われわれ」や「子供たち」)について擁護的、共感的に言及するときにも用いられている点である。「われわれ自身が見た」、「われわれのドイツの過去」、「小さな子供たちの脳」、「小さなドイツの青少年たち」などがそうである。

以上、政権掌握の一二日後の二月十日にヒトラーが行った演説の映像をもとに、弁論術の「記憶」と「実演」の観点から分析を行った。演説に関わるヒトラーの記憶力は、極めて高いと言える。一時間近い(映像では三〇分ほど)演説内容を、机の上に置かれた何枚かのメモ書きにたまに目をやるだけで、ほとんどよどみなく語っている。実演については、平時よりもはるかに高い声の高さで、右手、左手、両手、両腕を使って、拳を作り、指さしをし、胸に手を当て、ベルトを触り、髪に触れ、実に多種多様なジェスチャーを効果的に行っている。一時間近い演説で、どこでどんなジェスチャーを入れると逐一決めておいても、実際にはできるものではない。まさにジェスチャーについてヒトラーは巧みであると言うほかない。今見た演説は、オペラ歌手デフリーントによるレクチャーを受けた直後のものであるので、デフリーントの指導による成果も多かれ少なかれ表れているであろう。政権掌握以前のヒトラー演説の動画を見ると、この二月十日のヒトラーのジェスチャーと比べて粗削りな印象を受ける。

過半数を得られなかった選挙

三月五日の国会選挙に向けて、再びあらゆるメディアが投入され、スローガン、行列、旗行進などが街角を覆った。ヒトラーはまた、飛行機でドイツの空を飛んだ。スポーツ宮殿における演説の翌日となる二月十一日に、ヒトラーは自動車ショーの開会式で、病気のヒンデンブルク大統領の代わりに演説を行った。このときの様子もドイツ全土にラジオ中継され、前座のゲッベルスは、聴衆とラジオ聴取者の期待をうまくかき立てて、「総統が到着された！」と述べた。この演説は、経済界に対して自動車産業を振興するというシグナルを送る意味があった。

二月六日にプロイセン州内相となっていたゲーリングは、プロイセン警察のナチ化を進め、警察権力を掌握し、ナチ党への反対派の制圧を行っていた。二月二十七日には国会議事堂が炎上する事件が起こり、翌日にヒンデンブルク大統領はヒトラーの要請で事実上の戒厳令として「大統領緊急令」を出すことになる。投票日前日の三月四日は「国民覚醒の日」と名づけられ、たいまつ行進などが行われ、クライマックスがヒトラー演説であった。この日ケーニヒスベルクで行われた演説の最後でヒトラーは、ヒンデンブルク大統領との信頼関係を強調した。

しかし三月五日の夜に選挙結果が判明したとき、ナチ党は大きく落胆した。ナチ党は四三・九パーセントの得票率で一〇パーセントポイント得票率を伸ばしたものの、獲得議席数は二八八で過半数に約四〇議席足りなかった。他方で、社会民主党は一議席の減少だけで済み、党勢はほぼ維持された。そこでヒトラーは三月九日に、共産党を非合法化して八一の議席を奪い、その結果、ナチ党が単独過半数を占めることになった。

「国民啓蒙宣伝省」創設

ヒトラーは三月十二日のミュンヘンにおける演説で、ナチ党一党による一元化、中央集権化を意味する「同質化」（Gleichschaltung）ということばを初めて用いた。「一四年前に私は、ここミュンヘンから戦いを始め、その戦いの第一部が今や終結した。ドイツで何世紀にもわたって待ち焦がれられながら達成できなかったことが今や現実となった。すなわち、国の政治的意思と国民の意思とを同質化することが完了したのである」。この「同質化」という語は、本来は「電流を同種のものに切り換える」という意味の電子工学の専門用語である。

文化面で国民と政府とを「同質化」することを目的とする新しい省が、三月十三日に創設された。この新しい省は「国民啓蒙とプロパガンダのための省」（国民啓蒙宣伝省。以下、「宣伝省」）と名づけられ、ゲッベルスがその大臣に任命された。この宣伝省は、報道、文学、造形芸術、映画、演劇、ラジオの内容を統制するための組織であった。三月二十五日、ゲッベルスはラジオ会社の責任者たちを前にして、宣伝省の役割を次のように説明してみせた。「精神的な動員。この目的のために、四、五年前から構想されていたこの新しい省が作られたのである。この省は、国防の領域で国防省が果たすことと同じことを精神の領域で果たす機関である」。大衆を「民族共同体」（Volksgemeinschaft）の一員となるよう精神面で同質化していく省である。

「国民受信機」の生産

ゲッベルスは、このラジオ会社の責任者たちを前にした演説のなかで、ラジオの役割を次のように位置づけている。「私は、ラジオ放送は最も近代的で最も重要な大衆感化の手段であると考える。ラジオ放送によって全国民がすべての公的事項を共有できるようにせねばならない。今後大きな行事が行われる場合、参加者数が二、三〇〇人に限定されるようなことはもはやありえず、まさに全国民が参加する行事となるであろう。ラジオ放送は、北と西を、南と東を、カトリックとプロテスタントを、プロレタリアとブルジョワと農民を統一し、ドイツ国民を一体化するという高い目的のための手段となる」。

しかし、ラジオ放送を宣伝省の管轄下に置いて統制したとしても、肝心のラジオ受信機が普及しないかぎり、政権の望むメッセージを多くの国民に届けることはできない。そこで、ゲッベルスは安価なラジオ受信機の生産を電機メーカーに委託した。その第一号機が国民受信機VE301（Volksempfänger 301）であり、七六ライヒスマルクという安価で売られた（一九三三年時点で、卵一個＝約一〇ペニヒ〔〇・一ライヒスマルク〕、牛乳一リットル＝約一五ペニヒ〔〇・一五ライヒスマルク〕、鶏肉一キログラム＝約一・九ライヒスマルク、牛肉一キログラム＝約一・四ライヒスマルク）。301という数字は、ナチ党による政権掌握の日である一月三十日にちなんでいる。一九三三年五月、『フェルキッシャー・ベオバハター』紙に「ドイツ中が国民受信機で総統を聴く」という広告が掲載された（写真22）。

写真22　ラジオ受信機VE301の広告.

この絵の中心に大きく描かれているのが国民受信機VE301である。ラジオというメディアが権力の象徴となっていて、この受信機の姿が総統と同一であるという演出がなされている。大衆はその周りに群がって熱心に総統の声を聴こうとしている。ラジオ受信機のおかげで、ドイツじゅうにヴァーチャルな臨場感のある演説会場が出現した。一九三八年からはさらに廉価な三六ライヒスマルクの「ドイツ小型受信機三八式」（DKE38：Deutscher

Kleinempfänger）も売られた。これは巷《ちまた》では、「ゲッベルスの口」と呼ばれた。一九三三年から四三年の間に合計四三〇万台の国民受信機と二八〇万台の小型受信機が売れた。これは、ラジオを三人にひとりが持っていた計算になる。

このようにして、それまでよく行われていた行進とたいまつといったプロパガンダの演出法は少なくなり、その代わりにラジオの「総統演説」が工場や広場で流され、村へはスピーカー車が総統の声を運んだ。ただ、演説の放送数は一九三四年には半減した。ラジオで演説ばかり流すと、国民が演説に飽きてしまうことが判明し、遅くとも一九三五年以降、ラジオ放送では娯楽番組が多く流されるようになった。

2　総統演説の舞台

「ポツダムの日」（「国民的高揚の日」）

一九三三年三月二十一日、政権掌握後初めての国会が開かれた。場所はフリードリッヒ大王の墓のあるポツダム、日程は一八七一年にビスマルクが最初の帝国議会を開いた日である三月二十一日という具合に、ドイツ史に刻まれるべき舞台が用意された。神聖ローマ帝国《ライヒ》とドイツ帝国《ライヒ》という過去の二つの帝国を、ナチスドイツの第三帝国《ライヒ》と結びつける演出である。「古いドイツ」と「新しいドイツ」の「和解」が演出された。この「ポツダムの日」は、厳選されたラジオアナウンサーが実況中継し、行進曲なども効果的に用いられた。ヒトラーは、荘重に演説した。この式典を目にした参加者だけでなく、ラジオ中継でこの式典を疑似体験した国民も、大きな感銘を受けた。以後、この三月二十一日が「国民的高揚の日」とされた。

最初の国会演説――ナチ革命の始まり

国会議事堂は二月二十七日に焼失していたため、国会は国会議事堂とは趣の異なるクロル・オペラ劇場で開かれた。三月二十三日の最初の国会でヒトラーが行った演説は、「ポツダムの日」の荘重な演説とはまったく違っていた。ヒトラーはそれに先立つ数週間は背広を着ていたのに対して、この演説では褐色のナチ党服を着て登場した。議場の正面の壁は巨大な鉤十字の旗で覆われていた。この日は、「四か年計画」が示されて、議会承認のない立法権の行使をナチ政権に認める「全権委任法」案が審議される日であった。この法案に反対の立場を示したのは、社会民主党だけであった。

社会民主党党首のヴェルス（Otto Wels）は、「国民社会主義党のみなさんが社会主義的な政策を本当に行いたいのならば、全権委任法は必要ない。しかるにみなさんはみなさんのいう革命を継続するために、まずもって国会を排除したいとお考えだ。全権委任法が成立しても、みなさんは堅固な理念を打ち砕く権力を手にできるわけではない」と反対演説を行った。これは、ナチ政権下で最後の自由な演説となった。この演説に対してヒトラーは、「あなたたちが賛成票を投じることを私も望みはしない。あなたたちはドイツを自由な国にしたいと思うが、あなたたちを通じてドイツを自由な国にしたいわけではない」と答えた。ヴェルスの演説内容が事前に漏れていたので、ヒトラーはあらかじめ十分に反論の論理とことばを練ることができた。この日のヒトラーの答弁が修辞学的に最も巧みな例として有名なのは、そのためである。

それまでは「国民的高揚」というキーワードが意識的に使われていたが、全権委任法の審議では「国民革命」というキーワードが使われ、権力掌握のプロセスにおける革命的性格に重点が置かれた。「永遠の世界帝国」を建設するためには、「ロシア革命に比すべき偉大な革命」がふさわしいと考えられた。しかし、ヒトラーは「この数週間の間に見られたドイツ民族の高揚ほどに、規律をもって、しかも流血なしで行われた革命はほとんど存在しない」と述べ、ドイツの「革命」がロシアの場合と本質的に異なっていることを強調した。国民を同質化し、組織的に「人間を改造する」ことが目ざされた。「個人的幸福の時代は過ぎ去った」、「熱狂した大衆のみが管理可能であり、感情のない鈍感な大衆は共同体にとって最大の危険である」とヒトラーは述べた。「平和か戦争かの決定を下してほしい」という二者択一法で演説が終えられると、大喝采が起こり全員起立で国歌が斉唱された。これは、その後の国会の姿を先取りする光景であった。

このようにして四か年計画を遂行するための全権がヒトラーに与えられ、ヒトラーの独裁が始まった。七月十四日に「政党新設禁止法」が発布され、ナチ党が唯一合法な政党に位置づけられた。ヴェルスらの社会民主党幹部たちはその前に亡命し、プラハに拠点を置いた。

一九三三年六月の通達により、各地域にあったラジオ放送局がすべて、宣伝省の管轄下の「全国放送協会」に吸収され、ラジオも同質化された。七月には、「全国新聞会議」が宣伝省の管轄下に入り、ニュースの解説の仕方やことばの用い方が規制されるようになった。また、十月四日の「編集人法」により、編集に関わる事柄が宣伝省の直接監督下に置かれ、記事内容に対する統制がさらに強化された。十一月十三日に国会議員選挙が行われ、その結果国会議員はナチ党員だけとなった。

「国民労働の日」

国家的プロパガンダを継続的に可能にするために、ナチ政権はナチ的イデオロギーに合った記念日を設定した。「政権獲得の日」（一月三十日）、「英雄記念日」（三月十六日）、「総統誕生日」（四月二十日）、「運動犠牲者記念日」（十一月九日）などがそうである。階級闘争に関わるはずのメーデーは、「国民労働の日」という名称で民族共同体の祭日に変えられた。

一九三三年五月一日の初回となる「国民労働の日」では、五〇万平方メートルの面積のベルリン・テンペルホーフ飛行場に、ヒトラーのお気に入りの建築家であったシュペーアが大きな舞台を制作した。この日のヒトラー演説は、労働と経済に関する説明などはなく、その代わりに「民族共同体」の偉大さと歴史的意義を説いたものだった。「ヒトラー演説一五〇〇万語データ」によれば、ヒトラーはこの「民族共同体」という語を一九二〇年八月四日の演説以来用いているが（四二五回）、ナチ政権期前半（第二次世界大戦開戦まで）において最も頻繁に用いた（二〇九回）。

午後六時には一五〇〇万人がこの飛行場に集まっていた。このときの民族共同体の演出法が、その後のさまざまな記念日や式典の模範となった。行事演出の中心的役割はラジオに与えられた。催しはラジオで生中継され、国民は行進の様子を耳で聞いて疑似体験することができた。ラジオを所有していない人も聞けるように、ラジオを窓際に置くように新聞を通じて指示がなされた。空の上からは飛行船ツェッペリン号に乗ったレポーターが催しの様子を中継で伝え、この声は録音されて、翌日にはドイツ中そしてオーストリア中にラジオ放送により伝えられた。

一〇〇万人規模の参加者に式典を直接体験させるためには、計算されたラウドスピーカー網が欠かせない設備であった。テレフンケン社は新たにキノコ型ラウドスピーカーを開発していて、「国民労働の日」にこれが利用された。どの参加者からも七五メートル以内にラウドスピーカーがあるように、一〇〇台以上が設置された。このラウドスピーカーにより、大きな平地でもホールと質的に変わらない音響放射が可能となった。五〇万平方メートルの大空間を一つの声が支配した。

「平和演説」

ヒトラーは、少なくとも六年間はヨーロッパ列強と休戦状態を保たねばならないと考え、外国諸国と融和的な姿勢を採る方針を立てた。五月十七日の国会演説でヒトラーは、ヨーロッパの問題解決のために戦争を行うという手法を批判し、列強に軍縮を要求した。これはヒトラーの「平和演説」と呼ばれる。

ヒトラーは次のように言う。「ドイツ自らはヴェルサイユ条約をきちんと履行している。したがって、今日他国に軍縮を求める形で実際的な同権を要求する道義的権利がドイツにはある。ドイツはすでに軍備を縮小しており、この軍縮を極めて厳しい国際的監視のもとで実行したのである」。「それでもなおドイツは、国際レベルで一層の安全保障義務を引き受ける用意がいつでもある」。演説の最後は、次のことばで終えられている。「ドイツは、人類の誤謬《ごびゅう》の時代をそろそろ終結させて、世界中でお互いの同権が了解される道筋を見出したいと強く思っている。このドイツの不屈の意志を、他国にぜひとも理解していただければと思う」。

この平和演説は、約四五〇〇語からなる。この演説でよく使われている語は、次のとおりである。「民族、国民」（Volk）が四七回、「国民」（Nation）が一八回、「国家」が一六回、「政府」が一五回、「ヨーロッパの」と「平和」と「軍縮」が一一回、「解決」と「〜する用意がある」と「同じ」が一〇回、「同権」が七回（複合語も算入）。

この演説でヒトラーは、国際連盟脱退の可能性を示唆したにもかかわらず、とりわけ「ヨーロッパ」、「同権」、「平和」、「軍縮」、「解決」、「用意」などというキーワードをスローガン的にうまく使って、諸民族協調の代弁者というイメージを作り出している。理由を表す接続詞が一六回（denn「なぜならば」が一三回、weil「〜なので」が四回）用いられていることからわかるように、それぞれの主張に理由を挙げていて、論理性が高いように聞こえる文章になっている。

多くのイギリス人は、権力の座に就いてしまったヒトラーが、外交面でも『わが闘争』に書かれている綱領に従って行動するのではないかと心配していた。しかしヒトラーは、まさにイギリスが聞きたかった平和志向の内容を演説した。イギリスは、このヒトラー演説を受け入れた。ヒトラーがドイツを同等に扱うように要請したことは、ドイツ国民だけでなく、『ロンドン・タイムズ』（*The Times*）を含む世界中が支持し、ルーズヴェルト（Franklin Delano Roosevelt）はヒトラーの登場に「感激」さえしたという。ヒトラーはこの演説で、次のようにルーズヴェルトに言及している。「今晩受け取ったアメリカのルーズヴェルト大統領の提案に対して、ドイツ政府は心から感謝する。ドイツ政府は、大統領にご提案いただいた、この国際的な危機を克服する方法に賛同する用意がある。というのも、ドイツ政府の見解としても、軍縮問題の解決なしに経済的再建は結局のところ考えられないからである」。

形式的な演説

ヒトラーは、首相として大小さまざまな催しで形式的な演説をしなくてはならなくなった。

例えば、一九三三年七月三十日にシュトゥットガルトで開かれた第一五回ドイツ・スポーツ祭典でのヒトラー演説がそうである。この演説を記録している週間ニュース映画『ドイリヒ・週間トーキー』（*Deulig-Tonwoche*、八三号、一九三三年八月二日）を見ると、ヒトラーは原稿に視線を落とし、ただ原稿を読み上げているだけである。演説最後には、無理をして声を少し張り上げている姿が見て取れる。

「ヒトラー演説一五〇万語データ」の分析によると、ナチ政権期前半とナチ政権期後半とを比較して、それぞれの時期に特徴的な名詞は表5のとおりである。

ナチ政権期前半のほうに特徴的な名詞に、「表現」（**Ausdruck**）、「公言」（**Bekenntnis**）、「理解」（**Verständnis**）がある。この三つの語には、興味深い共通点がある。それはこれらが動詞から派生した名詞であり、これらの名詞の使用がいわゆる「名詞的文体（名詞構文）」につながり、ことばに形式性ないし書きことばらしさを与えるという点である。「名詞的文体」とは、意味内容の中核が動詞にではなく名詞にあることが支配的な文体のことを指し、日本語を例にしてわかりやすく言うならば、「論じる」の代わりに「議論に付す」、「作る」の代わりに「作成を行う」のように述べたり、「列車が恐ろしく遅れたこと」の代わりに「列車の恐ろしい遅延」のように述べるような傾向のことである。今挙げたドイツ語の例では、「〜を表現へもたらす」（**zum Ausdruck bringen**）、「公言を果たす」（**Bekenntnis ablegen**）、「理解を示す」（**Verständnis aufbringen**）のような表現をする。このような形式性、書きことばらしさは、ナチ

（ナチ政権期前半：1933年2月～39年8月）

順位	単　語	政権期前半の出現回数	政権期後半の出現回数	対数尤度比
1	Volk（民族、国民）	4,094	1,379	143.82
2	Kunst（芸術）	272	12	142.29
3	Nation（国民）	927	220	103.62
4	Werk（所業）	249	30	73.42
5	Künstler（芸術家）	101	1	70.77
6	Jugend（青少年）	175	15	66.87
7	Ausdruck（表現）	151	13	57.54
8	Bekenntnis（公言）	111	6	53.78
9	Idee（理念）	153	16	50.82
10	Bewegung（運動）	544	142	48.11
11	Arbeit（労働）	540	142	46.81
12	Nürnberg（ニュルンベルク）	73	2	43.69
13	Aufgabe（課題）	501	137	38.87
14	Ehre（名誉）	190	32	38.64
15	Partei（党）	441	117	37.31
16	Verständnis（理解）	108	11	36.60
17	Ausstellung（展覧会）	56	1	36.40
18	Auffassung（見解）	223	44	35.71
19	Reichsparteitag（全国党大会）	45	0	35.54
20	Geschlecht（一族）	71	4	33.81

（ナチ政権期後半：1939年9月～45年1月）

順位	単　語	政権期前半の出現回数	政権期後半の出現回数	対数尤度比
1	Krieg（戦争）	294	739	653.74
2	England（イギリス）	138	346	305.48
3	Front（前線）	40	185	235.41
4	Kampf（戦闘）	482	573	209.61
5	Churchill（チャーチル）	16	125	190.90
6	Soldat（兵士）	203	329	189.95
7	Engländer（イギリス人）	22	111	146.72
8	General（将軍）	30	116	135.24
9	Gegner（敵）	159	236	121.77
10	Weltkrieg（世界大戦）	55	135	117.22
11	Luftwaffe（空軍）	17	87	115.68
12	Westen（西部）	28	101	113.39
13	Osten（東部）	20	90	113.10
14	Feldzug（進軍）	3	52	95.57
15	Verbündete（連合軍）	13	67	89.35
16	Norwegen（ノルウェー）	4	50	86.65
17	Europa（ヨーロッパ）	226	252	81.78
18	Operation（作戦）	2	43	81.54
19	Winter（冬）	11	59	79.97
20	Polen（ポーランド）	93	144	78.54

表5　ナチ政権期の前半（上）と後半（下）の特徴語（名詞）.

政権期前半においてさまざまな国家的行事における演説に荘厳な印象を与えるためのものであったと言えよう。

「善良なアドルフ」

十月十四日、ヒトラーは国会演説で国際連盟から脱退する意思を表明し、国会解散を宣言した。夜には、これを説明するラジオ演説を行った。このなかでヒトラーは、ドイツがすでに軍縮を行っているのに、国際連盟の軍縮会議でイギリスとフランスが軍縮に応じないのは不平等であるという論理で、国際連盟からドイツが脱退することを正当化し、国民に「決裂か不面目か」という二者択一を迫った。十月二十四日のベルリンのスポーツ宮殿におけるヒトラー演説とともに、国際連盟脱退の是非を問う国民投票の選挙戦が開始された。この演説でヒトラーは、国民に支持されなければ自分は死を選ぶとまで明言した。投票日は十一月十二日と定められた。今回は一党だけの選挙ではあったが、ヒトラーは手を抜かず各地を飛行機で遊説した。この選挙戦で配られた絵はがきには、「敵に包囲されたドイツ」とか、「植民地を奪われたドイツ」のように、ドイツが被害者として受動態で書かれている。開票の結果、投票者の九五パーセントが国際連盟脱退を是とした。ヒトラーは今や、ナチ党党首としてではなくドイツ首相として偶像化され、「善良なアドルフ」(**Der gute Adolf**)という名の床掃除用モップ収納容器が売り出されるほどのありさまであった。

十一月八日のミュンヘン一揆二〇周年記念式典の様子を、ニュース映画『ドイリヒ・週間トーキー』(九八号、一九三三年十一月十三日)が伝えている。ヒトラーがオデオン広場で行った演説が三〇秒ほど音声として流れ、そのあと、一揆が発生した「ビュルガーブロイケラー」でヒトラーは演説を行っている。この日の記念式典では制服姿であったヒトラーが、二日後の十一月十日にベルリンの労働者を前にした演説(二八二頁の演説⑦を参照)ではジャケットとネクタイという私服を着ていた。このジーメンス社の工場での演説でヒトラーは、自らが労働者の出身であるというイメージを強調し、また高すぎる演壇をあえて避けた(写真23)。

写真23　ジーメンス工場での演説(1933年11月10日).

レーム事件

この時期、国民の大多数が新たな出発に期待を寄せていた。一九三三年一月には六〇〇万人であった失業者数が、十二月の時点では四〇〇万人に減少していた。一九三四年一月三十日の政権掌握一周年記念式典の演説でヒトラーは、諸問題を「この短期間に解決した」ことを誇らしく語った。

しかし一九三四年に入ってしばらくすると、機密の情勢報告書に国民の不満が頻繁に登場するようになる。ナチ幹部に対する批判、ナチ政権が教会の組織や教義に対して介入することへの抵抗感、農地の売却や分割を禁止した「世襲農場法」への不同意などである。六月一日付けのカッセルのゲシュタポ（国家秘密警察）の報告書には、「これまではナチ党の側近が嘲りの対象であったが、最近では総統がジョークに登場する」とある。

こうしたヒトラーの声望の危機を打開するきっかけになったのが、第二革命を唱えた突撃隊幕僚長レーム（Ernst Röhm）が粛清された七月一日の「レーム事件」である。ナチ政権成立のあと、レームはナチ党の党名に入っている「社会主義的」な綱領を実現する「第二革命」を求めていた。レームはその革命実現のため、従来の国防軍に代えて、三〇〇万人の隊員を擁する突撃隊を国民軍とする構想を持っていた。国防軍との協力関係を望んだヒトラーにとって、レームは国家体制を固める上で大きな障害であった。

レーム粛清を釈明する演説が、七月十三日の国会で行われた。この演説は、大きな注目を集めた。演説冒頭でヒトラーは、今回の出来事を「われわれの歴史における悲しくかつ戒めとなる記憶」と位置づけたあと、重くるしい雰囲気のなか、「最後まで決断に迷った」ことに言及して、聞き手の肯定的な反応を狙った。法律を守る総統というイメージをうまく作りだし、法律を守らない悪を取り除く行動に出る必要があったと説明した。約八三〇〇語からなるこの演説中で、「行動」（Aktion）が一四回、「決断」（Entschluß）という系列の語が一二回、「困難な」（schwer）ということばが一一回、「必要な」（notwendig）が一〇回用いられている。ヒトラーは、国家において武力を行使する特権を、突撃隊にではなく国防軍に約束した。

プラハ（その後はパリ）に亡命した社会民主党指導部（Sopade。以下、「亡命社会民主党」）は、ドイツ国内にいる情報提供者から情報を得て、ドイツ国内の状勢分析を国際的に発信する『ドイツ通信』（*Deutschland-Berichte*）を、一九三四年四月から一九四〇年四月まで月刊で刊行した。この『ドイツ通信』には、七月十三日のヒトラー演説について国民が肯定的に評価していることが報告されている。例えば、「ヒトラー演説は、ヒトラーが鉄の手で断固とした処置を採る強くて精力的な男であると思わせた。最近の出来事で、ヒトラーの個人的声望は高まった」という報告がドレスデンから上がっている。そして『ドイツ通信』は、次のように総括している。「初めはヒトラーに批判がなされることがあったが、国会演説のあとすぐに変化が生じ、ヒトラーを擁護する雰囲気が再び高まった。以前は批判的であった人が今や、ヒトラーは強者をやっつけ弱者をかばう人物であると確信した。信じがたいことだが、ほとんどすべての報告がこの点で一致している」。

ラジオ共同聴取義務の代償

八月二日にヒンデンブルク大統領が死去した。この日にヒトラーは「国家元首法」を発効させ、自らが首相職と大統領職とを兼任する「総統」（フューラー）となった。これについて国民の信を問う国民投票が八月十九日に行われたが、八九・九パーセントの賛成にとどまり、ヒトラーは落胆した。

この国民投票の経過について、亡命社会民主党の『ドイツ通信』が、ラジオ・プロパガンダの方法に問題があったことを指摘している。『ドイツ通信』に書かれたザクセンからの報告は、次のようにある。「今回の選挙プロパガンダの重点は集会にではなく、今までにない規模の組織的なラジオ・プロパガンダに置かれた。そのため、集会に行く人は極めて少なかった。どの住民もヒトラー演説をラジオで聞かねばならなかった。しかし、このように強制聴取させることが功を奏したわけでもなかった。というのも、ヒトラー演説は一年半前からずっと同じことを繰り返しているだけで、実際には人々は演説をほとんど聞かないか、または演説のなかにある矛盾に辛辣《しんらつ》な寸評を加えるかのいずれかだった」。

この報告からは、そもそも演説内容に対して国民が飽きていたことがわかる。また、強制的に演説を聴かされることに対する反撥感がある。『ドイツ通信』に書かれた別の報告によれば、ラジオの所有者はすべての居住者にヒトラー演説の聴取を可能にすることが義務づけられた。どの家にもヒトラー演説の聴取に関する用紙が配られ、この用紙に住民は自分がどこで誰のところでラジオ中継を聞いたのかを書き込まねばならなかった。来るはずの居住人がラジオ聴取に来なかった場合には、病気や旅行といった理由を記入せねばならなかった。「投票前の金曜日のヒトラー演説の中継の際、工場の労働者たちは中庭に集合することになった。そこにはラウドスピーカーがセットされていた」。そもそも、集会における直接的なつながりという体験を、ラジオというメディアによって間接的に肩代わりさせるという方法には限界があったのである。

党大会という舞台

この前年の一九三三年八月三十日から九月三日まで、政権掌握後初のナチ党大会が「勝利の全国党大会」という名で開かれていた。ヒトラーはこの党大会の映画撮影を、映画『青の光』(一九三二年)で高く評価をしていたリーフェンシュタール監督(Leni Riefenstahl)に依頼し、『信念の勝利』(*Sieg des Glaubens*)というタイトルで映画を撮影させた。しかし、一九三四年七月に粛清された突撃隊幕僚長のレームがヒトラーと一緒に閲兵するシーンなどがあったため、この映画フィルムは廃棄された。

一九三四年は九月五日から十日に「意志の全国党大会」が開催され、シュペーアがニュルンベルクの党大会会場の設計を担当した。ツェッペリン広場(二〇万人収容)、ルイトポルト競技場(一五万人収容)、会議ホール(五万人収容)、ドイツスタジアム(四〇万人収容、未完成)、三月広場(五〇万人収容、未完成)などが設計された。また、シュペーアの提案で一三〇基のサーチライトが用いられて、夜間に「光のドーム」が演出された。ヒトラーは「千年帝国」を宣言して、「今後千年にわたってドイツでは革命は起こらない」とした。この党大会の様子を、リーフェンシュタール監督が再度撮影している。これが『意志の勝利』(*Triumph des Willens*)

である。

『意志の勝利』でリーフェンシュタールは、移動カメラによる撮影、望遠撮影、空撮など当時としては新しい技術を駆使して、党大会で行われた事柄の「構造とリズム」を芸術的にフィルムに収めた。この映画には、総統となったばかりのヒトラーが神格化されているように見えるシーンがある。『意志の勝利』は、翌年の一九三五年三月二十八日にベルリンでプレミア公開された。観客数は記録的に多かったが、これは集団鑑賞や鑑賞券の大幅な割引などの組織的な動員によるところが大きい。『ドイツ通信』の報告を見ると、子供たちは学校行事として強制的に『意志の勝利』を観させられ、作文も書かねばならなかった。報告には、「子供たちへの影響は一様ではなくさまざまである。その映画のことを、こんなくだらないものは見たことがないと言った子供もいた」とある。

『意志の勝利』のなかの演説

この『意志の勝利』では、五つのシーンでヒトラー演説を見ることができる。この五つを合わせると、約二三分間になるが、どの演説シーンも実際に行われた演説の一〇分の一から二分の一程度にまとめられたものである。

①全国労働奉仕団の点呼（ツェッペリン広場）、約二分間

②ヒトラーユーゲントの点呼（ヒトラーユーゲント・スタジアム）、約四分間
③政治指導者の点呼（ツェッペリン広場、二一万人）、約四分間
④突撃隊と親衛隊の観閲（ルイトポルト競技場、一一万人）、約三分間
⑤閉会式典（ルイトポルト・ホール）、約一〇分間

これらの演説シーンには、一分に一、二回の頻度で、六秒から二〇秒までの長さの拍手喝采の場面が挿入されている。

全国労働奉仕団の点呼における演説の最後の部分で、ヒトラーは次のように言う。「この瞬間に君たちのことを見ているのは、ニュルンベルクの何十万人だけではない。今回初めてドイツじゅうが君たちを見ているのだ。君たちが誇り高い献身を持ってこのドイツに奉仕するのと同様に、君たちの息子たちが誇り高い喜びを持って君たちの間を行進する姿が、今日ドイツにおいて見られるのだ」。

ここにあるような「AではなくB」という対比的構文は、二三分間の演説シーンで八回も使われている。また「Aと同様にB」という比較構文も、二三分間の演説シーンで四回使われている。この引用文で「Aが誇り高いBを持ってCする」という構文が平行的に繰り返されているが、このような平行的な構文の繰り返しは、二三分間の演説シーンの至るところに見られる。ヒトラーユーゲントの点呼での演説では、「われわれは〜を欲する」という文と「君たちは〜

ねばならない」という文との平行的な組みあわせが、六組分繰り返されている。「われわれはこの国民が従順であることを欲するのであり、君たちは従順さを学ぶ練習をせねばならない」、「われわれは国民がひ弱になるのではなくて頑丈であることを欲するのであり、君たちはそのために青春期に鍛錬せねばならない」といった調子である。結局はどの文も実質的にヒトラーによる指示・命令になっている。

このヒトラーユーゲントの点呼演説の最後は、次のようである。「君たちには、われわれとの一心同体以外はありえない。そしてわれわれの運動の大きな縦列が今日勝利を収めてドイツ中を行進するとき、君たちはその縦列に加わるのだ。われわれの前にドイツがある、われわれとともにドイツが進む、そしてわれわれのあとにドイツがついてくる」（写真24）。この引用文にある「A以外の（Aとは違う）」（anders als：英語の other than）のような比較構文は、二三分間の演説シーンで六回ある。最後に、「われわれの（われわれと）AにドイツがBする」という構文で並行的に三つ並べられたスローガンで、ヒトラーユーゲントの点呼演説全体が印象的に総括される。

夜間に行われた政治指導者の点呼での演説は、演壇の下方でカメラが半円形を描くように移動しながら、ヒトラーを下からのアングルで荘厳に撮影している（写真25）。突撃隊と親衛隊の観閲での演説を見ると、ヒトラーはレーム事件を踏まえて「突撃隊は他のいかなる党機関と同様に、この影と関わり合いを持たない」といった具合に、この事件を「影」というメタファーで捉えた後、突撃隊とヒトラーとの絆が強固であることを一連の構造物のメタファーを用いて説得的に話している。「われわれの比類ない運動の骨格に亀裂がひとつ生じたと考える人はみな、思い違いをしている。運動は、（私が今立っている）このブロックと同じくらい強固である。それは、ドイツにおいて何によっても破壊されない。［……］われわれ自身が長年築いてきたものを私または誰かが壊そうとしているなどと言うのは、正気を失った人間か大嘘つきかのいずれかだ」。

閉会式典での演説では、ヒトラーはちょうど演説の真ん中あたりで、「信念」と「闘争」とを対比させて語っている。「真に活動的な戦士となるのは、ほんの一部の人間だけであろう。

写真24　ヒトラーユーゲントの点呼.
出所：映画『意志の勝利』より（以下，写真26まで同様）.

写真25　政治指導者の点呼.

写真26　閉会式典.

彼らには、ほかの何百万もの国民同胞より多くのことが要求される。彼らには、「私は信じる」という単なる信念の告白では不十分であり、「私は戦う」という闘争の誓いが必要となる」(写真26)。このあと、一九秒間の拍手喝采と万歳の声が続く。

引き続いて、ヒトラーは次のように語る。「わが党は、未来永劫にわたりドイツ国民を指導する選りすぐりの集団となるであろう。わが党は、原理において不変、組織において鋼鉄のごとくかたく、戦略において柔軟かつ順応力があり、総体において結社と変わらない。その目標は、まっとうなドイツ人ならみな国民社会主義者になること！　最良の国民社会主義者のみが党同志であらねばならない」。

このあと、『意志の勝利』のなかに映し出されたヒトラー演説のなかで最長の、二〇秒間続く拍手喝采と万歳の声が挿入されており、この映画においてヒトラー演説として最も強調されている箇所がここであることがわかる。この閉会式典での演説におけるヒトラーのジェスチャーは、政権掌握直後、一九三三年二月十日のスポーツ宮殿での演説時と比べ、カメラを意識して「演じている」印象がさらに強い。

この全部で二三分間の演説シーンで頻繁に用いられている名詞は、「民族、国民」(Volk、二一回)、「ドイツ」(Deutschland、一八回)、「党」(Partei、八回)、「運動」(Bewegung、九回)であり、ナチ党員がドイツ国民のためのナチ運動を今後も支えていくよう呼びかけていることがわかる。閉会式典での演説の最後、つまりこの映画の最後で、ヒトラーはこれらのキーワードを用いて次のように語る。「この理念とこの運動があればこそ、わが国民は命を守り、永遠に存在することができる。国民社会主義運動万歳。ドイツ万歳」。

第五章　外交する演説　一九三五〜三九

一九三五年以降ヒトラーは、ヴェルサイユ条約での取り決めを破棄する一連の行動に出る。一九三五年一月、住民選挙でザール地方をドイツ領に戻したヒトラーは、三月に徴兵制を復活させ、五月の演説で政権掌握後初めて「生存圏」という語を用いて領土拡大を正当化した。一九三六年三月、ヒトラーは大きな賭けに出て、ヴェルサイユ条約で非武装地帯とされたラインラント地方へ軍を進駐させた。この是非を問う国民投票に向け、宣伝車、ポスターにとどまらず、郵便スタンプや赤いリボンに至るまで組織的プロパガンダの手段とされ、レトリック豊かなヒトラー演説のシーンが集められた映画も制作された。国民投票の結果、九八・八パーセントの信任を得た。

しかし、実際には国民はそれほどの支持をしたわけではなかった。一九三七年にはインフレと食糧不足のなか、政府のプロパガンダに対する不信感が国民の間に蔓延した。国内の不満をそらせるべく、ヒトラーは一九三八年三月にオーストリアを併合し、九月にはチェコスロヴァキアにズデーテン地方を割譲させた。この頃からヒトラー演説は、国内よりも国外に向けてのアピールという性格を強めていった。十一月にヒトラーは新聞界の代表者たちを前に秘密演説をして、新聞では「平和を強調しない」ように指示した。戦争開始まであと一〇か月を切っていた。

1　領土拡大の演説

「生存圏」への言及

一九三五年頃からヒトラーは、領土拡大という期待を国民に持たせるようになる。一九三五年一月十三日、ヴェルサイユ条約によって国際連盟の管理下におかれていたザール地方で、帰属先に関する住民投票が行われることとなった。このときのプロパガンダの様子について、亡命社会民主党の『ドイツ通信』には次のような報告がある。「ザール投票のため、ドイツ西部でのプロパガンダはとてつもなく強力である。とてつもない手段が用いられた。冬季救済事業（貧困者への慈善募金活動）の催し、印刷物、そしてラジオから流される行進曲（『ザールはドイツのもの』）。こうなると、プロパガンダの影響力は避けがたい。集団心理に強く働きかける演説」。投票の結果、九〇・八パーセントの住民がドイツへの再編入を支持したため、ザール地方は三月一日付けでドイツへ返還された。

三月にヒトラーは、ヴェルサイユ条約で禁じられていた空軍の保有と徴兵制の復活を宣言した。フランスは、ドイツの再軍備化について国際連盟に提訴し、五月二日にソ連と相互援助条約を結んだ。そのようななかヒトラーは五月二十一日の国会演説で、二回目の「平和演説」を行った。「静寂と平和以外、私はなにを望むことができるでしょうか」と、主にイギリスへ向けて修辞疑問文で訴えた。

続けてヒトラーは、「生存圏」について次のように語る。第一次世界大戦以前のドイツは、「限られた生存圏のなかでそれぞれに富を蓄積することができ、狭いドイツの生存圏のなかで自らの内的な生存権が保障されていた」。しかし、第一次世界大戦敗戦後は賠償という名のもとでドイツ経済が破壊され、「ドイツ国民は生存圏の狭さゆえに、食糧と原料の欠如に苦しんでいる」。ドイツ民族の「生存圏」の拡大という論理で東ヨーロッパへ領土拡大することを対外政策の目標として示したこのヒトラー演説が、平和演説であるはずがない。『ドイツ通信』に書かれた報告にも、「住民はもはや、ヒトラーの平和演説を信じていない。でなければ、何のためにこのような（軍事的）準備が必要だというのか」とある。ヒトラーが政権掌握後の演説のなかで「生存圏」（Lebensraum）という語を用いたのは、（「ヒトラー演説一五〇万語データ」によるかぎり）この演説が初めてである。この「生存圏」という語をヒトラーが演説で初めて使用したのは、筆者のデータでは、一九二八年十一月三十日である。その後ヒトラーは、一九三〇年に九回、一九三一年に一九回この語を演説で用いていた。さらに、（第二次世界大戦の始まりとなる）ポーランド侵攻を行った一九三九年に三四回と突出して多く用い、各戦線で防戦を強いられた一九四二年にもまた一八回と多用した。

イギリスはドイツの再軍備を容認し、六月に英独海軍協定を結び、イギリスが保有する艦船の三五パーセントを保有することをドイツに認めた。これは、イギリスがソ連に対して警戒心を持っていたがゆえの選択であった。九月十日から十六日までナチ党大会が開かれていたニュルンベルクに国会が招集され、「ドイツ人の血統および名誉を守るための法律」と「ドイツ国公民法」（合わせて、いわゆる「ニュルンベルク法」）が可決された。これにより、ユダヤ人から公民権が奪われた。

ラインラント進駐時の同時進行演説

ヒトラーの考えでは、来るべき東方でのソ連との対決のために、西方を安全にしておく必要があった。そのためヒトラーは、ヴェルサイユ条約で非武装地帯とされた（フランスと接する）ラインラント地方に陸軍を進駐させて、まず西方の安全を確保しようと考えた。一九三六年三月六日はナチ政権にとって緊張の走る日であった。翌日の国会演説で、このラインラント進駐を発表することになっていたからである。大きな賭けであった。ゲッベルスが三月六日の日記に、「総統は、真剣だ。総統は、国会演説の口述をしている」と書いているように、ヒトラーは国会で行う演説の文章を演説の前日まで何度も慎重に推敲した。演説内容が漏れないよう、宣伝省の役人は帰宅が許されなかった。

三月七日の国会演説でヒトラーは、「ヨーロッパの安全保障」のためにドイツはラインラントへ進駐すると宣言した。そして演説のクライマックスでは、「ドイツ西部でドイツ軍がまさに今、将来の平和のための駐屯を行いつつある」ことを述べた。演説がまさに終わろうとする午後一時に、ドイツ軍はケルンのホーエンツォレルン橋に近づいた。ライン川に架かるこの橋を渡りきれば、ケルン大聖堂に到達する。ナチ政権となって「三年経過した今、ドイツ（軍）がラインラントのなかを進み行くときに、ドイツが他国との完全な同権を獲得したと見なすことができる」と、ヒトラーはまさに国会演説と同時進行で行われているラインラント進駐について語った。この印象鮮やかな場面展開を国民は絶賛し、ヒトラーは自らの無誤謬性をそれまで以上に信じるようになった。

亡命社会民主党の『ドイツ通信』も、この国会演説の効果を認めている。「ヒトラーの演説はミュンヘンにある広場ケーニヒスプラッツでもラジオ中継されていて、多くの人が集まっていた。ラインラント進駐と国会解散は驚きであった。ヒトラーの挑戦的な語り方は、いつもはあまり彼に感激しない人にも感銘を与えた。ヒトラーの要求のなかに少しは正当性があると、誰もが感じた」。

票を求める郵便スタンプとパン

ヒトラーは、この三月七日の国会演説を次のように終えた。「ドイツ国民にお願いする。私の信念を強靭にして、そして国民の強い意志によって引き続き私に力を与えてほしい。私が国民の名誉と自由のためにいつでも雄々しく進み出て、国民の経済安定を実現できるようにしてほしい。そして、真の平和のために戦うことを支えてほしい」。

国会選挙とラインラント進駐の是非を問う国民投票は、ヒトラー政権の三年間の実績を問うかのような印象があった。選挙戦においては、国民がイエスと是認して、ヒトラーの後ろ盾となるか否かがヒトラーの運命を大きく左右するのだというイメージが繰り返し喚起された。国会選挙と国民投票は三月二十九日に行われることになった。

このヒトラー演説の翌日にすでに、投票を呼びかけるポスターが現れた。郵便車にはヒトラーの大きな写真が貼られ、郵便スタンプには「あなたの一票を総統に」という文字が押された。日常生活の多くがプロパガンダに供された。冬季救済事業の募金収集人は投票前の日曜日に、「三月二十九日にはあなたの総統にあなたの一票を」と書かれた赤いシルクのリボンを販売した。投票の三日前には、パン屋は「あなたがパンを持てるのは、あなたの総統のおかげ」と書かれたシールを渡され、どのパンにも貼らねばならなかった。

『ドイツ通信』の報告には、次のような投票キャンペーンの実態が書かれている。「某町村にて三月十七日、午後四時に大管区指導者の宣伝車が大きな行進音楽を流しながらわが町村へやって来た。みなが、好奇心から寄ってきた。車には、「われわれは平和、自由、栄誉を欲する。だからわれわれはヒトラーに投票する」と書いてあった。一五〇人から二〇〇人くらいが集まってくると、ヒトラーとゲッベルスの演説がレコードから流された。それは一五分続き、そのあと大管区弁士が演説して、選挙へ行くようにみなに要請した。『ドイツの歌』と『ホルスト・ヴェッセルの歌』の後、車は若者の歓声のなか去っていった」。

またバイエルンの東部地域からの『ドイツ通信』報告によると、「選挙前の一四日間に四〇〇〇回の集会があった。ラウドスピーカー車五〇台が、総統と大管区指導者らの演説をスピーカーから流した。どの町でも夕べになると、中央広場で選挙スライドが上映された。［……］工場では、労働者たちに向けて映画『仕事を始めよう』、『ドイツ。昨日と今日』などが上映された。映画館のない地域では、上映車が広場にやって来て、『ドイツ。昨日と今日』を上映した」。このような圧倒的な組織的プロパガンダが、投票日に九八・八パーセントのラインラント進駐支持を集めた。

国民の反応の虚実

しかし現実には、それほどの圧倒的多数の国民がヒトラーを支持していたわけではなかった。選挙戦さなかの三月十四日にミュンヘンのテレージエン緑地で行われた催しについて、『ドイツ通信』の報告をいくつか見ておこう。

ミュンヘンからの報告にはたしかに、「日に日に高まる選挙プロパガンダの展開により、ヒトラーの平和の主張が明らかに大衆の心を捉え、説得的な効果があった。いつもの不平家ですら、ヒトラーの正当性を認めた。［……］ヒトラーの演説は多くの人が好んで聞いた」と、高い評価がある。しかし他方で、次のような否定的な報告が多く見られる。「演説について前もって、新聞で大がかりな告知があった。四〇編成の特別列車、そしてトラックで、人が運ばれてきた。〔……〕テレージエン緑地への道中では、多くの人が町中へ流れ込んでいくのが目に付いた。好奇心のある者は、総統の到着を見ようとした。ここでもわかったのは、大衆の興味は総統の演説を聞くことよりは、大がかりなパレードを見ることであったことだ」。「二時間もずっと立っていたので、寒さのため、総統の演説を聞く者はわずか。演説が長すぎると文句を言う者も多かった。演説が終わり、党のパンフレットが配られたとき、民衆は誰ももうテレージエン緑地に残っていなかった」。この選挙戦における一般大衆の反応は、「工場における雰囲気は、一般的にヒトラーに飽きたとまとめることができる」というベルリンの通信員からの報告に集約できるであろう。

投票の二日前の三月二十七日に、エッセンのクルップ工場の機関車ホールでヒトラー演説が行われた。この演説に参加していた『ドイツ通信』の通信員は、次のように報告している。「ドイツ国民がみなヒトラーに陶酔していると外国が考えているならば、いちど本当のドイツ国民を見ないといけない。クルップの兵器工場での演説に私たちはいた。最前列の数列には、公務員やサラリーマンのナチ党支持者が座っている。指示を受けた者たちが必要な拍手の音を出す。しかし、ホールにいる労働者たちは微動だにせず立っている。これはあからさまな抵抗ではないが、あきらかにふたつの世界は断絶している」。

この演説をラジオ中継で聞くことは、国民の義務であった。総統演説を聞かなかった人が、解雇されることもあった。『ドイツ通信』によれば、家庭において総統演説が共同聴取されているかまでチェックされたという。「中継の間、ベルリンの街はふだんになく人影がなかった。その主たる理由は、工場の労働者が工場内に引き留められたことである。［……］私は、ラウドスピーカーからの演説を逃れるために、友人と喫茶店に入った。喫茶店でもラジオで演説中継があったが、私たちは演説途中に支払いを済ませて立ち去った。他の客も、その例を見て、同様に演説の途中で立ち去った」。「ベルリン。ツァイスの工場では、一回目の選挙告知の時にはラジオの共同聴取が組織されなかったので、三〇〇〇人の従業員のうち二五〇人しか参加しなかった。エッセンでの演説の際には義務とされたので、参加者が殺到した。しかし、静かな抵抗が行われ、驚くべきことに絶えず失神者が出て工場の外に運び出された」。「BMWの工場でも、選挙前の金曜日にヒトラー演説の共同聴取があった。午後四時に、機械製作場に全従業員が集まった。［……］ヒトラー演説の後、人はスピーカーのなかの歓声を聞くだけで、自ら一緒に歓声を上げることはなかった」。

選挙キャンペーン映画の演説

ラインラント進駐の是非を問う国民投票のために制作されたキャンペーン映画『平和を求めての三年間の闘争』では、政権獲得以後三年間の実績が示されている。この約五分半の映画には、二〇～六〇秒の短い六つのヒトラー演説がダイジェスト版ではめ込まれている（演説の転写テクストは二八二～二八四頁を参照）。それらの演説文のなかで重要な概念は、「民族、国民」

（Volk）、「連帯」（Geschlossenheit）、「力」（Kraft）、「世界」（Welt）、「平和」（Frieden）、「抵抗」（Widerstand）、「未来」（Zukunft）である。

レトリックの観点から見ると、この六つの演説に共通している手法は、対比法と平行法である。つまり、映画の制作に関わった人物たちは、数多くあるヒトラーの演説からほんの一シーンを抽出するに際して、対比法と平行法という手法が用いられた箇所を選んでいることになる。この対比法と平行法による表現が、聴衆の記憶にとどまりやすいという判断があったと考えることができる。対比法という観点で見るならば、この映画全体がすでに「三年前」と「今」とを対比する形で進行している。

一九三六年の二月か三月頃と思われる演説（演説④）では、「われわれはこの三年間に〜してきた」という表現が何度も並行して繰り返されている。「国民労働の日」の演説（一九三五年五月一日、演説③）では、次のように対比法のあとに平行法が続いている。「最終的な強さというものはそもそも師団や連隊、大砲や戦車の数にあるのではなく、政権にとっての最大の強さは国民自体のなかに、一致団結した国民、内面で連帯した国民、理想を確信した国民のなかにある」。この「AではなくてB」という表現形式の対比法によって、Bのほうに焦点を当てて際だたせている。白黒を明確にする対比法の二項対立の図式は、さまざまにあるはずの可能性を二つだけに局限し、その二つの緊張関係のなかで一義的な選択を強制する。そのあとで、「〜した国民」という相似的な名詞句が、「国民自体のなかに」あることを解説する目的で平行的に三回用いられている。一九三六年二月か三月頃と思われる演説（演説④）にも、「Aではなくて B」という対比法が用いられている。「私はポーズだけの人間ではなく、誠実できちんとした振る舞いをする人間である」。

平行法は、構造が平行的だからといって必ずしも類似した意味内容を連続させるわけではない。党大会でヒトラーユーゲントを前にした演説（一九三五年九月十四日、演説⑤）からは、「誰にも痛みを与えないこと、そして誰からも痛みを受けないこと」（Keinem etwas zu Leide tun und von keinem ein Leid erdulden!）という箇所が採られている。ここでは、構造としては「誰～痛み～こと」（kein と leid と動詞）が a - b - c／a - b - c と平行配置されているが、意味としては「痛みを与えないこと」と「痛みを受けないこと」いう対比的な内容が表現されている。

今回の国民投票の遊説初日の演説（一九三六年三月十二日、演説⑥）には、次の一節がある。「われわれははかない存在であるが、しかしドイツは存在しつづけるであろう。われわれは死ぬであろうが、しかしドイツは永遠に生きつづけねばならない」。ここでは、意味としては「Aであるが、しかし」という対比的な内容が表現され、「われわれ」と「ドイツ」との比較において、ドイツの存続の重要性が明確に主張されている。また、この一節は、構造としては「Aであるが、しかし B」という言語表現が平行して置かれているという点では、平行法の例にもなっている。つまり、対比法と平行法とが同時に合わされた手法となっている。

「われわれ」の連帯感

対比法の二元図式の基本構造は、「われわれ」を「われわれ以外」から区別する一人称複数の代名詞の多用とも関係する。味方陣営を「われわれ」で包括する語り方によって、連帯感を形成する説得法である。この映画の演説には、「われわれ」が一五回出現する。その際、初めは「私」で語っていたヒトラーが、すぐあとで「われわれ」に移行するという演説進行が少なからず確認できる（演説①、演説④、演説⑥を参照）。語り手であるヒトラーは、「われわれ」ということばで自分の立場が聞き手である聴衆の立場と同じであることを示すことによって、聞き手側から共感や安心感を引き出そうとする。

造船労働者を前にした演説（演説②）は、「われわれ」と「他国（彼ら）」とが比較構図で語られている。「われわれは世界の誰とも喧嘩するつもりはない。ある民族がしっかりとひとつの統一体に統合されそうと見るや、喧嘩をふっかけようと待ちかまえている他国もある。彼らは、われわれが分かつことができない強固な一枚岩となっていることを知るにちがいない。平和を欲する者は、それゆえ、この世界で誠実で品性ある民族に対して採るのと同じ態度で、平和と取り組まねばならない」。ただし、「われわれ」ということばは実際には多義的であり、聴衆を含む「われわれ」と聴衆を含まない「われわれ」とがある。このことに気づくことなく、聴衆は一体感を得る。

移動可能な大規模集会装置

一九三四年九月の党大会のあと、大規模な集会をどこでも開けるようにすべく、自動車キャラバン隊を結成する計画が提案された。その趣旨は、「大きな大衆集会が開かれる際に、その場にいる何十万人もの国民同胞に総統らの声を伝えること」である。ウルムのマギルス（Magirus）社が、この世界最大の車輌製造に関わった。

写真27　ドイツ全国自動車キャラバン.
出所：Epping-Jäger *et al.* (2005), p. 141.

一九三六年五月二十一日、灰色に塗られた「ドイツ全国自動車キャラバン隊」（Reichsautozug Deutschland）の車輌が、ケルンとデュッセルドルフ間のアウトバーン開通式で初めて披露された。これは四つの隊列からなり、全部で三九台のトラックを擁していた。キャラバン隊は自前で電気供給ができ、映画撮影用のスポットライト、増幅装置、四五人が仕事のできる事務用車輌を備えていた。その中心には、弁士・指揮車があり、六メートルの回転可能なやぐらがある。この弁士・指揮車を挟んで、ラジオ施設車、電報施設車、中継施設車、録音ユニット車、再生ユニット車がある。これらによって、演説者の可動性が飛躍的に高まった。このキャラバン隊を投入することによって「国内のさまざまな場所で同時に三〇万人規模の集会を催すことが可能になったのである」。

「ドイツ全国自動車キャラバン隊」の車輛は、一九三九年の開戦まで継続的に製造され、八〇台以上のトラックバスを擁して、隊列は全長三キロメートルを超えた（写真27）。

2　戦時態勢に備える演説

「平和」から戦時準備へ

一九三五年から再軍備の準備が本格的に進み、軍需工業が発展し雇用拡大につながったが、一方でインフレが進行した。一九三六年には、食糧不足を補うために外貨が食糧輸入に回され、工業原料の輸入が減少し、軍需産業が危機に陥った。一九三六年九月の党大会でヒトラーは第二次の「四か年計画」を発表し、戦争に備えて軍事力を高めることと同時に、戦争になった場合に食糧と原材料を自給自足できる経済態勢を確立することを目標として示した。経済よりも戦争準備を優先するこの計画は、財政赤字を累積させ、インフレをさらに増大させることとなった。

ヒトラーは、政権獲得後の演説のなかで「平和」という語をどのくらいの頻度で使用したのであろうか。「ヒトラー演説一五〇〇万語データ」によって調べた表が、表6である。

この表でわかるように、ヒトラーは一九三五年と三六年に「平和」を特に多く口にしている。

	西　暦	出現回数	1000語あたり出現頻度
前半	1933（２～12月）	55	0.86
	1934	21	0.52
	1935	56	1.10
	1936	99	1.47
	1937	39	0.37
	1938	69	0.80
	1939（１～８月）	45	0.89
後半	1939（９～12月）	39	1.21
	1940	41	0.69
	1941	25	0.49
	1942	23	0.50
	1943	5	0.43
	1944	15	0.78
	1945	1	0.49

表６　ナチ政権期のFrieden（平和）の出現頻度の変遷.
註：出現頻度の高い年は網掛け.

一九三五年と言えば一月にザール地方のドイツ返還をめぐる住民投票があり、一九三六年には三月にラインラント進駐をめぐる国民投票が行われた。このことを考えると、特にこれらの国民投票に際して「平和」プロパガンダの必要性があったものと思われる。一九三六年八月に開催されたベルリン・オリンピックは、ドイツを世界に平和な国としてアピールするのに絶好のイベントであった。ところが一九三七年の演説では、「平和」への言及が一気に減少する。ヒトラーの心のなかで、いよいよ戦時態勢への意識が高まったことを示している。

なお、「平和」が再度多用されるのは、ドイツ軍のポーランド侵攻（第二次世界大戦）が勃発した一九三九年九月から十二月の間であった。開戦が「平和」目的であることを主張する必要と和平提案のゆえである。

政権掌握四年後の不信

インフレと食糧不足のなか、ヒトラーが首相となって四年が経とうとしていた一九三七年一月、亡命社会民主党による『ドイツ通信』には、「宣伝省の約束と演説に対する信頼はゼロである。その他の演説についても同様」だと書かれている。一月三十日の政権掌握四周年のヒトラー演説は、「驚きの四年間は終わった。今や、同権を得たドイツが未来に向けて誠実にヨーロッパの課題に協力せねばならない」と語った。『ドイツ通信』の報告によれば、この「驚きの四年間は終わった」という箇所について、「差し迫る戦争に対する心配が減った」という解釈と、「総統のすべての演説は、差し迫っている戦争から目をそらすためのもので、今年中にどこかで戦争が起こるだろう」という解釈とがあった。

そのほか『ドイツ通信』には、四月二十日のヒトラー演説のラジオ中継の最中に、「奴が言っていることなど、もう知っている」と廊下で言って警察に連行された人物のことや、ナチ政権に厚い信頼を寄せていたはずのある家族が十月五日の冬季救済事業開始の演説を家のラジオで聞いているときに、「アドルフよ、矛盾は最も馬鹿な者にもわかる」という言い方で批判し、「馬鹿な話の流れるラジオを切れ」と言ったというエピソードなどが報告されている。

ムッソリーニのドイツ訪問演説

オリンピック・スタジアム建設の際に、ヒトラーの強い希望でスタジアムの横に大きなグラウンドが作られていた。これは「マイフェルト」と呼ばれ、三七五メートル×二九〇メートルの大きさで、二五万人が収容できるグラウンドであった。

このマイフェルトで、一九三七年九月二十八日、ドイツ訪問中のムッソリーニを迎えて、ヒトラーとムッソリーニのふたりが演説をした。この催しには、当時のドイツとイタリアの人口を合算して「一億一五〇〇万人の国民告知」という大げさな名が付けられた。『フォックス・トーキー・週間ニュース』(Fox Tönende Wochenschau、XI‐四〇号、一九三七年九月三十日)は、このときのムッソリーニのドイツ訪問の様子を映している。ここに記録されたヒトラーとムッソリーニの演説には、音声が入っている。ヒトラーの演説は全体の九割以上が収録されていて、八分間続く。握り拳と指さしのジェスチャーを適度に入れている。雨が強く降ったが、ムッソリーニがドイツ語で演説したこともあり盛り上がりを見せた。

この日の演説についてゲッベルスは日記に、「マイフェルト。総統と最後の準備を行う。総統の演説はとてもよくなった。われわれはもう一度演説を一緒にチェックする。総統が演説。名誉と平和を語る」と書いている。ヒトラーの演説原稿をゲッベルスがあらかじめ読んでいて、ふたりで内容の点検を行っていたことが窺える。

戦争計画

ヒトラーは、一九三五年以来、自分が重病だと思い、声のかすれを気にしていたという。そして一九三七年以降は重い心臓病に罹《かか》っていると思い込んでいた。一九三七年十一月五日、ヒトラーは、ブロンベルク国防大臣（Werner von Blomberg）、ノイラート外務大臣（Konstantin von Neurath）、各軍の最高司令官らと秘密会談を持ち、「これから述べることは、自分が死去した場合の遺言であると考えてほしい」と前置きしてから、「生存圏の問題解決」のために、東ヨーロッパで戦争を行う計画を披露した。ヒトラーの語った内容は、東部でソ連と戦うだけでなく、西部で英仏と戦う二正面戦争になる可能性を示唆していた。この点に同席者たちはためらった。

ヒトラーは、自分に残された時間が短いと思い込み、世界的大国としてのドイツの確立を急いだ。一九三八年二月四日、ヒトラーはスキャンダルを理由にブロンベルク国防大臣とフリッチュ陸軍最高司令官（Werner von Fritsch）を罷免して、国防大臣職を廃止するとともに、ヒトラー自らが国防軍最高司令官に就任し、陸海空軍を統括する権限を得た。こうしてヒトラーは、自らの戦争計画に批判的であった国防軍を掌握した。

オーストリアへの恫喝演説

一九三八年二月二十日のヒトラーの国会演説は、短縮せずに完全な形でオーストリアに向けて放送された最初の演説であった。ヒトラーは、「何千万ものドイツ人が国境により分断されているのは耐え難い」と述べ、オーストリアの併合に大きな関心を持っていることを隠さなかった。このオーストリアに対する恫喝《どうかつ》的な演説は、オーストリアのナチ主義者たちに力を与えた。「オーストリア問題で外国が妨害をすれば、稲妻のように速く行動する」とヒトラーは述べた。

『ドイツ通信』の報告によれば、「ヒトラーが威嚇的な演説をするとは誰も思っていなかった。そのため、戦争への不安が増した。パニック」。「演説の後、人は今まで以上に戦争が近づいていることを確信した。また、恐怖政治もきつくなるだろうと思った。なぜならば、ヒトラー自身が演説で、噂《うわさ》を流す者、不平を言う者には今まで以上に厳しく対処すると言ったから」とある。「私は、総統のこの国会演説を、外国向けに大量に印刷して広めるつもりだ」というゲッベルスのことばでもわかるように、戦争の危機が増大するにつれて、ヒトラー演説は国内的価値よりも外交的価値を増大させていく。

オーストリア併合

ドイツとオーストリアの二国は、ラジオでそれぞれ友好的な演説を放送することになっていた。しかし、オーストリア首相のシュシュニク（Kurt Schuschnigg）は二月二十四日に、二月二十日のヒトラー演説に対するセンセーショナルな対抗演説を行った。シュシュニク首相は三月九日にさらに演説し、併合をめぐり三月十三日にオーストリアで国民投票を行うと独断で発表した。ナチスドイツはこれを阻止すべく画策し、シュシュニク首相は内閣総辞職に追い込まれ、ヒトラーは三月十二日午前八時に、ドイツ軍にオーストリアへの侵攻を開始させた。

この日の夕刻に、自らが青少年時代を過ごしたリンツの市庁舎からヒトラーは演説した。「ドイツの指導者、首相である私は、この歴史を前にして、私の故国がドイツへ加入することを宣言する」。この演説のなかでヒトラーは、オーストリアをドイツの新しいメンバーとして迎えることを「新しい使命」と表現した。かくして、三月十三日にオーストリアはドイツに併合された。オーストリア併合に関する是非を問う国民投票と国会選挙を四月十日にドイツとオーストリアとで同時に行うこととなり、三月二十五日に選挙戦が始まった。ヒトラーは一四回の選挙戦演説のうち、六回をオーストリアで行った。選挙前日の四月九日にはウィーンで祝典「大ドイツの日」が行われた。結果は、オーストリアでは投票率九九・七一パーセントのうち九九・七三パーセントが賛成、ドイツでは投票率九九・五九パーセントのうち九九・〇一パーセントが賛成であった。

ビラ・プロパガンダ

四月十日の国民投票の結果がどうなるかについて国民は興味がなかった。にもかかわらず、ドイツ中がかつてない規模でめまいがするようなプロパガンダのなかで生活した。

バイエルンからの『ドイツ通信』通信員の報告を見てみよう。「選挙プロパガンダは、国民が観客としてほとんど興味を持たない劇である。今回はビラがすさまじく、数時間ごとに郵便受けにはビラが入り、列車の床一面が誰も読まないビラで覆われていた。ミュンヘンのテレージエン緑地での演説に、工場労働者は仕事を止めてみなで行進して行かねばならなかった。大きい工場はこの時間を有給としたが、それでもさぼる従業員の数は今までになく多かった。参加した人数は公式発表では五〇万人だが、実際は二〇万人くらいだ。不屈の精神の持ち主たちは演説の一時間前に雨模様で寒い天候のなかで立っていた。ラジオでは演説の間、拍手喝采の嵐であった。ヒトラーは展覧会ホールのなかで演説し、それがテレージエン緑地でスピーカーを通して流された。熱狂の嵐は、その三〇〇〇人収容のホールのなかでの出来事であり、外の緑地では拍手は起こらなかった。歓談しながらまわりをぶらつき、誰も演説を気にかけなかった」。

シュトゥットガルトからの報告にも、「選挙で当地は、今までにないくらい紙の洪水となっている。〔……〕今回、もらったビラをその場で捨てる人はいないが、みな関心のある振りをするだけで、すぐにポケットにしまい込み、家で出されるビラのゴミは半端でなかった」とある。

パンフレット・特別号・映画

国民投票に向けて、パンフレットも作成された。『これらは総統のおかげ』（*Das danken wir dem Führer!*）と題するパンフレットを見てみると、全三〇頁のなかに挿入されている二四のイラストにおいて、政権掌握直前の一九三二年のデータと三七年のデータとが視覚的に一目瞭然に対比されている（写真28）。同様に、投票日の三日前（一九三八年四月七日）に出された週刊イラスト紙『イルストリアター・ベオバハター』の特別号でも、「併合前」の生活に困窮しているオーストリア人老女の写真と、「今」のドイツでレストランでの会食に招待された貧困者の子供たちの写真が、明確に対比されている（写真29）。

この国民投票のために、選挙キャンペーン映画が再び制作された。『昨日と今日』というタイトルのこの映画は、『ヒトラー青年クヴェックス』（一九三三年）の監督として知られるハンス・シュタインホフ監督（Hans Steinhoff）、さらには、ハンス・ヴァイデマン（Hans Weidemann）の制作によるものであった。約一一分のこの映画では七つのヒトラー演説がつながれ、各演説の前に簡単なナレーションが入れられている（演

写真28　1932年と1937年の比較．国民所得（上）と婚姻数（下）．
出所：*Das danken wir dem Führer!*（1938），pp. 4–5.

写真29　オーストリアとドイツの生活の対比.
出所：『イルストリアター・ベオバハター』第13巻（1938年）4月7日付け特別号第2号.

説の転写テクストは二八〇～二八二頁を参照)。この映画での中心的概念は、「階層」(農民と労働者)、「一体性」、「保証」、「パン」(反意語として「飢え」)、「青少年」、「民族共同体」、「再建(復興)」である。

この選挙キャンペーン映画に切り取られたヒトラーの演説には、一九三六年の『平和を求めての三年間の闘争』と同様に、対比法と平行法が目立って用いられている。「Aではなくて、B」という表現形式による対比法は、ジーメンス工場の労働者を前にしての選挙遊説(一九三三年十一月十日、演説⑦)に見られる。「私にこの巨大な仕事を始める勇気をくれたのはインテリ層ではなくて、言っておくが、その勇気が持てたのは農民と労働者というふたつの層を私が知っていたからなのである」。また、冬季救済事業開始の際の演説（一九三五年十月八日、演説⑪）には、「あなたは空腹の経験が一度もないだろう。でなければ、あなたは空腹がどれほど厄介なことであるかを知っているはずだ」という一節があり、これは「A、さもなければB」という、AとBとの対比法である。またさらに、オーストリア併合に際しての国会演説（一九三八年三月十八日、演説⑬）にある「自らの故郷の人々をより大きな民族共同体へ導き入れたこと以上に誇らしい満足が、ひとりの人間にとってこの世界にありうるだろうか」という表現には、「AよりもB」という対比法が確認できる。

「国民労働の日」の演説（一九三七年五月一日、演説⑫）では、「分（断）」（Zer-）、「ともに」（zusammen-）および「共同体」ということばの繰り返しがあるだけでなく、「〜する輝かしい日」および「相互の＋名詞」という名詞句が平行的に置かれている。「かくして実際に、今日、この五月一日は、ドイツ民族が永遠の分裂、分断、相互の無理解と相互の争いから復興する輝かしい祝日である。新しい偉大な民族共同体が立ち上がる輝かしい日である。それ（この民族共同体）はあらゆる地域を越えて広がり、都市と田舎をともにまとめ、労働者、農民、インテリそして精神労働者をともにつなぎ合わせて、国の武力をなによりも勝ったものにする」。

そのほかに、全国収穫祭での演説（一九三五年十月六日、演説⑧）では、「日々のパンを確かにすること、そして自力で立つことを確かにすること」のように「〜を確かにすること」という平行法があり、ヒトラーユーゲントを前にした党大会での演説（一九三五年九月十四日、演説

⑨）には、「われわれが見るところ、未来のドイツの青少年はすらりとほっそりとした立ち姿でなければならない。グレーハウンド犬のように敏捷《びんしょう》に、皮革のように強靭に、そしてクルップ鋼のようにかたく」のように、「AのようにB」という構造が平行している。

ズデーテン地方割譲要求演説

一九三八年九月六日から十二日まで、「大ドイツ」というスローガンのもとナチ党大会がニュルンベルクで開催された。オーストリア併合で侵略行為を一気に加速させるヒトラーは、党大会最後の日となる十二日の演説で、サン＝ジェルマン条約とヴェルサイユ条約によってオーストリアからチェコスロヴァキアに割譲されたズデーテン地方をドイツへ「返還」することを要求した。ヒトラーは、チェコのズデーテン地方で「圧迫を受けている」ドイツ系住民について「同胞保護」の名のもと、次のように述べた。「私は、チェコスロヴァキアの三五〇万人のドイツ人に対する圧迫が停止され、民族自決の権利が尊重されることを要求する」。

『ドイツ通信』には、「ニュルンベルクのヒトラー演説は驚愕をもたらした。それまでは、「ヒトラーは戦争を望んでいないし、また戦争をするのは危険がないときだけだ」と人は言ってきた。しかし、この演説の後は、どの人も（戦争が起きると）本気で考えるようになった」と報告されている。人々は、ヒトラーの行っていることが戦争の準備であるという印象を強くした。今回はイギリスとフランスが黙っていないであろうから、戦争はもう不可避だと考えられた。

その戦争への緊張の高まりのなか、九月二十六日のスポーツ宮殿でのヒトラー演説に世界の注目が集まった。「今までにないほど吠えたてる金切り声」のヒトラーは、「チェコスロヴァキアはこの要求を呑むか、それともわれわれがこの自由を自ら取りに行くかのいずれかだ」と、得意の二者択一法で迫った。十月一日を期限とする最後通告であった。このズデーテン地方の割譲要求はヴェルサイユ条約を修正する最後の要求であると、ヒトラーは明言した。ゲッベルスは、ヒトラー演説の前の導入演説で最後に「総統よ、命じてください、私たちはあなたに従います」というスローガンを用いて、ヒトラーの後ろには国民全員がついているというイメージを植えつけようとした。

国民全員がヒトラーの命令に従うという点をめぐって、『ドイツ通信』には次のような報告がなされている。「彼の後ろには国民全員がいるという主張は、お話にならない。それにはいくつも証言がある。ある女性が、「きのう彼がまた吠えるのを聞きましたか。私は彼の後ろについてはいませんよ」と言った」。また、ヒトラーがチェコスロヴァキアに対して行った恫喝について「工場での厳しい監視にもかかわらず、嘲笑的な論評を述べる人がいた。以前では強制収容所送りの恐怖から考えられなかったことだが、労働規律のゆるみが出てきた」とも報告されている。

この演説翌日の九月二十七日、交渉により平和を維持するという対独宥和政策をとっていたイギリス首相ネヴィル・チェンバレン（Arthur Neville Chamberlain）は、ヒトラーに緊急の会談を提案し、翌二十八日にヒトラーはそれを受諾した。二十九日、イタリア、イギリス、フランスの首相がミュンヘンに集まり、ヒトラーと会談をし、その結果ズデーテン地方をドイツに帰属させる「ミュンヘン協定」が調印された。十月一日にドイツ軍が、ズデーテン地方へ侵入を開始した。これで、戦争は回避された。ヒトラーの人気は高まったが、これはむしろ戦争が回避されたことへの反応であった。

平和プロパガンダの中止

十一月九日夜から十日未明にかけて、ドイツ全土で組織的なユダヤ人商店への迫害、シナゴーグへの放火、ユダヤ人の逮捕などがあった。襲撃された商店の割れたガラスが街路を覆い輝いていたことから命名された、いわゆる「水晶の夜」である。この十一月十日に、ヒトラーは新聞界の代表者たちを前にして秘密演説を行い、今までのように平和に言及するのを止めて、国民の心を戦争の準備に向けないといけないと語った。「今年プロパガンダを通じて［……］果たしたいと考えている課題がいくつかある。まずは、ドイツ国民に徐々に準備をさせることである。この数十年間にほとんど平和ということばだけを口にしなければならない事情が私にはあった。ドイツの平和の意志と平和の意図をいつも強調することで、私はドイツ国民のために少しずつ自由を勝ち取り、国民に対抗手段を与えることができた［……］。そのように数十年にわたって行われた平和プロパガンダには、憂慮すべき面がある」。こう述べて、ヒトラーは新聞において「平和」を強調しないようにする方針を伝えた。すでに見たように（一九〇頁の表6を参照）、その前年となる一九三七年にすでに、ヒトラーの演説のなかで「平和」への言及が減少していた。

政権掌握六周年になる一九三九年一月三十日の国会演説で、ヒトラーは次のように語った。「私は今日、再び予言者でありたいと思う。もしもヨーロッパ内外の国際金融ユダヤ人たちが、もう一度諸国民を世界大戦へ突き落とすようなことがあったならば、その帰結は、世界のボルシェヴィキ化でもユダヤ人の勝利でもなくて、ヨーロッパにおけるユダヤ人種の絶滅となるであろう」。このなかの、「私は今日、再び予言者でありたいと思う」という表現は、巧みである。まずは「今日、再び」と言うことで、今まで何度も予言してきて過去に実績があることを示し、他方で「予言」という語によって未来を事実として指し示している。ヒトラー自身は平和を望むのだが、とりわけアメリカが戦争へと追い立ててくるという論理を使い、ルーズヴェルト大統領をドイツの主要な敵として描き出した。ルーズヴェルト大統領がチェコスロヴァキアに代わって行った演説内容が、ドイツに対する脅威の証拠として示された。

イギリスの敵性

この演説でヒトラーは、イギリスのドイツ語放送が耳障りで不快であると抗議した。一九三八年九月のチェコスロヴァキアに対するズデーテン地方割譲要求以降、イギリスはラジオ放送でドイツ語によるニュースを流していた。この放送を、ドイツ国民は好んで聞いていた。『ドイツ通信』には次のような報告がある。「たいていのラジオ聴取者は、外国の放送を通じて実際の出来事を知っている。しかしヒトラー演説の数日後に、イギリスのドイツ語放送が消えた。これが一時的なのか、ヒトラーの恫喝に驚いたものなのかは、まもなくわかるであろう」。他方で、この件で結果的にイギリスのドイツ語放送に注目が集まり、反体制側の人間としてはそれがよかったと思うという意見もあった。

チェコスロヴァキアからズデーテン地方を割譲させたあと、ヒトラーは一九三九年三月にはプラハへ侵攻しチェコスロヴァキアをドイツの保護領とし、さらにヴェルサイユ条約で国際連盟の管理下に置かれたダンツィッヒの返還とドイツがポーランドに割譲したポーランド回廊(西プロイセンとポーゼン北部)を通ってドイツ本国と東プロイセンを結ぶ治外法権通路の開設をポーランドに要求した。

ここに至り、イギリスはようやく宥和政策を放棄し、戦争準備を開始した。三月三十一日にイギリス首相チェンバレンは、演説のなかでポーランドに独立の保証を与え、戦争の可能性に言及した。その翌日四月一日、ヒトラーはヴィルヘルムスハーフェンでの進水式で演説を行った際に、イギリスがポーランドに保証を与えたことを理由にして、英独海軍協定の破棄を示唆した。

「イギリスの封鎖政策」を非難する際にヒトラーは、第一次世界大戦時にイギリスが北海を封鎖して、ドイツへ食糧や原材料が入らないようにしたときに用いられた「包囲」(Einkreisung)ということばを再利用した。ドイツが地形的に北にしか海を持たないために損をしているという、昔からのドイツ人のコンプレックスにうまく訴えた。このスローガンは、何か月かはドイツのプロパガンダにおいて重要な役割を演じた。ゲッベルスは、この「包囲」という概念によって、ヒトラーの外交政策の攻撃性が、脅威に対して必要な防衛的なものであるかのように描いた。四月上旬に宣伝省は、イギリスをドイツの最も危険な敵として示すよう報道機関に指令を出した。

開戦前最後の演説——ルーズヴェルトとの対決

四月十四日、ルーズヴェルトはヒトラーとムッソリーニに書簡を送り、ヨーロッパ諸国と中東の三一か国に期限一〇か年の不可侵保障を与えるよう要求した。多くのドイツ国民は外国放送を通じてこの書簡の内容を知り、アメリカがヨーロッパと関係を持とうとしていることに強い印象を受けた。多少ともナチに批判的であった人たちはこれを歓迎したが、ナチ政権はこれに危機感を持ち、新聞において激しく拒絶した。

ヒトラーは、四月二十八日の国会演説でルーズヴェルトの書簡に回答した。この演説でヒトラーは、イギリスを批判すると同時にイギリスに友好的感情も示した。ポーランドに対しても交渉の用意があると請け合い、「国際的な戦争煽動屋」を批判した。そのあと、ルーズヴェルトへの反論を二一項目に分けて、ドイツの実績も挙げながら一つずつ細かく回答した。

この演説は国民に対して大きな効果があった。この演説について『ドイツ通信』には、次のような報告がある。「昨日のヒトラーの演説は、（国内政治的に見て）ヒトラーが行ったなかで最もよくて、最も効果のある演説のひとつであったと私は思う。ヒトラー演説で最も効果があったのは、ヴェルサイユ条約に対して新たに何度も告発を行ったことだ。ヴェルサイユ条約を体験していない青少年に、これらの告発が効果があったのは不思議ではないが、それより年長の者にも効果があったのだ。その種の内容はすでに二〇年も前から聞いていたはずなのに、彼らはあたかも昨日それを初めて聞いたかのようであった。ヴェルサイユ条約が不当であることを、みなが新たに確信した。「『残念だが、ヒトラーの言うことは正しい。もしわれわれがヒトラーの外交努力の半分でも行っていたなら、今頃ヒトラーなどいなかったであろう』と、私の同志が言った」。この国会演説以降、ルーズヴェルトのメッセージに対するドイツ国民の評価は否定的になり、アメリカはドイツの問題に介入すべきでないという考え方が次第に浸透していった。

この演説のなかでヒトラーは、英独海軍協定とポーランドとの相互不可侵条約を廃棄した。かくして、ポーランド侵攻へのカウントダウンが始まった。

「バイエルンの」「運動」から「ヨーロッパの」「戦争」へ

「ヒトラー演説一五〇万語データ」によると、ヒトラーが演説のなかで用いた名詞について、ナチ運動期とナチ政権期とを比較すると、それぞれ表7（次頁）のような名詞が特徴的であることがわかる。

ナチ運動期のヒトラー演説に最も特徴的な名詞は「人間」（Mensch）である。この名詞がナチ政権期のヒトラー演説においてまれになったのは、ナチ政権期には「人間」が「民族、国民」（Volk）、「国民」（Nation）、「兵士」等の語で呼ばれ、「人間」という全称が好まれなかった可能性を示唆している。ナチ運動期のヒトラー演説に二番目に特徴的な名詞は、まさに「運動」である。

一方、ナチ政権期のヒトラー演説に特徴的な名詞は、「国防軍」、「兵士」、「戦争」、「空軍」、また「ポーランド」のように戦争に関わる名詞、「提案」、「ルーズヴェルト」、「チャーチル」、「大統領」のように外交に関わる名詞、そして「指導（部）」、「国、帝国」（Reich）、「国、土地」（Land）、「共同体」のように、政権と国家に関わる語である。最後に挙げた「共同体」に注目してみると、この語の直前に来る語として「新しい」が頻繁に用いられている。「新しい」共同体について、政権期のヒトラーは語っていたのである。「ヨーロッパ」という名詞は、とくにヨーロッパの「安定化」という文脈で語っている。「課題」、「状況」のように解決すべき事柄に関わる名詞も、ナチ政権期のヒトラー演説に典型的な名詞となっている。「規模」は、物事をその大きさで量的に価値評価するヒトラーの考え方の表れと解釈できよう。

（ナチ運動期：1920年８月〜33年１月）

順位	単　語	ナチ運動期の出現回数	ナチ政権期の出現回数	対数尤度比
1	Mensch（人間）	3,205	1,276	547.04
2	Bewegung（運動）	1,869	686	376.85
3	Partei（党）	1,599	558	353.97
4	Boden（土壌）	640	116	311.70
5	Stresemann（シュトレーゼマン）	241	1	281.24
6	Majorität（多数派）	225	2	253.45
7	System（体制）	362	40	236.27
8	Republik（共和国）	260	13	231.66
9	Volkspartei（人民党）	219	6	220.05
10	Begriff（概念）	490	105	205.78
11	Marxismus（マルクス主義）	368	57	201.53
12	Jude（ユダヤ人）	430	89	186.63
13	Kraft（力）	1,457	641	183.45
14	Bürgertum（市民階級）	295	38	181.60
15	Idee（理念）	551	169	150.48
16	Nationalismus（国民主義）	185	13	149.18
17	Kopf（頭）	353	77	145.70
18	Papen（パーペン）	132	2	142.65
19	Wahl（選挙）	252	42	130.98
20	Tagesfrage（日々の問題）	116	1	130.92

（ナチ政権期：1933年２月〜45年１月）

順位	単　語	ナチ運動期の出現回数	ナチ政権期の出現回数	対数尤度比
1	Wehrmacht（国防軍）	14	252	304.08
2	Soldat（兵士）	157	532	288.72
3	Europa（ヨーロッパ）	147	478	249.26
4	Vorsehung（摂理）	25	238	239.88
5	Frau（女性）	63	312	228.22
6	Krieg（戦争）	579	1,033	224.43
7	Churchill（チャーチル）	0	141	222.00
8	Roosevelt（ルーズヴェルト）	0	140	220.43
9	Frieden（平和）	181	490	208.89
10	Reich（国，帝国）	615	1,036	197.74
11	Aufgabe（課題）	297	638	196.27
12	Polen（ポーランド）	39	237	195.67
13	Land（国，土地）	335	671	183.07
14	Gemeinschaft（共同体）	114	353	175.13
15	Umstand（状況）	33	207	173.80
16	Luftwaffe（空軍）	0	104	163.75
17	Führung（指導〔部〕）	239	518	161.67
18	Ausmaß（規模）	7	124	149.11
19	Vorschlag（提案）	4	110	143.33
20	Präsident（大統領）	6	111	137.12

表７　ナチ運動期（上）とナチ政権期（下）の特徴語（名詞）.

次に、形容詞に関して特徴語の変化を見てみよう。ナチ運動期とナチ政権期を比較した結果は、表1（六三頁）にあるとおりである。

この表を見ると、ナチ運動期にヒトラーが語った「バイエルンの」という狭い地理的範囲が、ナチ政権期には「ドイツの」に、さらには「ヨーロッパの」へと拡大したことがわかる。また、ヒトラーがナチ運動期に多く口にした「国民の」（national）と「ドイツ国民の」という「国民」（Nation）に関わる概念が、ナチ政権期には「国民社会主義の」に変化したと言うことができる。

他方、ナチ政権期のヒトラー演説に特徴的な形容詞としては、外交、戦争に関わる形容詞（「イギリスの」、「ポーランドの」、「軍事の」）と並んで、文化的な形容詞（「文化的な」、「芸術の」）がある。また、「強力な」、「一度限りの（比類のない）」、「成功した」のように業績・成果を評価する形容詞も目立つ。「強力な」の直後に来る語を見ると、「課題」、「組織」、「所業」（Werk）、「労働」、「闘争」、「成功」、「業績」であり、この「強力な」が「課題」と「成果」に関わって使用されていることがわかる。同様に、「一度限りの」も、最も結びつきの強固な名詞は「業績」である。また、「誠実な」、「勇敢な」、「人間的な」という人間の評価に関わる形容詞も、ナチ政権期のヒトラー演説に典型的となっている。

ナチ運動期に特徴的な「民族主義的（フェルキッシュ）」（völkisch）という語は、「民族、国民」（Volk）という名詞の形容詞形である。ヒトラーは一九二五年刊行の『わが闘争』第一部のなかでこの形容詞を理論上明確に拒絶している。この「規定しにくくさまざまに解釈可能な概念を政治闘争のなかに持ちこむ」ことによって、闘争のための集団が空中分解する可能性が高くなるからである。にもかかわらず、筆者の「ヒトラー演説一五〇万語データ」を分析すると、この「フェルキッシュ」がナチ運動期に一三八回、ナチ政権期に三一回用いられている。このことは一見矛盾するように見える。

しかし、各用例におけるこの形容詞の意味をよく見ると、「フェルキッシュ」が「運動」、「理念」、「世界観」のようなイデオロギー的な抽象名詞と結ばれて、「民族主義的（国粋的）」という意味合いで用いられたのは一九二五年から一九二八年にかけてに限られ、その後は「生活」、「土地」のような具象性の感じられる名詞と結ばれている。「フェルキッシュ」が、イデオロギー性の低い「民族の」という意味で用いられる傾向が高くなっていったと解釈できる。このように脱イデオロギー化した「フェルキッシュ」の意味合いを、政権掌握後では「民族の（フォルクリッヒ）」（volklich）という形容詞が担い、これが政権掌握後にとって特徴的な語のひとつとなったと考えられる。「フォルクリッヒ」は、ナチ政権期に「生活」と六回、「共同体」と四回使われている。

文化から戦争へ

以下では、ナチ政権期の前半と後半との違いを見てみよう。名詞に関してナチ政権期前半とナチ政権期後半との比較をした数値が、表5（一六二頁）である。

これを見てわかるのは、第二次世界大戦開戦後であるナチ政権期後半では、名詞の特徴語すべてが戦争関連の即物的な名詞であることである。「戦争」、「前線」、「戦闘」、「兵士」、「将軍」、「敵」、「世界大戦」、「空軍」、「西部」、「東部」、「進軍」、「連合軍」、「作戦」、「冬」、「イギリス」、「チャーチル」、「イギリス人」、「ノルウェー」、「ヨーロッパ」、「ポーランド」。一方、ナチ政権期前半、つまり戦争が始まるまでの時期においては、「民族、国民」（Volk）、「国民」（Nation）、「党」、「全国党大会」という国家運営に関わる名詞と並んで、「芸術」、「芸術家」、「展覧会」という芸術（文化）に関わる名詞と、「所業」、「名誉」というポジティブな意味の抽象名詞が特徴語となっている。また、大きな失業問題を解決することが課題であったのに相応して、「労働」も特徴語に入っている。「名誉」と「労働」は、ナチ政権期前半の特徴語である「ニュルンベルク」での「全国党大会」のモットーにもなっている（一九三六年は「名誉の党大会」、一九三七年は「労働の党大会」と呼ばれた）。

「ひとは」から「わたしは」へ

今まで見てきたような、歴史的背景と比較的明確に関連づけることができる語彙の変遷と比べて、普通なかなか見えてこない変化もある。その最もよい例が、不定代名詞の「ひと」（man）と人称代名詞の使用法である。ナチ運動期とナチ政権期を比較すると、表8と表9のようになる。

（ナチ運動期）

順位	単　語	ナチ運動期の出現回数	ナチ政権期の出現回数	対数尤度比
1	man（ひと）	5,845	2,165	1157.94
2	du（あなた，君）	1,597	277	805.34
3	wir（われわれ）	14,526	10,263	169.74

（ナチ政権期）

順位	単　語	ナチ運動期の出現回数	ナチ政権期の出現回数	対数尤度比
1	ich（私）	7,724	8,829	406.89

表 8　ナチ運動期（上）とナチ政権期（下）の特徴語（man を含む人称代名詞）．

　この表からは、ヒトラーはナチ運動期には「ひと」（man）、「あなた、君」（du, dir, dich）、「われわれ」（wir, uns）を特徴的に多く使用したこと、それに代わってナチ政権期にヒトラーは「私」（ich, mir, mich）を特徴的に多く使用したことがわかる。ナチ運動期のヒトラー演説に親称の「あなた、君」が特徴語となっているのは、この時期においてはヒトラーが演説をするときの聴衆が仲間（党員）であることが多かったためであろう。ナチ政権期のヒトラー演説と比べて大きな有意差を示す不定代名詞 man は、一般的な三人称の「ひと」を表すことが基本である。しかし、man には「ひと」と言いながら、実際には暗に自分自身（一人称）を、さらにはまた相手（二人称）を指すこともある。この意味での曖昧さを含む man が、ナチ運動期において好まれたわけである。同じくナチ運動期の特徴語になっている「われわれ」も、これが聴衆を含むのか、それとも聴衆を含まないのかという点で、曖昧さが残る人称代名詞である。

　ナチ政権期のヒトラーは、このように曖昧さのある「ひと」と「われわれ」と言うことより

		西　暦	man	du	ich	wir
ナチ運動期	前半	1920	4.33	0.76	4.95	24.74
		1921	0.81	0.81	23.35	37.84
		1922	7.45	0.82	5.14	16.31
		1923	7.91	0.84	1.68	12.88
		1925	7.01	3.00	10.26	12.84
		1926	8.46	0.35	7.41	15.17
		1927	7.93	1.60	6.52	16.29
		1928	7.49	3.20	5.49	15.45
		1929	8.06	0.88	6.21	15.55
		1930（1〜3月）	5.78	0	2.37	24.32
	後半	1930（4〜12月）	5.76	2.28	6.18	19.68
		1931	4.52	2.91	7.82	23.39
		1932	6.05	0.69	19.39	16.55
		1933（1月）	6.52	0.96	19.45	21.91
ナチ政権期	前半	1933（2〜12月）	3.75	0.74	8.86	19.34
		1934	1.64	0.05	8.37	12.49
		1935	2.13	0.47	7.43	16.88
		1936	2.08	1.69	16.20	17.44
		1937	3.71	0.21	12.42	16.76
		1938	2.74	0.21	14.31	11.91
		1939（1〜8月）	2.50	0.06	12.71	9.12
	後半	1939（9〜12月）	5.01	0	14.26	13.11
		1940	4.82	0.50	16.28	16.16
		1941	3.18	0.12	13.90	13.72
		1942	3.18	0.19	15.48	17.21
		1943	1.63	0.09	9.62	11.94
		1944	3.89	0.05	14.99	11.31
		1945	3.43	0	11.29	5.89

表9　人称代名詞（manを含む）の1000語あたりの出現頻度の変遷.

註：出現頻度の高い箇所は網掛け. 1924年はヒトラーが刑務所に収監されていたため分析可能な演説なし.

も、「私が」考えることを明確かつ主体的に表現したことになる。ただし「わたし」についてより正確には、表9のように、ヒトラーはナチ運動期の一九三二年から一九三三年一月までの最重要な選挙期間中に頻繁にichを用いて、政権掌握直後の比較的安定した三年間は使用を控え、そのあと領土拡大に出た一九三六年以降は再び、ichを安定的な高い頻度で使用している。

第六章　聴衆を失った演説　一九三九〜四五

一九三九年九月一日の開戦演説で、ヒトラーはポーランド進攻を「平和のための攻撃」と称した。開戦から一年が経過した頃からは、戦争の早い終結を願う国民は演説の行間を読んで、ヒトラーの真意を探ろうとしはじめた。一九四一年一月の政権掌握八周年記念日の演説でヒトラーは力強く勝利の確信を語った。

しかしこれ以降、特にソ連との東方戦線が膠着《こうちゃく》状態に入った一九四一年秋以降、ヒトラーは演説する意欲を喪失し、演説の回数もめっきり減っていく。各戦線で防戦を強いられるなかで、真実を語ろうとしないヒトラー演説に国民は異議を挟みはじめた。国民は、法的に禁止されていた外国放送を聴取して、実際の戦況を知っていたのである。一九四三年二月にスターリングラードでドイツ軍が歴史的大敗を喫した後は、聴衆のいない部屋で語られたヒトラー演説がラジオ放送されるようになっていった。これは、一〇年前の政権掌握直後にヒトラーが失敗と感じたラジオ放送と同じことにほかならず、聞き手とつながりのない演説であった。一九四五年一月三十日に最後のヒトラー演説がラジオ放送された。総統地下壕で録音されたものである。この地下壕で最期を迎えるヒトラーには、国民に語るたったひとつのスローガンも尽きていた。

1　同意されない演説

開戦直後の演説

一九三九年九月一日午前四時四十五分、ドイツ軍がポーランドへ進撃を開始した。午前十時にヒトラーは緊急国会を招集して開戦演説を行い、「ポーランドは昨夜わが国を正規軍で攻撃してきた。われわれは反撃を余儀なくされた」と述べ、「ポーランドがわれわれにそうせざるをえないように仕向けた」という論理で開戦を説明した。九月三日には、イギリスとフランスがドイツに宣戦布告し、第二次世界大戦が始まった。国民の圧倒的多数が望まない開戦であったが、ヒトラーが用いた「平和のための攻撃」ということばは、ポーランド侵攻が終われば再び平和になるというイメージを喚起した。開戦のニュースが愛国心を高めることはなかったが、戦争の第一週に予想外の勝利を収めたため、国民の意識は楽観論に変わった。

ヒトラーはポーランド侵攻の成功後初となる演説を、十月六日に行った。この国会演説で「平和の提案」と「ヨーロッパの安全」という表現を用いて、イギリスとフランスに和平提案を行った。先に見た（一九〇頁の表6）ようにポーランド侵攻後の三か月間にヒトラーが「平和」ということばを多用しているのは、このことによる。第一次世界大戦敗北の「一九一八年十一月をドイツ史において繰り返さない」とするヒトラーは、イギリス首相チェンバレンが提案を呑まないならばドイツは戦うと述べた。しかし六日後、チェンバレンは下院演説でこれを拒否した。

十月十日に冬季救済事業の催しが、ベルリンのスポーツ宮殿で開かれ、ヒトラーが演説をした。親衛隊保安部が一九三八年から四五年まで各地の連絡員から情報収集した機密の『世情報告』（Meldungen aus dem Reich）によれば、このヒトラーの演説の間に、敵の飛行機がコブレンツ、フランクフルトなどの上空を飛んで、「すべてのドイツ人へ」というビラを投下した。それには、「ドイツでは、ヒトラーの演説に対するイギリスの回答が公にされたか。全文の公開をヒトラーに要求せよ」、「ヒトラーは和平提案を拒否した。ドイツ首相の演説で言われている提案は極めて不明確だ」と書かれていた。

十一月八日夜、ミュンヘン一揆記念の催しが、ミュンヘンのビュルガーブロイケラーで行われた。ここでヒトラーの演壇後ろの柱にはあらかじめ穴が開けられ、時限爆弾が午後九時二十分に作動するように仕掛けられていた。しかし、ヒトラーは急遽《きゅうきょ》ベルリンへ早く戻る必要ができたため、いつもよりも演説を短く切り上げて、午後九時十二分頃に演説し終えた。そのため、時限爆弾はヒトラーが会場を去ったあとに爆発した。ヒトラーの暗殺は失敗に終わった。爆弾を仕掛けたのは、エルザー（Georg Elser）という名の労働者であった。逮捕されたエルザーは、自分ひとりが考えて行ったことであると一貫して主張したが、ヒトラーはイギリスによる陰謀であると考えた。

外国放送聴取の禁止

ナチ政府は、ポーランドに侵攻したその日に、「臨時的ラジオ措置に関する通達」を出し、国民が外国のラジオ放送を聴取することを法的に禁じた。この通達は、次のような説明文で始まる。「現代の戦争では、敵国は軍事的な武器のみならず、国民に精神的な影響を与えて国民を無気力にするような手段も使用して戦う。そのための手段の一つがラジオである。敵国が送って来ることばはみな当然ながら嘘であり、ドイツ国民に損害を与える目的のものである」。第一条には、「外国の放送を意図的に聴取することは禁じられる。これに違反すると、禁固刑に処される」とあり、第二条には、「ドイツ国民から忍耐力を奪うような外国放送のニュースを故意に広める者は、禁固刑に処され、とくに悪質な事例においては死刑に処される」とある。

開戦と同時にこのように外国放送聴取を禁ずる通達を出したことは、それまでいかにドイツで外国放送が多く聞かれていたかを物語っている。例えばバイエルンのエーバーマンシュタット郡の一九三九年四月の報告書には、次のような報告がある。「外国のラジオ放送局によるドイツ語のニュースを聴きたいという気持ちが人々の間でますます大きくなってきているのは、憂慮すべきことである。そのため、田舎であっても、また資産のあまりない国民同胞であっても、簡易で安価な国民受信機ではなくて、外国放送がよく聞こえる高価で性能のよいラジオ受信機を欲しがるという事態に至っている。特に好まれているのは、シュトラースブルクとルクセンブルクからの放送である。また、イギリスの放送も聞かれている。モスクワとヴァチカンからの放送も聞かれることがある。その理由が、ただ単に無邪気な好奇心によるものか、それとも新聞とラジオにおけるわれわれ自身のニュース報道の正しさと網羅性に対する信頼の欠如によるものかは、確認するのが困難であろう」。外国放送聴取禁止の通達は、新聞によって、また映画の形で周知された。私生活を監視するこの通達により、ほどなく密告が横行することとなった。

三十年戦争との類比

開戦の時点でドイツには、実際のところ短期戦を遂行する能力しかなかった。戦争開始の数か月後に早くも、国民の間に不満の声が聞こえてきた。一九四〇年一月八日の親衛隊保安部の『世情報告』には、「前回の世界大戦のときには三年目で凍えねばならなかったが、今回は三か月ですでに同じくらいの惨状となっている。十分な準備なしで戦争を始めたのだという声が大きくなった」とある。それでもなお、この時期はまだヒトラーの演説には、国民に多少とも安心を与える働きがあった。一月三十日に、ヒトラーはスポーツ宮殿で政権掌握七周年記念の演説を行った。『世情報告』には、「その総統演説の効果と影響については特によい印象を国民が持ったと、全国から報告されている」と記されている。

ポーランド侵攻の翌月となる一九三九年十月から四五年四月二十六日まで、宣伝省で平日は毎日午前十一時から大臣のゲッベルスを囲んで会議が行われ、戦時のプロパガンダに関して議論され方針が決定されていた。この演説の一週間ほど前の宣伝省会議（二月二十四日）で、十七世紀の「三十年戦争」を「今後、新聞報道において民衆的な形で扱うようにする」という方針があらかじめ示されていた。三十年戦争とは、一六一八〜四八年にドイツを舞台にして繰り広げられた国際戦争で、ペストの流行と相まってドイツ国土の荒廃と人口の激減をもたらした戦争である。

この宣伝省会議の方針に合わせて、政権掌握七周年演説でヒトラーは三十年戦争時のことに言及した。また、この日の催しを映した週間ニュース『ウーファ・週間トーキー』（UFA Tonwoche、四九二号、一九四〇年二月七日）では、冒頭で三十年戦争について地図付きで国民にわかりやすく説明している。その際の論理は次のようなものである。ヴェルサイユ条約がドイツを破滅させた。ドイツがまた負けるようなことになれば、ヴェルサイユ以上のことになる可能性がある。敵はドイツの破壊を計画していて、ドイツは再び三十年戦争の時のようになる恐れがある。

「チャーチルは愚か者」

開戦後イギリスとフランスはすぐに軍事行動に出ることはせず、またドイツも西部攻勢に消極的であったため、しばらくの間は目立った戦闘がない状態が続いた。しかしその後、一九四〇年四月にドイツは、イギリス軍がスカンジナヴィアに上陸するのをあらかじめ阻止する口実で、ノルウェーとデンマークに侵攻した。五月十日にドイツは、フランス、オランダ、ルクセンブルク、ベルギーに侵攻した。同じ日、チャーチル（Winston Leonard Spencer-Churchill）がイギリス首相になり、戦時挙国一致内閣が成立した。敗北主義的であったイギリスは、チャーチルを得て自らの意志を取り戻した。イギリスは勝ち目のない戦争を断念するだろうと思っていたヒトラーは、チャーチルの不退転の決意に驚いた。

六月十四日、ドイツ軍はパリへ無血入城した。この日、チャーチルはラジオで演説し、ドイツ軍の襲来が差し迫っているが決して和解することはないとの決意を示した。七月二日にゲッベルスは、国会演説で凱旋報告とともにイギリスに和平提案するようヒトラーに進言した。しかしヒトラーはなかなか決心がつかず、演説は最終的に七月十九日に行われた。

この和平提案の演説でヒトラーは軍事力を誇示し、次のようにチャーチルに答えた。「私は予言者として言う。世界を股にかけた帝国［イギリスのこと］は戦争のために崩壊するであろうと。この戦いを続けるならば、戦う両者のどちらか一方が完全に破滅することを私は知っている。チャーチル氏はそれがドイツだと思っているかもしれない。しかし、私はそれがイギリスであることを知っている」。ヒトラーは、以前の演説でもあったことだが、戦争の結末を予言者として知っているという表現を使った。親衛隊保安部の『世情報告』には、この演説について次のように書かれている。「この演説は国民のすべての層に熱狂を持って受け入れられた。

総統演説は、雷雨の過ぎ去ったあとのように、国民の気分を一新させた。一番強い印象を与えたのは、「最後の理性への訴え」であった。イギリスに新たに和平を申し出たのは大きな驚きであった」。

和平提案演説の終了後、その金曜日のうちに宣伝省会議では次の方針が決定された。「夕方にはこの演説を放送したすべてのラジオ局の名前を挙げて、世界中が聞いているという印象を強調する。外国における総統演説の反響については、土曜の朝にはせいぜい非公式の部分的な反響しか来ないと考えられるので、外国での反響を伝える際は細心の注意が必要である。日曜日か月曜日よりも早く、外国の最終的な立場表明があるようには思えない」。

しかしイギリスは即刻に、和平提案を拒否した。翌二十日の宣伝省会議記録には、次のようにある。「今すでにイギリスから、総統演説に対して否定的で皮肉に満ちた拒絶的な意見表明が聞こえている。言語業務部は、総統演説の最重要な箇所をコメント付きで半時間程度の間隔で何度もイギリスへ送るべきである。チャーチルについて言及するときは、どの放送の前にも印象に残るフレーズとして、「愚か者が世界帝国を統治する。チャーチルは愚か者だ」ということばを置かねばならない」。このヒトラー演説からしばらくしてイギリス空軍による空襲が強まったため、イギリスに対する憎悪の念がドイツ国民の心に増した。

肉声が消えた『ドイツ週間ニュース』

トーキー映画の週間ニュースというジャンルは、すでに第一次世界大戦の頃からポピュラーで、『ウーファ・週間トーキー』、『ドイリヒ・週間トーキー』、『フォックス・トーキー・週間ニュース』があった。ナチ政権となって一九三五年に、これらの週間ニュースが宣伝省直属の「ドイツ映画ニュースオフィス」の管轄下に置かれた。戦争が始まり、それまでの週間ニュースが統合されて、一九四〇年六月中頃以降、『ドイツ週間ニュース』(*Die Deutsche Wochenschau*) という統一的なタイトルでウーファ社が制作するものとなった。その最初のものは、六月二十日の『ドイツ週間ニュース』で、これには以前からの通し番号で五一一号が振られた。

新生『ドイツ週間ニュース』の五本目に当たる一九四〇年七月二十二日の五一六号には、七月十九日の和平提案の国会演説が映されている。ナレーターは、「この歴史的な総統演説のことを約一〇〇〇のラジオ放送局が三〇の言語で放送した」と説明し、演説の内容を解説する。しかし、ヒトラーの肉声は聞こえてこない。アナウンサーが演説内容の概要を手短に伝えるだけである。それまでの週間ニュースではヒトラー演説には音声が付いていたが、これ以降『ドイツ週間ニュース』でヒトラーの肉声が流されることがなくなる。なぜそうなったのか知られていないが、ヒトラーが自らの声の衰えを気にしていたことと関連していると思われる。いずれにせよ、肉声をニュース映画で流させないという方針が、ヒトラーの意に沿ったものであることはたしかであろう。

演説の行間を読む国民

開戦から一年が経過した。西部戦線で圧倒的な勝利を収めたドイツは、次にイギリスを戦闘の目標とした。一九四〇年九月四日、ヒトラーはスポーツ宮殿で戦時冬季救済事業の開会時に行った演説で、ユーモアのある言い回しや巧妙な表現を盛り込んだ。

ヒトラーは怒りから、チャーチルやチェンバレンのことを「饒舌家《じょうぜつ》」とか「軍鶏《しゃも》」と呼び中傷した。イギリス国民にテロ攻撃を予告し、イギリスに一晩で「一〇〇万キロの爆弾」を降らしてやると豪語したが、演説の後で演説文を公表するときには、口にしてしまったこの数字が過大にすぎることに気がついて、「四〇万キロ以上」と書き直させている。この頃、話をしているときでも、それまで見られた専門的な知識の片鱗は見えずに、非現実な構想を口にすることがあったという。

親衛隊保安部の『世情報告』によると、この「総統演説は、国民の信頼感を高めた。その楽観的な内容と、イギリスについて語るときの辛辣な語り方が、とくに深い印象を与えた。こんなふうに総統が語るのは見たことがない。今こそイギリス軍の夜間攻撃に対して大きな報復を行うという総統の公的な説明は、満足感をとくに与えた。最も持続的な影響力をもったのは、イギリスの質問「それ（イギリス攻撃）はなぜ始まらないのか」に対して、総統が「安心せよ、それは始まる」と、明快に答えたことだ。これにより、いずれにせよ攻撃は始まる、しかもまもなく行われると、みな思った」。「安心せよ、それは始まる」という文は、流行語にもなった。この演説後は、ドイツ国民の注意はイギリスとの戦闘に向いた。

他方で、いったいいつになれば戦争が終わるのだろうかと、人々は演説文の行間を読もうとした。とくに、冬将軍（冬の厳しい寒さのこと）についてのヒトラーの発言が注目された。「冬将軍は当時役に立たなかったし、また今回も同様に役に立たないであろう。もしくは、万一そんなことになったとしても、今回も同様に役に立たないであろう」。このように、「万一そんなことになったとしても」（würde）という非現実を表す仮定法が用いられたので、実際には冬将軍が現れる前に、つまり冬が始まる前に、大攻勢が行われるだろうと多くの人が思った。また、「われわれは、彼らの町を消しゴムで消し去ることになるだろう」というなかの「消しゴムで消し去る」（ausradieren）という動詞は、とくに印象的な表現として国民の記憶に残った。

しかしこの演説の後、実際にはイギリスに対する決定的な攻撃がなかったため、二回目の戦争の冬を迎えねばならないという諦めの気持ちが、国民の間に広がった。十月二十八日の宣伝省会議でも、ゲッベルスはダンツィッヒとウィーンへ行ったときの見聞に基づいて、国民の間に落胆が見られることを指摘した。この演説の三週間後、ドイツは日本とイタリアとで「三国軍事同盟」を締結することになる。

十一月八日にミュンヘンの「レーヴェンブロイケラー」（Löwenbräukeller）で一揆記念式典

が行われ、このときのヒトラー演説がラジオ放送された。安全上の理由から場所を公にせず、また生放送ではなく録音が用いられた。この演説について、ゲッベルスは珍しく極めて否定的なコメントを日記に書き記している。「総統演説は、ほとんど反響がなかった。最初、総統はその演説を放送させたくなかった。しかし私が、放送するように主張してそうさせた。ハダモフスキー（「全国放送指導者」）はヒトラーの肩をもった。しかしもし放送しなかったならば、外交的なスキャンダルとなったことであろう」。

チャップリンの『独裁者』

ちょうど同じ頃の一九四〇年九月、ヒトラーをパロディーにしたチャップリンの映画『独裁者』（*The Great Dictator*）がニューヨークでプレミア公開され、十一月にはイギリスでも上映された。『チャップリン自伝』によれば、チャップリンがこの映画に取り組みはじめた大きな動機は、「あのおそるべき醜怪な化けもの、アドルフ・ヒトラーがせっせと狂気をかきたてていて、「戦争がはじまろうとしている」」という認識であった。チャップリンはこの映画のストーリーを作り上げるのに丸二年を掛け、一九三九年九月に撮影を開始していた。『独裁者』は、それまでのチャップリンの作品のなかで最高の興行成績を挙げるものとなった。

この映画は、チャップリンの最初のトーキー映画である。音声入りにした理由は、映画のラスト六分間の「独裁者の結びの演説」でチャップリンが演説という音声言語によって独裁者の非人間性を糾弾し、観客に新しい希望の世界を提示したかったからである。チャップリンは、演説というヒトラーの最大の武器を用いてヒトラーを糾弾するという手に出たわけである。

このチャップリンの「独裁者の結びの演説」には、「私たちは機械よりも、人間性を必要としています。私たちは賢さよりも、優しさと思いやりを必要としています」のような対比法と平行法の組みあわせ、演説後半部の「〜しましょう」（七回）、「〜してはいけません」（五回）という繰り返し、「私たちはお互いの幸福によって生きたいのであって、お互いの悲惨によってではありません」といった対比法や、「豊富」と「欠乏」、「暗闇」と「光」といった対比的語彙が見られる。さらには、「貪欲が人間の魂を毒しました」、「あなたたちは家畜ではない」のようなメタファー、「人間の憎悪が去り、独裁者たちは死ぬ」という断定的表現、「機械の心をもった機械人間」（machine men with machine minds）という表現のm音による頭韻法なども見られ、レトリックとして巧みな演説文に仕上がっている。

ブレヒトの戯曲『阻止することもできたアルトゥロ・ウイの興隆』

ナチスドイツから亡命していたドイツ人劇作家ブレヒト（Bertolt Brecht）が、『阻止することもできたアルトゥロ・ウイの興隆』（Der aufhaltsame Aufstieg des Arturo Ui）という戯曲を書き上げたのも、ちょうどこの頃であった。ブレヒトはこの作品のなかで、ヒトラーが権力を掌握し独裁体制を構築していく姿を、シカゴのアル・カポネをイメージしたギャング世界の寓話として扱った。この作品には一九三八年のオーストリア併合までが反映されていて、作品の最後で「一九三八年三月十一日ヒトラーは、オーストリアに侵入した。ナチスの暴力行為のもとに行われた選挙でヒトラーの得票は九八パーセントに達した」という字幕が現れる。すでに一九三四年頃にブレヒトは『阻止することもできたアルトゥロ・ウイの興隆』の構想を抱いていたが、書き上げたのはフィンランドでの亡命生活の最後にあたる一九四一年三月から五月にかけてであった。次の亡命先となるアメリカで上演するつもりでいたが、初演はブレヒト死後の一九五八年となった。

この作品の第七場（日本語訳では第六場）では、ヒトラーに模されているアルトゥロ・ウイ（ギャングのボス）が成り上がるのに際して、演説に大きな意味があったことが描かれている。芝居がうまいという役者がウイのもとに連れてこられ、ウイはこの役者から演説の仕方の個人レッスンを受ける。

まずウイは、シェイクスピア劇に出てくるような古典的な歩き方を練習する。居合わせた花屋のジボラ（ゲッベルスを模した登場人物）から歩き方が不自然だと指摘され、ウイは「きょうびじゃ、自然な人間なんかいない。おれは歩くときに、おれが歩いているということがわかるような歩き方をしたい」と答える。ウイはさらには、手を置く位置や腕の組み方、さらにまた座り方も教わる。何のために練習をするのかとジボラにたずねられたウイは、「下々の庶民のことを考えてだよ」と説明する。「大事なのは、大学教授とか、どこかの利口すぎる連中がどう思うかじゃない。小男がどうすれば大物を演じられるかが大事なんだ」。

最後に話し方についてウィは教わる。この役者は「民衆への演説の範」として、シェイクスピア劇のなかでシーザーの暗殺者ブルータスに対してアントーニオが行った演説を示し、それを音声にして話す練習をさせる。そしてこの練習の最後の頃になって、「情報によれば、ヒトラーは田舎俳優バージルに、誇張した熱弁と高貴な登場の仕方を手ほどきされた」という字幕が降りてくる。バージル（Fritz Basil）というのは舞台俳優で俳優指導もした人物である。ジャーナリストのオルデン（Rudolf Olden）は一九三五年に出版した『ヒトラー』（*Hitler*）のなかで、このバージルがヒトラーに演説の指導をしたと書いていた。それをヒントにブレヒトはこの第七場を書いたのである。ただし、このバージルが実際にヒトラーに演説指導をしたという主張には信憑《しんぴょう》性がない。

皮肉なことに、ブレヒトが『阻止することもできたアルトゥロ・ウイの興隆』を書き、チャップリンの『独裁者』が公開された頃からほどなく、ヒトラーの演説はその効果を決定的に失いはじめる。

最後の鼓舞演説

政権掌握八周年記念日となる一九四一年一月三十日に、ヒトラーはスポーツ宮殿で演説をした。ゲッベルスによれば、ヒトラーはこの日、珍しく気分が高揚していた。この演説でヒトラーは、イギリスを批判することに集中した。注目に値するのは、開戦以降初めて、ユダヤ人がことを起こすならヨーロッパにおけるユダヤ人の役割が危機に陥るだろうと言ったことである。「そのことを、今までの私の予言同様に、今日はまだ笑っていていい。しかし、私が正しかったことが、これから明らかになっていくであろう」。

親衛隊保安部の『世情報告』には、次のようにある。「一月三十日の総統演説は、どの国民にも理解でき、また方向を指し示す演説であった。今までで最も国民を鼓舞した。演説の効果は期待以上であった。開戦後で一番よかった演説だという意見がいたるところで聞かれた。昔からの党同志は、この演説を闘争時代の総統演説にたとえた。戦争継続への疑念、心配などは、勝利を確信した総統の詳述により完全に蹴散らされた。［……］ドイツの軍事力はまだ一般には知られていないという説明から、ドイツには秘密兵器があるという推測が強まった。［……］イギリスに言及したときの、ユーモアのある大胆な言い方も、今までになかったものである。イタリアについてオープンに物を言ったのは、イタリアとの友好関係の強さを示したものであり、国民のなかにあるイタリアに対する拒絶的な考え方を是正してみせた」。しかし、国民を鼓舞できた演説は、これが最後となった。

この演説を映した『ドイツ週間ニュース』（五四四号、一九四一年二月五日）を見ると、ヒトラーのクローズアップだけでなく、握り拳と威嚇的な指さしを交えたジェスチャーの様子が何度も映し出されている。ただ『世情報告』には、「『ドイツ週間ニュース』について、総統の声を聞かせないこと、総統のことばを聞かせずに、ただ総統の内的な興奮やジェスチャーを示したことに、いたるところから批判の声が出た。総統自身のことばよりもアナウンサーのことばのほうが効果があると言うのか」と書かれている。

気分の乗らない演説

『ドイツ週間ニュース』(五四八号、一九四一年三月五日)には、二月二十四日に「ホーフブロイハウス」で行われた党創立二〇周年記念の催しのヒトラー演説が映されている。しかしこの映像には、演説前と演説直後のヒトラーの姿しか映されず、演説中のヒトラーの姿は見えない。また、どのシーンをとってもヒトラーは覇気のある表情には見えない。

この一九四一年二月、ヒトラーはロンメル将軍(Erwin Rommel)をドイツ・アフリカ軍団の指揮官に任命し、北アフリカでイギリス軍に苦戦するイタリア軍を支援するために北アフリカへ派遣した。さらに四月には、政情が不安定化していたバルカン半島のユーゴスラヴィアとギリシャへ侵攻した。五月四日、ヒトラーは国会を急遽招集し、バルカン進軍勝利に関する内容の演説を行った。ゲッベルスの日記には、「総統演説は朝七時に予告され、世界が息を呑んだ。われわれは、すぐにすべての国に伝わるように急いで翻訳するように心がけた」とある。『世情報告』を見ると、「ドイツ兵士は今年も来年も、さらによい兵器を手にすることになる」というヒトラーのことばから、国民は一九四一年中には戦争が終わらないのではないかと懸念した。

この演説が映された『ドイツ週間ニュース』（五五七号、一九四一年五月七日）を見ると、ヒトラーが演説をする場面としては、視線を下に向けて原稿に頼っている印象の場面と、あくびをこらえるように見える場面（写真30）、そして最後にうんざりした表情で原稿を係の者に戻すシーンが映し出されている。もう大きな演説はしたくないとのヒトラーの気持ちが映されているように見える。

写真30　演説中にあくびをこらえるように見えるヒトラー.
出所：『ドイツ週間ニュース』557号, 1941年5月7日.

公共の場で演説を行うことが少なくなっていったことで、ヒトラーと国民とのつながりが減り、溝が広がっていった。大きな演説は、一九四〇年には九回、四一年には七回、四二年には五回しかなくなった。四三年は、九月十日のラジオ演説を除くと二回となっていく。

このバルカン進軍勝利の演説の六日後の五月十日、対ソ戦が始まる前にイギリスとの和平を成立させようと考えた副総統のヘスがイギリスへ単独で飛行し、和平交渉を試みるという突飛な行動に出た。イギリスは取り合わなかった。このヘスの飛行について知らせを受けたヒトラーは、ヘスに裏切られたと思い、大きなショックを受けた。

先走る演説

六月二十二日、ドイツは相互不可侵条約を破って、宣戦布告せずにソ連に奇襲を開始した。このバルバロッサ作戦（対ソ奇襲作戦）は、ドイツ国民と一部の軍指導部に衝撃を与えた。それに先立つ一九四一年三月三十日、ヒトラーは首相官邸で二五〇人近い高級将校を前に、目前に迫った戦争の性格を演説で説明していた。「これは二つの世界観の戦い。絶滅戦だ。社会解体の毒と戦う。西部での戦いとは極めて異なる」。「ユダヤ的・ボルシェヴィキ的インテリ」を絶滅するというイデオロギー的に理論づけられた戦争であった。

ソ連侵攻以降、ヒトラーは公的な場面に現れていなかった。ゲッベルスは、国民の気分を高揚させるために「総統演説」がぜひとも必要であると考え、その実現に腐心した。軍事的状況と暗殺の危険のため、演説の実現は容易ではなかった。

十月二日のゲッベルスの日記には、次のように書かれている。「夕方まで私は、総統司令部と戦い、総統がこの大々的な攻撃を始めるに当たって、ベルリンへ来てスポーツ宮殿で演説ができるかどうか交渉。最終的に私の意見が通り、私はその準備の全権を委任された。この演説は、私にとって、われわれのプロパガンダにとって、また最終的にはドイツ国民にとって極めて喜ばしい知らせだ。［……］総統の調子がよければいいのだが。六か月間の沈黙のあと、この演説は大きな印象を残すだろう」。

十月三日になって、ヒトラーは総統司令部からベルリンに戻り、冬季救済事業の催しで演説をした。この前日にヒトラーはモスクワへの総攻撃命令を出し、攻撃が開始されていたので、演説するお膳立てとしてはこれ以上のものはなかった。ヒトラーは、ドイツ軍が数日内にモスクワに達することを確信して、演説のなかでロシアは「すでに打ち負かされて」いて「二度と立ち上がれない」と、結果としては事実ではないことを口走ってしまった。

ラジオ中継されない演説

ドイツ軍がソ連に勝利できない状況下で、十一月八日にミュンヘンにおける一揆記念日の催しがあり、ヒトラーは演説した。対ソ戦の戦局が動かないなか、国民の関心は戦争がまだどれくらい続くのかに移っていた。この演説は、ラジオ中継されなかった。この点について、『世情報告』には次のような報告がある。「中継がなかったことは、さまざまな憶測を呼んだ。公になっている以上のことを、総統は演説で語ったのではないかと人々は思った。また、ミュンヘン空爆が理由ではないかとも憶測された。総統演説がラジオ中継されないことは考えにくかったので、演説を聞き逃したと思う国民が多かった。[……]新聞は、効果が損なわれないようにこの演説を再現することに尽力した。しかし、大衆にとって、一度聞いたことばをあとで読み直すのではなくて、一度も聞かずただ読むだけというのは困難であった」。親衛隊保安部の『世情報告』は、話される音声言語としての演説は音声として伝えないと効果が極めて弱くなることを正しく認識できている。

ちょうどこの頃、外国放送聴取禁止のステッカー・キャンペーンが繰り広げられていた。十一月二十四日の『世情報告』によれば、このステッカーには「よく考えよ。外国放送の聴取はわが国民の安全に対する犯罪である。総統の命により、これは重い禁固刑に処せられる」と書かれていた。この赤色もしくは黄色のステッカーを、どの家庭でもラジオのスイッチボタンに取り付けねばならなかった。このキャンペーンは「国民のすべての階層において極めて否定的な受けいれられ方を」した。とくに、「総統」ということばと禁固刑の脅しとが並んでいることに拒否反応があった。

十二月五日、ソ連軍が激しい反撃を始めた。この猛反撃と冬将軍のため、ドイツはモスクワを攻略することができなかった。十二月八日、日本が真珠湾攻撃をして、アメリカとイギリスに宣戦布告した。それを受けてヒトラーは、十二月十一日に国会演説し、アメリカに宣戦布告した。これにより、まさに「世界」の大戦となった。この演説でヒトラーがドイツ人戦死者数を一六万人とした点に人々は驚いた。戦死者の数はもっと多いと思っていたからである。この演説には、国内の雰囲気をよくする効果はなかった。総統演説のなかには、戦争の今後の推移についての指摘がまったくなかったため、戦争がさらに長期化することが憂慮された。この状況を受けて、チャーチルは「二五年間共産主義に反対してきたが、東方で持ち上がった出来事にかんがみると、過去の犯罪、愚考は影が薄くなる」と述べて、ソ連と同盟を結んだ。ルーズヴェルトはすでに参戦前に、物資面でソヴィエトを支援していた。

一九四二年の初めの数か月は、各戦線で厳しい防戦が続いた。この間にヒトラーは神経を消耗した。総統大本営を訪れたゲッベルスは、ヒトラーの姿を見て衝撃を受け、「ひどく年を取った、こんなに無口な」姿は初めてだという感慨を述べている。

異議が挟まれる演説

一九四二年一月三十日に、政権掌握九周年記念の催しがあった。当初、この催しでの演説は、演説に乗り気でないヒトラーに代わってゲッベルスが行うという案があったが、最終的にはヒトラー自身が行うことになった。

この演説でヒトラーは、東方戦線の状況に関して説明する際に、いくつも婉曲表現を用いている。例えば、東部戦線でソ連の攻勢を受けて撤退することを、「東方において前線での戦いを防衛へ転じる」と表現したり、ソ連との闘いにはまだ多くの課題があることを「ボルシェヴィズムに対する戦いにおける最も困難な部分はすでに克服した」と表現したりした。『世情報告』によれば、ヒトラーは「この数週間にすでに公然の秘密となっていたことを語っただけであって、やっと今になってこのような総括が可能になったというヒトラーの言い分は、国民の同意をほとんど得ることができなかった。大多数の国民は異議を挟み、困難で不都合な状況をヒトラーはプロパガンダによってできる限り長い間国民に知らせないでおこうとしたのだと考えた」。

今回は、この演説についてどう思うかに関する労働者へのインタビューもラジオで放送された。労働者が答えた内容は、『世情報告』によれば、「子供でも感づくくらいに単純」であったため、「このようなインタビューの放送によって演説の効果を高めようとするのはむだである」と感じられた。「みんなが聞きたいのは、総統演説についてことばをきちんと選び、破綻のない意見をすんなり述べることができる労働者である」。

三月十五日、英雄追悼記念式典でヒトラーは演説した。これによって国民の士気を高めようとしたが、演説内容はいつもと変わらず、効果はなかった。ヒトラーが式典に参加することはあらかじめ知らされておらず、また放送の予告期間も短かったため、この演説のラジオ放送を聞いた国民は少なかった。この演説に関して、『世情報告』には次のように書かれている。「総統演説の最後のことばから、総統ですら戦争の終結の時期がわからないのだと国民は思った」。この式典が撮影されている『ドイツ週間ニュース』(六〇二号、一九四二年三月十八日)を見てみると、ヒトラーの演説姿は遠景でほんの二、三秒映されるだけである。それに対して、式典後にヒトラーが負傷兵たちを励ますシーンは長めに映されている。

四月二十三日、ヒトラーは悩んだ末、国会で演説をする決心をした。そして四月二十六日に国会を招集した。今回のヒトラー演説の目的は、無制限の全権委任を国民に要求し、ヒトラーに最上の裁判権があることを合法化し、正当化することであった。司法権への介入である。このような措置の理由は、一九四一年の冬以来、国内情勢が悪化し革命が起こるのではないかとヒトラーが心配したことにある。『世情報告』で上がってくる内容から、ヒトラーは国民の信頼が次第に消えつつあることを知っていた。

一時間以下の演説であった。ヒトラーは、初めは神経質そうにためらいながら話し、そのあとは、演説の部分部分がほとんど理解できないほど早口で話した。そして「状況が大変に厳しい。全面戦争の用意が必要である」と述べ、「私にすべての法的な権限がある」とする核心部分に至った。ヒトラーは、国内に秩序が欠けていると述べ、公的生活において指導的立場にある法律家、公務員たちに対する不満を述べた。ゲッベルスは、四月二十七日の日記で、「冬の間に総統が被った身体的、精神的な厳しい疲労は、顕著に窺うことができた。少し速い話し方のため、最初のいくつかの箇所は理解しづらかったが、それもまもなくやんだ」と書いている。

この演説について『世情報告』は、次のように伝えている。「多くの国民に失望を与えた演説箇所は、今年の冬、ドイツ鉄道は自らの課題に去年よりも熱心に取り組むと言った箇所であった。人々はここから、東方の戦争が冬までには終結しないことを理解した」。四月二十七日の宣伝省会議でゲッベルスは、「敵のプロパガンダは、総統の発言から、国民の心が政権から離れたとか、軍事的な弱点があるとか解釈しようとしている」と語った。このあとまた、ヒトラーは半年間演説をしない。

六月二十八日にヒトラーは対ソ攻勢を再開し、九月十三日にはスターリングラード（現ヴォルゴグラード）市内へ突入し、熾烈《しれつ》な市街戦が始まった。九月初めの冬季貧困救済事業の開会時には、ヒトラーの演説はなかった。このことになにか特別な意味があるのか、国民は気になった。

そこで、急遽九月三十日に冬季救済事業の催しでヒトラーが演説をすることになった。この突然の総統演説に国民は驚いた。ひょっとして、ドイツ軍がスターリングラードで敗退したために演説をするのではないかと、国民に不安が走った。ヒトラー自身は演説の始めに、「敵のプロパガンダにもかかわらず、自分は健康であることが証明された」と述べた。この演説は、実質的に自らの健康を証明するための演説に成り果てたようであった。ヒトラーは、唐突に「スターリングラードは炎上する」と言った。ゲッベルス自身が、この演説のレベルの低さを嘆いた。また総統演説の再放送を聞いた国民には、新聞報道で書かれた文言と違うことに気づいた者もいた。ヒトラーが実際には「軍事的な阿呆たち」と言った部分が「軍事的に子供じみた人たち」と穏便に変えられていた。また、新聞で「ハリケーンのような喝采」とある箇所で、実際にはそのような拍手は確認できないことにも国民は気づいた。

2　機能停止した演説

弁論術の無能

一九四二年十月二十五日、病気療養のためドイツに帰国していたロンメル元帥が北アフリカへ緊急に帰任したが、北アフリカにおけるドイツ軍は劣勢を跳ね返すことはできなかった。十一月三日には、すでに北アフリカのドイツ軍は壊滅状態であった。そして十一月八日に、連合軍がアルジェリアとモロッコへの上陸作戦を開始した。この同じ日にミュンヘンで一揆記念行事があり、ヒトラーは昔からのナチ党闘士たちを前に演説することになっていた。演説開始を午後六時まで遅らせたが、連合国の上陸のニュースはまだ来なかった。国民の関心は、北アフリカでの状況に集まっていた。演説でヒトラーは、肯定的な内容はなにも報告できなかった。ヒトラーは、スターリングラードを事実上陥落させたと述べ、和平交渉を公然と否定した。「降伏ということばを考えることはしない」と言ったことで、逆に降伏という選択肢を浮かび上がらせる結果となった。この演説には、速やかに勝利するということばはまったく見られなかった。

そもそもヒトラーの演説に力があったのは、聴衆からの信頼、聴衆との一体感があったからであった。ラジオを通してヒトラー演説を聴く国民に今やこの信頼感がまったく欠けていた。この現実を前にして、弁論術はそれ自体いくら巧みで高度なものであったにしても機能せず、国民の心のなかに入っていくことはできなくなっていた。演説内容と現実とが極限にまで大きく乖離し、弁論術は現実をせいぜい一瞬しか包み隠すことができないでいた。

「みなさん、この戦いにおいて生か死かが決するのだということを、どうか考えてください」

という演説最後の対比法によるレトリック表現も、また「かつてのドイツは十一時四十五分に武器を下ろした。私が事をやめるのは基本的にいつも、十二時五分になってからだ」（第一次世界大戦でドイツは早々に降伏をしたが、私は絶対に降伏はしないという意味。十二時という時刻は、どうする術もなくなった瞬間を表す）というメタファー表現も、極限的に厳しい現実が立ちはだかるなかでは国民の心に響くことはなかった（写真31）。

逆に国民が耳をそばだてたのは、ヒトラーが示した三五万人の戦争犠牲者という具体的数字であった。この数が東方戦線だけの数字なのか、今までの合計なのかという即物的な点に、国民は反応した。この催しを伝えた『ドイツ週間ニュース』（六三七号、一九四二年十一月十九日）

„Der Kaiser von einst hat um dreiviertel zwölf die Waffen niedergelegt. Ich habe grundsätzlich immer erst fünf Minuten nach zwölf aufgehört."
Adolf Hitler, 8. November 1942

So fand der deutsche Soldat seine Arbeitsstätte im November 1918 vor, als Deutschland Schluss machte, bevor die volle Katastrophe hereinbrach.

So wird der deutsche Soldat seine Arbeitsstätte vorfinden, wenn Hitler den verlorenen Krieg noch weiter verlängert.

IM NOVEMBER 1918

machte Deutschland Schluss, ehe es selbst Kriegsschauplatz wurde. Es kapitulierte vor der immer mehr anwachsenden Übermacht der Alliierten.

Die Folge war: der deutsche Soldat fand bei seiner Heimkehr die Heimat unversehrt vor. Seine Familie wartete auf ihn in demselben Haus, in dem er sie verlassen hatte. Zwar herrschte manche Not, aber es gab keine Zerstörung in Deutschland. Die deutschen Fabriken, die Quelle des deutschen Wohlstandes, standen bereit für den Wiederaufbau.

Zehn Jahre nach dem verlorenen Krieg besass Deutschland die modernste industrielle Ausrüstung, die schönsten Massenwohnsiedlungen Europas, eine Rekordzahl von Sportplätzen und Erholungsheimen, hunderte von modernsten Schul- und Krankenheimen.

Obwohl Deutschland den bis dahin grössten Krieg der Weltgeschichte verloren hatte, war das deutsche Volk wieder auf dem Weg nach oben —
weil es rechtzeitig Schluss gemacht hatte.

IM NOVEMBER 1943

ist Deutschland bereits Kriegsschauplatz. Die Übermacht der Alliierten in Ost, Süd und West ist noch überwältigender als 1918. Die alliierten Luftflotten beherrschen den deutschen Luftraum. Der Krieg ist wiederum entschieden. Aber die deutsche Führung weigert sich, Schluss zu machen.

Die Folge ist: Der deutsche Soldat wird bei seiner Heimkehr eine zerstörte Heimat vorfinden. Denn solange der Krieg dauert, wird eine deutsche Fabrik nach der andern dem Erdboden gleichgemacht. Was heute in der deutschen Kriegsindustrie zerstört wird, fehlt morgen in der deutschen Friedensindustrie.

Nur ein schnelles Ende des Krieges kann den Zerstörungsprozess aufhalten und dem deutschen Volke die Chance zum Wiederaufbau geben.

Aber Hitler weiss: Kriegsende ist sein Ende. Darum verlängert er den verlorenen Krieg.

Jeder Tag, den Hitler gewinnt, ist für die Zukunft des deutschen Volkes verloren.

Nur Deutsche können Deutschland retten!

G.95

写真31　1943年11月にイギリス軍が投下したビラ（上は表面，下は裏面）．ヒトラーの「かつてのドイツは11時45分に……」という演説の一節を引用している．

では、ヒトラーの姿は遠景で演説する箇所で五秒ほど映るだけであった。

ゲッベルスの「総力戦演説」

十一月十九日、スターリングラードをめぐりソ連軍は猛反撃に出て、十二月にはドイツ軍を完全に包囲し、さらに一九四三年一月十日にはスターリングラードのドイツ軍に総攻撃を開始した。一月十三日、ドイツでは総力戦に向けて、十六歳から六十五歳までの男性、十七歳から四十五歳までの女性が強制動員され、この総動員で労働力が補塡された。一月三十日の政権獲得一〇周年記念祝典には、一〇周年という重要な催しにもかかわらずヒトラーは現れず、総統司令部にとどまった。ヒトラーの演説をゲッベルスが代読した。

人々は、ヒトラーの演説文で最近の出来事について説明がなされることを期待していた。スターリングラードに関わる内容は、演説のなかの次の一行のみだった。「ヴォルガ河畔におけるわが兵士たちの異教徒との戦いは、ドイツの自由とドイツ国民の未来のために、広く言うならばヨーロッパ大陸の安全のために最善を尽くすよう促すものとなるべきである」。

ヒトラーが国民に向かって話すのをあからさまにためらう様子は、批判を生んだ。ヒトラーは慢性的に眠れず、気分転換と言えば、長時間にわたって戦争以外の話をすることだった。秘書たちはそれにずっとつきあわねばならなかったという。

翌三十一日に、スターリングラードのドイツの主力部隊が降伏し、二月二日に、最後まで戦っていたドイツ兵も降伏し、これでスターリングラードでの勝負は決した。スターリングラードでは、一九四二年八月から四三年二月までの間にドイツ側で三〇万人もの兵士が犠牲になっていた。このスターリングラードでのドイツの大敗は、この世界大戦の大きな転機となった。ソ連の勝利によって連合国の士気は大いに高まった。一方、ゲッベルスは、この敗北を「わが民族の心理的強化」のために利用するべく、ドイツ兵たちの「英雄的な」戦いについて、「何世紀にもわたって心を動かすような表現を用いて」歴史書に記すよう指示した。一九四三年二月十二日の宣伝省会議でゲッベルスは、「今後は、どのラジオ放送、報告、演説、週間標語においても最後のところで、ボルシェヴィズムに対する戦いがわれわれの大きな課題であるという言い方を一律にして終えねばならない」と述べた。

二月十八日、このゲッベルスは自らがベルリンのスポーツ宮殿で大々的な演説を行うことにした。これは、総力戦の必要性について国民にイエスと言わせて、国民の士気を高めると同時に、総力戦ではなく電撃戦を考えていたヒトラーの心を動かすことも狙ったものである。ゲッベルスが演説原稿をあらかじめヒトラーに見せたかどうかはさだかではない。聴衆の数は二万人であったが、ゲッベルスが言うところの「国民の代表」ではなかった。入場券を作為的に配付し、狂信的なナチ支持者と党員、そしてサクラ（盛り上げ役）の招待客がスポーツ宮殿に着席していた。

二時間にわたるこの演説の構成は、次のようであった。①スターリングラードで敗北し、ドイッは非常に厳しい戦況にあること、②ヨーロッパ征服をねらうソ連のボルシェヴィズムを裏でユダヤ人が操っていること、③ユダヤ人がイギリスとアメリカをボルシェヴィズム化しようとしていること、④この戦争はヨーロッパ征服をもくろむ悪魔的な国際ユダヤのテロであること、⑤ヨーロッパを守るためにドイツは報復テロで対抗すること、⑥苦しい状況の今こそ、国家を挙げて総力戦を行うべきこと、⑦総力戦の具体例として、贅沢を禁止し、役人を前線へ送り、女性は工場へ行くこと。

そして最後には、戦意の確認をする「一〇の質問」が用意されていて、聴衆たちに問いかけられた。「君たちに尋ねる。君たちは勝利を勝ち取るために、何があっても、そしてこの上なく重い個人的重荷を受け入れてでも、総統についていく決意があるか」とゲッベルスが第一の質問をすると、サクラたちが「総統よ、命じて下さい。そうすれば私たちは従います」というスローガンを言いはじめ、これが大きな唱和となっていく。第四の質問の前半部でゲッベルスが「イギリス人は言っている。ドイツ国民は政府の総力戦措置に反対していると。ドイツ国民がしたいのは、総力戦ではなく、イギリス人が言うには、降伏だ！」と言うと、聴衆の間から「違う！」「違う！」という叫びが返り、そのあとゲッベルスが「君たちは総力戦を欲するか」とたずねると、聴衆からは大きな「ヤー（イエス）」の声が返る。このようにして、演説者と聴衆の間のことばの応酬によって、総力戦への決意が誘導されていった。全放送局を通じて放送されたこの演説は、告知が遅かったにもかかわらず大多数の国民が聞き、実際に多くの人を鼓舞する効果を果たした。このラジオ放送は二月二十一日に再放送された。

この日の様子を映した『ドイツ週間ニュース』(六五一号、一九四三年二月二十四日)を見ると、全一七分のうち五分二〇秒がこのゲッベルスの演説を映している。参加者として軍人、医師、弁護士、学者、芸術家、技士、建築家、教師、公務員、会社員がクローズアップされて映され、さまざまな階層が参加していることが映像で強調されている。演説内容はアナウンサーが説明するだけでなく、ゲッベルスの肉声と映像でも紹介され、聴衆とゲッベルスが一体となっている雰囲気が伝えられる。「総統よ、命じて下さい。そうすれば私たちは従います」という唱和も聞こえ、「総力戦が最短戦」と横断幕に書かれたスローガンが映し出される。この映像の最後には、「民衆よ立ち上がれ、そして嵐よ起きよ」というゲッベルスの好んだスローガンが聞こえる。

『世情報告』には、「これほどに『ドイツ週間ニュース』が新聞とラジオを強力に、そして多角的に補完したことはめずらしい」という評価が見える。しかし、この演説の効果も一過的で、持続的な影響を与えることはできなかった。このことをゲッベルスは知り、落胆した。

空爆を恐れる演説

二月二十四日の党創立記念日にも、ヒトラーの演説はなかった。「狼の巣」(Wolfsschanze)と呼ばれた総統司令部は、東プロイセンの広い森のなかにあった。陰鬱《いんうつ》で単調な生活であった。

大戦が始まったころのヒトラーはときには前線へ出かけたが、戦況が悪くなると現実を避けるようになり、地図の上での作戦会議という抽象的な世界に引きこもった。スターリングラード陥落以降、ヒトラーは空想に逃避する傾向が顕著となった。

スターリングラードでの敗北（一九四三年二月二日）のあと初めてとなる演説は、三月二十一日の英雄追悼記念日で行われた。この演説にはヒトラーが病気であるとか死んだとかいう噂を払拭する目的があった。この演説は、空爆の可能性を配慮して非常に短い演説であった。ゲッベルスは前日の日記に、「総統は、比較的短くて一五ページ分しかない演説のなかで、目下の東方の状況を語る。私は演説が長くはないことに大変満足している。というのも、演説の間に英国の空爆があれば、重大な精神的重荷となるからだ」と記している。この演説は生中継されなかった。録音された演説のラジオ放送が始まったときには式典は、もう終わっていた。この短い演説をヒトラーは早口で単調に語ったため、ラジオ聴取者の失望を呼び、これはヒトラーの代役が演説したのだという噂すら流れた。

このときの様子を映した『ドイツ週間ニュース』（六五五号、一九四三年三月二十四日）を見ると、帽子を深くかぶっているので表情はあまりよくわからないが、ヒトラーの疲れた印象は否めない。演説するヒトラーの姿は遠景であり、語ることなくただ下の原稿を感情なしに淡々と読むように見える。

「ことばは災いを取り除けない」

戦局がさらに悪化するなか、ドイツ軍は五月には北アフリカ戦線でも降伏した。六月の親衛隊保安部の『世情報告』には、演説の価値のなさについて興味深い報告が書かれている。「そろそろ演説はやめて行動へと進まなければならないと、多くの国民は言っている。ことばは、空襲が引き起こす災いを取り除けない。ある商店である女性が言った。「いつになったら、演説をやめて行動を起こすのだろうか。何千もの人が毎日亡くなるのを傍観していられない。このまま進むと建物が全部破壊されて、私たちも同じようになってしまうことだろう」」。

八月の『世情報告』には、プロパガンダ文書の無駄について報告されている。「教科書を印刷する紙が乏しいのに、紙のプロパガンダ資料を配布することに、国民から多くの批判が寄せられている。例えば、一九四三年六月末に配布されたパンフレット『民衆よ立ち上がれ、そして嵐よ起きよ』を受け取った人の多数は、紙の無駄遣いだと言っている」。

総統司令部のマイク

ゲッベルスは七月に、ヒトラーと国民との隔たりに関して宣伝省に多く寄せられる匿名の手紙に、総統はなぜ空爆地を訪れないのか、なぜ国民の前で語らないのかと書かれていることをヒトラーに伝えた。ヒトラーは、自らのイメージ保全のため、破壊された街を訪れることがほとんどなかったのである。

ゲッベルスはゲーリングの援助を得てヒトラーを説得し、九月十日にヒトラーにラジオ演説をさせることになった。これは初めて総統司令部で録音されたものであった。ヒトラーは最後まで迷った。演説でヒトラーはまず連合軍への「報復」の宣言をし、そのあと、ムッソリーニの失脚（七月二十五日）のような事態はドイツではありえないと語った。このときの経緯を、ゲッベルスは日記に次のように書いている。「総統と司令部近くの森を散歩。私は再度、今晩に演説が行われるべきだということを述べる。二人で一緒に原稿を読み、最後の校正。総統はイタリアでの顛末を説明。あらゆる困難にもかかわらず、ドイツの勝利は近い。この演説は、ドイツ国民にファンファーレのような作用を与えるだろう。私は総統をマイクの前へ連れて行く。総統が極めて効果的に読み上げた演説を、まずはベルリンへの回線を経由して磁気音声テープに吹き込ませる。これで、三月の英雄追悼の日以降ようやく再び、総統をマイクの前へ連れて来ることができた。私はこれで安心してベルリンへ戻れる。総統司令部に私が来た主たる目的が、これで果たせた。ゲーリングが、これは一つの戦いを勝ち取ることができたに等しいと言ったのは正しい。この演説は、東部戦線の数個師団に匹敵する」。

これ以来、ほとんどのヒトラーの演説は、臨場感ある演説会場からのラジオ放送ではなく、現前に聴衆のいない、ただ金属製のマイクロフォンがあるだけの場所における原稿読みとなった。これは、一〇年前に政権掌握直後に失敗したのと同じラジオでの演説法であった。ヒトラー演説は、現前に聴衆を失った。

「摂理」

十一月八日、一揆記念日の演説をするために、ヒトラーは東プロイセンの総統司令部からミュンヘンの「レーヴェンブロイケラー」に駆けつけた。演説では、東方戦線のこと、敵の空爆のこと、そして戦争後には国全体を再構築するという計画を語った。ヒトラーは、演説の前半部分については原稿を持っていたが、後半部の大半は即興でユーモアを交えて話した。録音したものがラジオで流されたが、即興で話された文章のなかにあった「ほんのわずかな数の不用意な言い回しを、私は総統の許可を経て放送から削除した」（ゲッベルスの日記）。この演説は狂信的な支持者には受けがよかったが、それで慰められるような人はほとんどいなかった。『世情報告』によれば、演説のなかにあった宗教的な敬虔《けいけん》さを述べた部分について、「苦境で総統も祈ることを学んだ」という皮肉を言う者があった。

また、「もし時が来ればわれわれは、摂理によって与えられた生活を守るために、戦いを新たに見直さねばならない」というヒトラーのことばは、これからはドイツ国内で戦争が展開される覚悟を示したものと解釈された。「ヒトラー演説一五〇万語データ」によれば、「摂理」(Vorsehung) という語は、ナチ運動期よりもナチ政権期のほうに特徴的な名詞である。

この語は、ヒトラーが自分の行ってきたこと、これから行うことが、宿命的に決定づけられていることを聴衆に印象づける効果がある。政権掌握までは「高次の偶然」という意味でしかなかったこの語を、ヒトラーは政権掌握後に「人の所業を超えたもの」という意味に変えて過剰なまでに用いた。この語を出すことによって、異論を挟む余地のない自己正当化が可能となった。「摂理が最後のことばを語り、私に成功を語った」（一九三九年十一月二十三日）のように、「摂理」を主語に置いて、「摂理が〜させる」、つまりは「摂理によって〜になる」という表現が多い。「摂理」という語は、ナチ政権期では前半よりも後半（開戦後）のほうに多く出現している。戦いに敗れた場合も、それは摂理による試練であるという論理で、摂理をいつでも引き合いに出すことができたのである。

この時期の『世情報告』には、例えば次のように、演説のことばと新聞、ラジオの報道内容についての不信感が多く報告されている。「予言と約束が当たらないので、個々の指導的人物のことばに対する国民の信頼は、相当に損なわれた」、「新聞とラジオに対する信頼が低下している」。例えば、昨日までは大切であるとされていた領土のことが、今日の報道、今日の演説では、大切ではないと説明されるようなあり方のことである。「ドイツ人はもう長い間、演説と約束を信じていない」、「成功を見たいのだ、今すぐに！」というのが、国民の本音であった。

空襲最中のラジオ演説

一九四四年一月一日、新年にあたっての所感をヒトラーはラジオ放送で語った。「一九四四年という年は、あらゆるドイツ人にとって厳しく困難な年になるだろう。この恐るべき戦争が今年は危機に近づいていくだろう」と述べた。『世情報告』によると、激しい空襲のあったハンブルクのような街ではラジオが聴けず、この放送はほとんど注目されなかった。首都ベルリンでも、今までで一番激しい空爆があったため、この放送内容に対する関心は低かった。

そしてそれは、一月二十七日にヒトラーが総統司令部で元帥や最高指揮官たちを前に、英雄的な忠誠心について演説をしているときのことであった。ヒトラーが、「万一最期が訪れたときに、最高指導者としての私のもとから人が去って行くようなことがあったとしても、私の周りには最後の最後まで将校諸君全員が残って、剣を抜いて私の周りに立ちはだかるにちがいない」と述べたときに、最前列にいたマンシュタイン元帥（Erich von Manstein）がヒトラーのことばを遮って言った。「総統、実際に最期が訪れることになるでしょうよ」。このようなヤジにヒトラーは耐えられず、演説をすぐさま終えた。マンシュタインは、スターリングラードでの攻防における作戦実行においてヒトラーに再三介入され、不満を持っていた。

政権掌握一一周年となる一九四四年一月三十日には、一年前のようにゲッベルスによる代読ではなく、ヒトラー自らが語った。ただし、演説は総統司令部で録音されたものがラジオ放送された。毎回この記念日の会場としていたベルリンのスポーツ宮殿は、すでに空襲で焼け落ちていた。短い演説がラジオで流れている間、ベルリンにはサイレンが鳴り響き、空襲が重なった。この演説でヒトラーは、ドイツが勝利すればヨーロッパ文化は維持され、ソ連が勝利すればば、ギリシャ・ローマ時代からのヨーロッパ文化は破壊されるという一般的なことを強調したが、国民が聞きたかったことは何も言わなかった。慰めのことばもなかった。ゲッベルスでさえも、ほとんどすべての問題を素通りしたこの演説には、「力強い効果はなかった」と認めている。この日の夕方の攻撃は、この総統演説に対するアメリカの返答であった。

ヒトラーの健康不良は慢性化していた。この頃ゲッベルスは、ヒトラーが空爆された都市を回って国民を慰めるべきであると、日記のなかで連日次のように綴っている。「もし総統がこの機会に、一度ベルリンかどこかの空爆を受けた都市を訪れることがあればいいのだが。そのような訪問こそが今緊急に必要であり、国民が期待していることである。総統はまだ一度も、空爆を受けた都市を訪問していない」（二月二十三日）。「総統はミュンヘンに来て、一般的な状況について演説をするつもりだ。それはとてもいいと私は思う。しかしながら、今はいくつかの空爆を受けた都市を訪れるほうがさらによいと思う。とりわけチャーチルがロンドンへの四回目の攻撃のあとすぐに、被害を受けた地区を訪れて喝采を受けたのであるから、緊急にその必要がある」（二月二十四日）。

三月十二日の英雄追悼記念日には、ヒトラーは健康上の理由で現れなかった。ゲッベルスの日記によれば、「総統は、場合によって、五月一日にラジオ演説をすることを考えている。［……］総統が、私に密かに言ったことには、健康が優れないので公の場できちんと演説し終えることができるか不確かだと思っているとのことだ。もしできなくなると、大変に危険なことだ。総統は、毎日三時間しか寝られないそうだ」。

実際に、五月一日に演説は行われなかった。六月六日には、連合軍が北フランスのノルマンディー上陸作戦に成功し、ドイツは今や東西両方向から攻撃されることとなった。六月十五日に「秘密兵器」V1号ミサイル（飛行爆弾）が使用されたが、このV1号ミサイル投入は戦争を決定するものではなかった。六月二十六日に軍需産業の代表者一〇〇名を前に演説したときも、ヒトラーは体調がよくなかった。ほとんど拍手も起こらず、集まった経営者たちの雰囲気を高めることを期待した軍需大臣シュペーアの望みも叶わなかった。

暗殺未遂事件

七月二十日の午後零時四十二分、総統司令部の会議室で、鞄に入れられた時限爆弾が爆発した。しかし、ヒトラーは奇跡的に軽傷で済んだ。クラウス・フォン・シュタウフェンベルク大佐（Claus von Stauffenberg）らの計画したヒトラー暗殺の試みが失敗した瞬間である。この日の午後九時頃にラジオ演説の予告がされ、録音された演説が夜中一時頃にドイツの全放送局を通じて流れた。ヒトラーは、「少数の良心なき叛逆者グループが、私と軍司令部メンバーを殺害し国家権力を奪取しようとした。この犯罪は、神の摂理により失敗に帰した」と語った。この事件の後、ヒトラーは国民からの信望を完全に失った。

『世情報告』を見ると、ある十歳の少年が書いた日記に、「真夜中の演説でヒトラーは「ごくわずかな数の一派が暗殺を試みた」と言ったが、ごくわずかにしては（その逮捕に）全軍隊を投入しているのはおかしい」とある。また上部バイエルンの管区長官は、「暗殺が成功していたら、それは終戦が早まることを意味したので、一部の国民に歓迎されただろう」と述べている。このあと、ゲッベルスはできるだけ早期にヒトラーがラジオで演説することを望んだが、叶わなかった。

地下壕での最後の録音

年が改まり、一九四五年一月一日にヒトラーの新年の所感を述べる演説が放送された。この演説には、西部戦線のことが全く触れられていなかった。宣伝省の職員たちでさえ、この演説に対する失望を口にし、ゲッベルスは困惑した。ソ連の大攻勢開始の知らせを受け、ヒトラーは一月十六日、首相官邸に帰還し、がれきのなかを首相官邸近くの地下壕へ入った。ゲッベルスはあまり期待していなかったが、一月三十日の政権掌握一二周年の日に二年ぶりに演説をするという提案にヒトラーは乗った。演説は地下壕で録音され、午後十時に放送された。これは、ドイツ国民に向けた最後の演説となった。ヒトラーは、「現在の危機がいかに重大であっても、われわれの不変の意志により、最後には乗り切れるであろう」と疲れた声で述べた。かつては尊敬されていた「総統」は、今やまったく信頼と説得力を持ち合わせなかった。

二月十三日から十五日には、ドレスデンの大空襲があった。三月二十日、ヒトラーは司令部に二〇名のヒトラーユーゲントの青少年を迎え、鉄十字勲章を授与した。このときの映像が、

写真32　ヒトラー最後の映像.
出所：『ドイツ週間ニュース』755号，1945年3月22日. dpa／時事通信フォト.

ヒトラーの姿が記録された最後のものである（写真32）。これは、『ドイツ週間ニュース』（七五五号、一九四五年三月二十二日）に収録されており、青少年たちへのインタビューには音声が入っているが、ヒトラーの声は入っていない。

尽きたスローガン

三月末、西部軍総司令官のケッセルリング元帥（Albert Kesselring）から、西部前線ではドイツ軍の一部の部隊が降伏しはじめているとの情報が入った。ケッセルリングは、ヒトラーが直ちに演説をして兵士たちと国民の士気を高めることを望んだ。ゲッベルスはそれに賛成した。チャーチルもスターリンも、厳しい危機の時には国民に向けて語っていた。

しかしヒトラーは、演説をしようとしなかった。三月二十八日のゲッベルスの日記に、次のようにある。「総統は、今は何も肯定的なことを示せないので、演説を断るだろう。しかし私は総統をせっついてみよう。生死をかけた戦いのために国民にスローガンを与えるように総統にせがむことが、国民としての私の義務である。一五分のラジオ演説でも十分であると強く言ってみよう。演説が容易でないことはよくわかっているが、とくに総統が期待している空中戦の一層の展開について肯定的要素を挙げることはできるだろう」。三月三十一日の日記は、次のように続く。「総統は私に、まもなくドイツ国民に向けた演説をすると約束した。しかし、既述のとおり、西部での作戦成功があったあとになってからだと。私は、総統が実際に近々演説をする気になるかについて少し懐疑的だ。総統は、今やマイクに対して理解不可能な嫌悪感を抱いている。総統も、国民に語りかけのないままにしておくことはよくないとわかっている。

親衛隊保安部の『世情報告』によれば、この前の演説に関して何も新しい内容がなかったと、国民は批判している。しかし、新しいことが何も言えないのだから、演説はできないと総統は言う。私はそれに対して答えた。国民は少なくともスローガンを待っており、スローガンなら、この厳しい情勢下でも可能でしょうと」。しかし、ヒトラーにはもはや、たったひとつのスローガンすら尽きていたのである。

ソ連軍は四月十三日にウィーンを占領し、四月十六日にはベルリン攻撃を開始し、四月二十五日にはベルリンを包囲した。アメリカ軍は四月十九日にライプツィッヒを占領し、イギリス軍は四月二十七日にブレーメンを占領した。万策が尽き、四月三十日、ヒトラーは地下塹壕《ざんごう》で最期を迎えた。

エピローグ

公開集会におけるヒトラー演説。これは、一九一九年十月にミュンヘンのビアホールで一〇〇人あまりの聴衆を前にして語られたものが最初である。ヒトラー演説はまもなく、ナチ党の党勢拡大にとって不可欠な役割を演じる。演説文の構成と表現法に関して言うならば、ヒトラーの演説は、遅くとも一九二五年頃には完成の域に達していた。これはちょうど、ミュンヘン一揆の失敗後ヒトラーが、『わが闘争』のなかで「話されることばの威力」について理論的な考えをまとめた時期である。この頃のヒトラー演説はすでに、序論‐陳述‐論証‐結論という配列の面でも、対比法、平行法、交差法、メタファー、誇張法等の修辞の面でも、弁論術の理論にかなったものであった。演説「文」としてはこのように早期に仕上がっていたヒトラー演説であるが、聴衆に対する大きな到達力と深い浸透力を獲得するには、いくつかの道具がまだ決定的に欠けていた。

まず、マイクとラウドスピーカーである。この拡声装置によって、ヒトラーの声の届く範囲が飛躍的に広がった。ヒトラーが演説会でマイクを初めて使用したのは、一九二八年十一月、ベルリンのスポーツ宮殿である。公開演説禁止令のために二か月前までは公的な場所で肉声を奪われていたヒトラーが、今や自らの声を装置により電気的に増幅して、特大ホールの最後列にいる聴衆も熱狂させることができた。一九二九年末からの世界恐慌による不安に乗じて政権獲得を狙った選挙遊説は、はたしてこの装置なくして成功したであろうか。この装置なくして、ドイツの空を飛ぶヒトラーの演説は、集票する原動力となりえたであろうか。

一九三三年に政権を掌握してからほどなく、ヒトラー演説はラジオと映画という再生と複製が可能な装置を手中に収めた。ラジオというメディアにおいては、音調、リズム、声質、話す速度などの聴覚的特徴が温存される。演説会場でヒトラーの語る声は、ラジオ電波に乗って、大都市のホールだけでなく小さな村々にまで一斉に伝播した。映画というメディアにおいては、聴覚的特徴だけでなく、表情や動作などの視覚的特徴も写し取られる。ヒトラーの表情は、映像のなかで大きくクローズアップされて、フィルムには演説者のカリスマ性が刷り込まれた。ここに、ヒトラー演説は、受け手に対するその威力を極みにまで高めることができたのである。

しかし、まさにここに、ヒトラー演説についてのイメージをおそらく最も大きく裏切る事実がある。これらの新しいメディアを駆使したヒトラー演説は、政権獲得の一年半後にはすでに、国民に飽きられはじめていたのである。ヒトラー演説は、ラジオと映画というメディアを獲得することによって、その威力は理論値としては最大になった。ところが、民衆における受容というわば実測値においては、演説の威力は下降線を描いていったのである。ヒトラー演説は、常にドイツ国民の士気を高揚させたわけではない。たしかに、一九三六年のラインラント進駐や一九三八年のオーストリア併合時のヒトラー演説は、組織的かつ大規模に展開されるプロパガンダのなかで国民を鼓舞したという側面がある。しかし、ラジオ放送での聴取が義務づけられたヒトラー演説は、ヒトラーと国民との関係を語り手と聞き手としてではなく、管理する者と管理される者という関係に変質させた。逆説的であるが、ヒトラー演説を熱心に聞いたのはドイツ国民ではなく、ナチスドイツの動向を窺おうとする外国政府であった。

一九三九年九月の第二次大戦開戦後のヒトラー演説は、戦争終結がいつであるのかを行間から読み取るという限りにおいて、国民の関心事であった。戦況の悪化とともに、ヒトラーは国民に声と姿を晒すのを極力避けようとしはじめる。ヒトラーが国民に語りかける機会自体が激減し、その声は説得力を失い、語る内容も空虚に響くばかりになっていった。

そのように考えてみると、ヒトラー演説の絶頂期は、政権獲得に向けた国会選挙戦において全国五三か所で行った演説（一九三二年七月）であったと言うことができるかもしれない。このときヒトラーが駆使できた道具としては、マイクとラウドスピーカーしかなかったが、この選挙でナチ党は第一党に躍り出た。

演説の構成と表現法に受け手の心を動かす潜在力がいくらあっても、またその演説の声とジェスチャーを多くの受け手に伝播させるメディアがあっても、受け手側に聞きたいという強い気持ちがなければ、その潜在力は顕在化しえず、受け手を熱くできなかった。政権掌握後にラジオを通じて強制的に聞かされた「総統演説」は、本来持っていたはずの波及力を失い、魅力を急激に落とし、開戦後はヒトラーがいくら巧みな表現をしたとしても、修辞学は現実の悲惨さを隠しきれなかった。ヒトラーの巧みな弁舌力が、そしてそれを伝えるメディアが聴衆にもたらしたのは「パン」そのものではなく、いわば実体のないまま膨らませられた「パンの夢」であった。ヒトラーから与えられたものに実体がないと受け手が明確に気づいた後は、ヒトラーの演説は機能停止するほかなかった。外国のラジオ放送の傍受がヒトラー演説の実体のなさを露呈させたとすれば、ヒトラー演説にとってラジオというメディアこそはトロイの木馬であったと言うべきかもしれない。

国民を鼓舞できないヒトラー演説、国民が異議を挟むヒトラー演説、そしてヒトラー自身がやる気をなくしたヒトラー演説。このようなヒトラー演説の真実が、われわれの持っているヒトラー演説のイメージと矛盾するとすれば、それはヒトラーをカリスマとして描くナチスドイツのプロパガンダに、八〇年以上も経った今なおわれわれが惑わされている証であろう。現在そして今後とも、われわれが政治家の演説を目にし耳にするときには、膨らまされた「パンの夢」に踊らされ熱狂している自分がいないかどうか、歴史に学んで冷静に判断できるわれわれでありたいと思う。

あとがき

どれほど時間が経ったのだろう。大阪外国語大学ドイツ語学科のゼミで私が初めてナチズムと言語のことをテーマにして扱ったのは、今から二〇年以上も前のことになる。「ふつうの」ドイツ語を熱心に学習してきた学生たちは、ヒトラーが語ったドイツ語に異次元の興味をそそられたようであった。ただし、この学生たちの発表に対して私がどれほど適確なコメントを言えたものか、今から振り返ってみてとてもあやしく思える。一九九九年に関西大学ドイツ語ドイツ文学科へ転任してから、ひとつのアイデアが浮かんだ。それは、入手できる演説文を機械可読のデータとして集積し、コンピュータを用いた計量的分析を行うことであった。データ化の計画をゆっくりと進めていったが、実は大きな問題があった。通常のラテン文字ではなく、いわゆるひげ文字（ドイツ文字）で印刷された当時の資料の場合、OCR（光学文字認識）ソフトで読むことができなかったのである。

しかし、ちょうど学習院大学ドイツ文学科（現ドイツ語圏文化学科）に着任した二〇〇四年頃、ひげ文字に対応するソフトがすでに開発されていることがわかり、本書執筆に際して活用した「ヒトラー演説一五〇〇万語データ」を一気に完成することができた。このデータをどう分析していいものか思いあぐねていたときに、コーパス分析研究グループsemtracksの中心的メンバーであるJoachim Scharloth氏（ドレスデン工科大学教授）と知り合い、親身な援助と助言を得ることができたのは幸運であった。

言語面の分析ができたとしても、それだけでヒトラー演説を叙述することができないのは自明のことである。歴史、社会の展開との関連づけがなければ、言語の世界だけのお話に終わる。言語学者である私がこの大きな課題に立ち向かうのにこの上ない導き手となってくださったのが、田野大輔氏（甲南大学教授）である。田野氏には、当時の日常史を知るための原資料をはじめ不可欠な文献をご指示いただいただけでなく、ヒトラー演説に歴史的に迫るときに重要となる観点をお示しいただいた。また、小野清美氏（大阪大学名誉教授）は何度も面談をしてくださり、歴史学者としての視座から多くの有益なご教示をいただいた。言語と歴史の両面でなんとか見通しが立ち、中央公論新社の松室徹氏と白戸直人氏にお世話いただき中公新書としての刊行が決まったのは、二〇〇九年六月のことであった。ただ、別の刊行物の予定がいくつか先に入っていたためすぐには執筆が叶わず、本書の刊行が今に至ってしまった。

その間に原稿を何度か大幅に書きかえたが、ジェスチャーに関する記述を入れて初めて、真に原稿を書き終えられたように思う。ジェスチャーの分析ができたのは、まずもって高梨克也氏（京都大学研究員）の多岐にわたるご教示のおかげである。「身振り研究会」での発表に際しては、高梨氏、古山宣洋氏（早稲田大学教授）、細馬宏通氏（滋賀県立大学教授）を初めとする参加者の方々のご指摘から、たくさん学ばせていただいた。また、天谷晴香氏（東京大学大学院生）は、声の高さの測定法について助言をくださった。

二〇一三年十月に完成した原稿を念入りにお読みいただき貴重な修正提案やご意見をいくつも下さったのは、田野氏、小野氏のほか、大宮勘一郎氏（東京大学教授）、椎名美智氏（法政大学教授）、福元圭太氏（九州大学教授）、細川裕史氏（阪南大学専任講師）である。大宮氏には、早い段階から繰り返し励ましをいただいた。石原あえか氏（東京大学准教授）は二〇一四年三月に最終原稿にお目通しくださり、わかりづらい表現や矛盾する箇所等について適確なご意見を下さった。また、Stephan Elspaß氏（ザルツブルク大学教授）とArmin Burkhardt氏（マクデブルク大学教授）からは言語学的な解釈の方法等について助言を、佐藤恵氏（日本学術振興会特別研究員）には校正に際して支援をいただいた。そして、中公新書編集部の小野一雄氏には、プロフェッショナルな編集の手さばきを見せていただいた。

本書は、以上のような時の経過のなかでできあがったものである。お名前を挙げたみなさまに心よりお礼申し上げる。ほんとうにありがとうございました。

二〇一四年五月十五日

高田博行

村瀬興雄『ナチズム――ドイツ保守主義の一系譜』中公新書，1968年.
村瀬興雄『アドルフ・ヒトラー――「独裁者」出現の歴史的背景』中公新書，1977年.
山本秀行『ナチズムの記憶――日常生活からみた第三帝国』山川出版社，1995年.
山本秀行『ナチズムの時代』山川出版社，1998年.
若田恭二『大衆と政治の心理学』勁草書房，1995年.

史』弘文堂，1992年.
芝健介『ヒトラーのニュルンベルク——第三帝国の光と闇』吉川弘文館，2000年.
鈴木佑治「日米の政治言説と誤解のメカニズム」『現代日本のコミュニケーション環境』（関口一郎編），大修館書店，1999年，97〜130頁.
高田博行「ヒトラーの語りの手法——ナチ党集会での演説（1925年12月12日）を例にして」『学習院大学ドイツ文学会研究論集』第10号（2006），87〜118頁.
高田博行「選挙キャンペーン映画におけるヒトラー演説——対比と相似のレトリック」『ドイツ文学』（日本独文学会編）136号（2007），113〜130頁.
高田博行「時間軸で追うヒトラー演説——コーパス分析に基づく語彙的特徴の抽出」『学習院大学ドイツ文学会研究論集』第15号（2011），89〜155頁.
田野大輔「民族共同体の祭典——ナチ党大会の演出と現実について」『大阪経大論集』第53巻5号（2003），185〜219頁.
田野大輔『魅惑する帝国——政治の美学化とナチズム』名古屋大学出版会，2007年.
寺島隆吉『チャップリン「表現よみ」への挑戦——「独裁者」で広がる英語の世界』あすなろ社，1997年.
中島義道『ヒトラーのウィーン』新潮社，2012年.
林健太郎『ワイマル共和国——ヒトラーを出現させたもの』中公新書，1963年.
平井正『ゲッベルス——メディア時代の政治宣伝』中公新書，1991年.
平井正『20世紀の権力とメディア——ナチ・統制・プロパガンダ』雄山閣出版，1995年.
福本義憲「〈言葉の力〉からディスクルス分析へ」『人文学報』（東京都立大学人文学部編）365号（2005），103〜114頁.
坊農真弓・高梨克也（共編）『多人数インタラクションの分析手法』オーム社，2009年.
南利明『ナチス・ドイツの社会と国家——民族共同体の形成と展開』勁草書房，1998年.
宮田光雄『ナチ・ドイツの精神構造』岩波書店，1991年.
宮田光雄『ナチ・ドイツと言語——ヒトラー演説から民衆の悪夢まで』岩波新書，2002年.

ersten deutschen Demokratie. München: Beck, 1993.
Zelnhefer, Siegfried: *Die Reichsparteitage der NSDAP in Nürnberg*. Nürnberg: Nürnberger Presse, 2002.
Zeman, Z. A. B.: *Nazi propaganda*. London/ Oxforf/ New York: Oxford University Press, 1973.
Zimmermann, Peter/ Kay Hoffmann (Hrsg.): *Geschichte des dokumentarischen Films in Deutschland*. Band 3: Drittes Reich 1933-1945. Stuttgart: Reclam, 2005.
Zweig, Stefan: *Die Welt von Gestern. Erinnerungen eines Europäers*. Frankfurt am Main: Fischer, 1982.（ツヴァイク，シュテファン『昨日の世界』全2巻，原田義人訳，みすず書房，1999年）

＊以上，日本語訳のあるものについては，それを参考にしたが，引用に際しては原文に当たり，必要に応じて筆者が訳し変えた．

《日本語文献》

阿部謹也『物語 ドイツの歴史——ドイツ的とは何か』中公新書，1998年．
阿部良男『ヒトラー全記録——20645日の軌跡』柏書房，2001年．
飯田道子『ナチスと映画——ヒトラーとナチスはどう描かれてきたか』中公新書，2008年．
石川慎一郎『英語コーパスと言語教育——データとしてのテクスト』大修館書店，2008年.
石田勇治（編著）『図説 ドイツの歴史』河出書房新社，2007年.
岩崎昶『チャーリー・チャップリン』講談社現代新書，1973年.
岩淵達治『ブレヒト』清水書院，1980年.
小野清美『保守革命とナチズム——E・J・ユングの思想とワイマル末期の政治』名古屋大学出版会，2004年.
小野清美『アウトバーンとナチズム——景観エコロジーの誕生』ミネルヴァ書房，2013年.
岡部朗一『大統領の説得術——人を動かすレトリック』講談社現代新書，1994年.
喜多壮太郎『ジェスチャー——考えるからだ』金子書房，2002年.
佐藤卓己『大衆宣伝の神話——マルクスからヒトラーへのメディア

Snyder, Louis L.: *Hitler and Nazism*. New York: Bantam, 1961.（スナイダー，ルイス『アドルフ・ヒトラー』永井淳訳，角川文庫，1970年）

Sonnenbogen, Waltraud: *Zwischen Kommerz und Ideologie. Berührungspunkte von Wirtschaftswerbung und Propaganda im Nationalsozialismus*. München: Meidenbauer, 2008.

Steffahn, Harald: *Adolf Hitler in Selbstzeugnissen und Bilddokumenten*. Hamburg: Rowohlt, 1983.（シュテファン，ハラルト『ヒトラーという男——史上最大のデマゴーグ』滝田毅訳，講談社選書メチエ，1998年）

Stegmann, Dirk: *Politische Radikalisierung in der Provinz. Lageberichte und Stärkemeldungen der Politischen Polizei und der Regierungspräsidenten für Osthannover 1922–1933*. Hannover: Hahn, 1999.

Stein, Alfred: Adolf Hitler und Gustave le Bon. Der Meister der Massenbewegung und sein Lehrer. In: *Geschichte in Wissenschaft und Unterricht*, 6 (1955), S. 362–368.

Straßner, Erich: *Ideologie-Sprache-Politik. Grundfragen ihres Zusammenhangs*. Tübingen: Niemeyer, 1987.

Sösemann, Bernd: *Propaganda. Medien und Öffentlichkeit in der NS-Diktatur*. 2 Bände. Stuttgart: Steiner, 2011.

Taylor, James/ Warren Shaw: *A dictionary of the Third Reich*. London: Grafton, 1987.（テーラー，ジェームズ／ウォーレン・ショー『ナチス第三帝国事典』吉田八岑監訳，三交社，1993年）

Temming, Tobias: *"Bruder Hitler?" Zur Bedeutung des politischen Thomas Mann. Essays und Reden aus dem Exil*. Berlin: Wissenschaftlicher Verlag, 2008.

Toland, John: *Adolf Hitler*. New York: Doubleday, 1976.（トーランド，ジョン『アドルフ・ヒトラー』全4巻，永井淳訳，集英社文庫，1990年）

Ulonska, Ulrich: *Suggestion der Glaubwürdigkeit. Untersuchungen zu Hitlers rhetorischer Selbstdarstellung zwischen 1920 und 1933*. Ammersbek bei Hamburg: Verlag an der Lottbek Jensen, 1990.

Winkel, Roel Vande: Nazi Newsreels in Europe, 1939–1945. In: *Historical journal of film, radio and television*. Vol. 24 (2004), pp. 5–34.

Winkler, Heinrich August: *Weimar 1918–1933. Die Geschichte der*

Stuttgart: Kilpper, 1954.
Münzenberg, Will: *Propaganda als Waffe. Ausgewählte Schriften 1919-1940*, hrsg. von Til Schulz. Frankfurt am Main: März, 1972.（ミュンツェンベルク，ヴィリー『武器としての宣伝』星乃治彦訳，柏書房，1995年）
Oehme, Walter/ Kurt Caro: *Kommt "Das Dritte Reich"?* Berlin: Rowohlt, 1930.
Olden, Rudolf: *Hitler*. Amsterdam: Querido, 1935.
Peukert, Detlev: *Volksgenossen und Gemeinschaftsfremde. Anpassung, Ausmerze und Aufbegehren unter dem Nationalsozialismus*. Köln: Bund, 1982.（ポイカート，デートレフ『ナチス・ドイツ——ある近代の社会史』木村靖二・山本秀行訳，三元社，1991年）
Phelps, Reginald H.: Hitler als Parteiredner im Jahre 1920. In: *Vierteljahrshefte für Zeitgeschichte*, 11. Jg.（1963）, S. 274-330.
Phelps, Reginald H.: Hitlers "grundlegende" Rede über den Antisemitismus. In: *Vierteljahrshefte für Zeitgeschichte*, 16. Jg.（1968）, S. 390-420.
Plöckinger, Othmar: *Geschichte eines Buches. Adolf Hitler "Mein Kampf" 1922-1945*. München: Oldenbourg, 2011.
Reimers, Karl Friedrich et al.: *Hitlers Aufruf an das deutsche Volk vom 10. Februar 1933*. Göttingen, 1971.（Filmdokumente zur Zeitgeschichte, G 126/1970）.
Reuth, Ralf Georg（Hrsg.）: *Joseph Goebbels Tagebücher 1924-1945*. München/ Zürich: Piper, 1992.
Scharloth, Joachim/ Noah Bubenhofer: Datengeleitete Korpuspragmatik: Korpusvergleich als Methode der Stilanalyse. In: Ekkehard Felder/ Marcus Müller/ Friedemann Vogel（Hrsg.）: *Korpuspragmatik. Thematische Korpora als Basis diskurslinguistischer Analysen*. Berlin, New York: de Gruyter, 2012, S. 195-230.
Schmitz-Berning, Cornelia: *Vokabular des Nationalsozialismus*. Berlin/ New York: de Gruyter, 2000.
Schönemann, Friedrich: *Die Kunst der Massenbeeinflussung in den Vereinigten Staaten von Amerika*. Berlin/ Leipzig: Deutsche Verlags-Anstalt, 1924.
Sluzalek, Ralf: *Die Funktion der Rede im Faschismus*. Oldenburg: BIS, 1987.

rung für Studierende der klassischen, romanischen, englischen und deutschen Philologie. Ismaning: Hueber, 1990.（ラウスベルク，ハインリッヒ『文学修辞学——文学作品のレトリック分析』萬澤正美訳，東京都立大学出版会，2001年）

Le Bon, Gustave: *Psychologie des foules*. Paris: Alcan, 1895.（ル・ボン，ギュスターヴ『群衆心理』櫻井成夫訳，講談社学術文庫，1993年）

Le Bon, Gustave: *Psychologie der Massen*. Autorisierte Übersetzung nach der 12. Auflage von Dr. Rudolf Eisler. Leipzig: Klinkhardt, 1908.

Loiperdinger, Martin/ Rudolf Herz/ Ulrich Pohlmann (Hrsg.): *Führerbilder: Hitler, Mussolini, Roosevelt, Stalin in Fotografie und Film*. München/ Zürich: Piper, 1995.

Maas, Utz: *"Als der Geist der Gemeinschaft eine Sprache fand." Sprache im Nationalsozialismus. Versuch einer historischen Argumentationsanalyse*. Opladen: Westdeutscher Verlag, 1984.

Mann, Thomas: Bruder Hitler. In: *Thomas Mann. Gesammelte Werke in 13 Bänden*, Band. 12., Frankfurt am Main: Fischer, 1974, S. 845-852.（『トーマス・マン全集11　評論３』森川俊夫ほか訳，新潮社，1972年）

Maser, Werner: *Adolf Hitler. Legende-Mythos-Wirklichkeit*. München/ Esslingen: Bechtle, 1971.（マーザー，ヴェルナー『人間ヒトラー——ヒトラー伝（上）』『政治家ヒトラー——ヒトラー伝（下）』黒川剛訳，サイマル出版会，1976年）

Maser, Werner (Hrsg.): *Mein Schüler Hitler. Das Tagebuch seines Lehrers Paul Devrient*. Pfaffenhofen: Ilmgau, 1975.

Matzkowski, Bernd: *Erläuterungen zu Bertolt Brecht. Der aufhaltsame Aufstieg des Arturo Ui*. Hollfeld: Bange, 1999.

Mau, Hermann/ Helmut Krausnick: *Deutsche Geschichte der jüngsten Vergangenheit 1933-1945*. Tübingen: Wunderlich/ Stuttgart: Metzler, 1959.（マウ，H.／H. クラウスニック『ナチスの時代——ドイツ現代史』内山敏訳，岩波新書，1961年）

Moltmann, Günter/ Karl Friedrich Reimers (Hrsg.): *Zeitgeschichte im Film- und Tondokument*. Göttingen/ Zürich/ Frankfurt: Musterschmidt, 1970.

Müller, Karl Alexander von: *Mars und Venus. Erinnerungen 1914-1919*.

Menschengeschlechts. Berlin: Druckerei der Königlichen Akademie der Wissenschaften, 1836.（フンボルト、ヴィルヘルム・フォン『言語と精神——カヴィ語研究序説』亀山健吉訳，法政大学出版局，1984年）

Illustrierter Beobachter. 1926–1945, München: Eher.

Jowett, Garth/ Victoria O'Donnell: *Propaganda and persuasion*. Thousand Oaks: Sage, 1992.（ジャウエット，ガース・S／ビクトリア・オドンネル『大衆操作——宗教から戦争まで』松尾光晏訳，ジャパンタイムズ，1993年）

Kallio, Kari: Original Hitler-Band im Lahti-Radiomuseum gefunden. In: *Radio-Kurier-weltweit hören*, Heft 21–22（2004）, S. 9.

Kampf um's Dritte Reich. Eine historische Bilderfolge. Altona-Bahrenfeld : Cigaretten-Bilderdienst, 1933.

Kempowski, Walter（Hrsg.）: *Haben Sie Hitler gesehen? Deutsche Antworten*. München: Hanser, 1973.（ケンポウスキ，ワルター（編）『君はヒトラーを見たか——同時代人の証言としてのヒトラー体験』到津十三男訳，サイマル出版会，1973年）

Kershaw, Ian: *The "Hitler Myth". Image and reality in the Third Reich*. Oxford: Oxford University Press, 1987.（ケルショー，イアン『ヒトラー神話——第三帝国の虚像と実像』柴田敬二訳，刀水書房，1993年）

Kershaw, Ian: *Hitler*. London: Longman, 1991.（カーショー，イアン『ヒトラー——権力の本質』石田勇治訳，白水社，1999年）

Kershaw, Ian: *Hitler I: Hitler 1889–1936, II: Hitler 1936–1945, III: Hitler 1889–1945, Registerband. Gesamtausgabe*. Aus dem Englischen von Jürgen Peter Krause und Jörg W. Rademacher. München: Deutscher Taschenbuch Verlag, 2002.

Klemperer, Victor: *LTI. Notizbuch eines Philologen*. Berlin: Aufbau, 1947.（クレムペラー，ヴィクトール『第三帝国の言語〈LTI〉——ある言語学者のノート』羽田洋ほか訳，法政大学出版局，1974年）

Kopperschmidt, Josef（Hrsg.）: *Hitler der Redner*. München: Fink, 2003.

Kubizek, August: *Adolf Hitler. Mein Jugendfreund*. Graz: Stocker, 1953.（クビツェク，アウグスト『アドルフ・ヒトラー——我が青春の友』船戸満之・宗宮好和・桜井より子・宍戸節太郎訳，MK出版社，2004年）

Lausberg, Heinrich: *Elemente der literarischen Rhetorik. Eine Einfüh-*

ラーとナチス——第三帝国の思想と行動』関楠生訳，現代教養文庫，1963年）

Grieswelle, Detlef: *Propaganda der Friedlosigkeit. Eine Studie zu Hitlers Rhetorik 1920-1933*. Stuttgart: Enke, 1972.

Grünert, Horst: Deutsche Sprachgeschichte und politische Geschichte in ihrer Verflechtung. In: Werner Besch/ Anne Betten/ Oskar Reichmann/ Stefan Sonderegger (Hrsg.): *Sprachgeschichte. Ein Handbuch zur Geschichte der deutschen Sprache und ihrer Erforschung*. 1. Halbband. Berlin/ New York: de Gruyter, 1984, S. 29-37.

Hadamovsky, Eugen: *Propaganda und nationale Macht. Die Organisation der öffentlichen Meinung für die nationale Politik*. Oldenburg: Stalling, 1933.

Hamann, Brigitte: *Hitlers Wien. Lehrjahre eines Diktators*. München/ Zürich: Piper, 1996.

Hanfstaengl, Ernst: *Zwischen Weißem und Braunem Haus. Memoiren eines politischen Außenseiters*. München: Piper, 1970.

Häusermann, Jürg (Hrsg.): *Inszeniertes Charisma. Medien und Persönlichkeit*. Tübingen: Niemeyer, 2001.

Hensle, Michael P.: *Rundfunkverbrechen. Das Hören von "Feindsendern" im Nationalsozialismus*. Berlin: Metropol, 2003.

Hermann-Neiße, Max: *Der falsche Magier. Gedichte und Essays*. London: Freier Deutscher Kulturbund in Großbritannien, 1943.

Herz, Rudolf: *Hoffmann & Hitler. Fotografie als Medium des Führer-Mythos*. München: Klinkhardt & Biermann, 1994.

Heuss, Theodor: *Hitlers Weg. Eine historisch-politische Studie über den Nationalsozialismus*. Stuttgart/ Berlin/ Leipzig: Union Deutsche Verlagsgesellschaft, 1932.

Hitler, Adolf: *Mein Kampf*. Band. 1. München: Eher, 1925. Band. 2. München: Eher, 1926.（ヒトラー，アドルフ『完訳 わが闘争』全2巻，平野一郎・将積茂訳，角川文庫，1973年）

Hoffmann, Heinrich (Hrsg.): *Hitler über Deutschland*. Text von Josef Berchtold. München: Eher, 1932.

Hoffmann, Heinrich: *Hitler, wie ich ihn sah. Aufzeichnungen seines Leibfotografen*. Müchen/ Berlin: Herbig, 1974.

Humboldt, Wilhelm von: *Über die Verschiedenheit des menschlichen Sprachbaues und ihren Einfluß auf die geistige Entwickelung des*

Mannheim/ Leipzig/ Wien/ Zürich: Dudenverlag, 2008.
Ehlich, Konrad (Hrsg.): *Sprache im Faschismus*. Frankfurt am Main: Suhrkamp, 1989.
Elspaß, Stephan: *Phraseologie in der politischen Rede*. Opladen: Westdeutscher Verlag, 1998.
Epping-Jäger, Cornelia/ Erika Linz (Hrsg.): *Medien/ Stimmen*. Köln: DuMont, 2003.
Epping-Jäger, Cornelia/ Gisela Fehrmann/ Erika Linz: *Spuren Lektüren. Praktiken des Symbolischen*. München: Fink, 2005.
Ernst, Paul: Adolf Hitlers "österreichisches Deutsch". Eine ohrenphonetische Analyse historischer Film- und Tondokumente. In: *Zeitschrift für Mitteleuropäische Germanistik*, 3. Jg. (2013), S. 29-44.
Eyck, Erich: *Geschichte der Weimarer Republik*. Zürich/ Stuttgart: Rentsch, 1959.(アイク，エーリッヒ『ワイマル共和国史』全4巻，救仁郷繁訳，ぺりかん社，1983～89年)
Fest, Joachim C.: *Hitler. Eine Biographie*. Frankfurt am Main: Propyläon, 1973.(フェスト，ヨアヒム『ヒトラー』全2巻，赤羽龍夫ほか訳，河出書房新社，1975年)
Focke, Harald/ Uwe Reimer: *Alltag unterm Hakenkreuz. Wie die Nazis das Leben der Deutschen veränderten*. Reinbek: Rowohlt, 1979.(フォッケ，H.／U.ライマー『ヒトラー政権下の日常生活——ナチスは市民をどう変えたか』山本尤・鈴木直訳，社会思想社，1984年)
Franz-Willing, Georg: *Die Hitler-Bewegung 1925-1934*. Preussisch Oldendorf: Deutsche Verlagsgesellschaft, 2001.
Gellately, Robert: *Backing Hitler. Consent and coercion in Nazi Germany*. Oxford: Oxford University Press, 2001.(ジェラテリー，ロバート『ヒトラーを支持したドイツ国民』根岸隆夫訳，みすず書房，2008年)
Gerdien, Hans: Über klanggetreue Schallwiedergabe mittels Lautsprecher. In: *Telefunken-Zeitung*, Jg. 8 (1928), S. 28-43.
Gethmann, Daniel/ Markus Stauff (Hrsg.): *Politiken der Medien*. Zürich/ Berlin: Diaphanes, 2005.
Glaser, Hermann: *Das Dritte Reich. Anspruch und Wirklichkeit*. Freiburg i. Br./ Basel/ Wien: Herder, 1961.(グラッサー，ヘルマン『ヒト

1977.
Bruns, Brigitte: Der inszenierte Führer. Zur politischen Fotografie des Nationalsozialismus. In: *Luzifer-Amor. Zeitschrift zur Geschichte der Psychoanalyse*, 5. Jg. (1992), S. 25-42.
Bubenhofer, Noah: *Sprachgebrauchsmuster. Korpuslinguistik als Methode der Diskurs-und Kulturanalyse*. Berlin/ New York: de Gruyter, 2009.
Bull, Peter: *Posture and Gesture*. Oxford: Pergamon, 1987.（ブゥル， P.『姿勢としぐさの心理学』市河淳章・高橋超編訳，飯塚雄一・大坊郁夫訳，北大路書房，2001年）
Burke, Kenneth: *Die Rhetorik in Hitlers "Mein Kampf" und andere Essays zur Strategie der Überredung*. Frankfurt am Main: Suhrkamp, 1967.（バーク，ケネス「ヒトラーの『我が闘争』における修辞」『象徴と社会』森常治訳，法政大学出版局，1994年，350～376頁）
Burkhardt, Armin: Vom Schlagwort über die Tropen zum Sprechakt. Begriffe und Methoden der Analyse politischer Sprache. In: *Der Deutschunterricht*, 55 (2003), S. 10-23.
Chaplin, Charles: *My Autobiography*. New York: Simon and Schuster, 1964.（チャップリン，チャールズ『チャップリン自伝』中野好夫訳，新潮社，1966年）
Ciolek-Kümper, Jutta: *Wahlkampf in Lippe. Die Wahlkampfpropaganda der NSDAP zur Landtagswahl am 15. Januar 1933*. München: Dokumentation, 1976.
Das danken wir dem Führer! Sine loco, 1938.
Deuerlein, Ernst: Hitlers Eintritt in die Politik und die Reichswehr. In: *Vierteljahrshefte für Zeitgeschichte*, 7. Jg. (1959), S. 177-227.
Deuerlein, Ernst (Hrsg.): *Der Hitler-Putsch. Bayerische Dokumente zum 8./9. November 1923*. Stuttgart: Deutsche Verlags-Anstalt, 1962.
Deuerlein, Ernst: *Der Aufstieg der NSDAP in Augenzeugenberichten*. Düsseldorf: Rauch, 1968.
Deutschland-Berichte der Sopade. Jahrgänge 1934-1940. Frankfurt am Main: Zweitausendeins, 1980.
Deutschland erwacht. Werden, Kampf und Sieg der NSDAP. Altona-Bahrenfeld : Cigaretten-Bilderdienst, 1933.
Diller, Ansgar: *Rundfunkpolitik im Dritten Reich*. München: Deutscher Taschenbuch Verlag, 1980.
Ebner, Jakob: *Duden. Österreichisches Deutsch. Eine Einführung*.

Dube, Christan: *Religiöse Sprache in Reden Adolf Hitlers. Analysiert an Hand ausgewählter Reden aus den Jahren 1933–1945*. Norderstedt: Books on Demand, 2004.

Eikmeyer, Robert（Hrsg.）: *Adolf Hitler. Reden zur Kunst- und Kulturpolitik 1933–1939*. Frankfurt am Main: Revolver, 2004.

《欧文文献》

Adolf Hitler. Bilder aus dem Leben des Führers. Hamburg-Bahrenfeld: Cigaretten-Bilderdienst, 1936.

Arenhövel, Alfons: *Arena der Leidenschaften. Der Berliner Sportpalast und seine Veranstaltungen 1910–1973*. Berlin: Arenhövel, 1990.

Atkinson, Max: *Our masters' voices. The language and body language of politics*. London/ New York: Methuen, 1984.

Atze, Marcel: *"Unser Hitler". Der Hitler-Mythos im Spiegel der deutschsprachigen Literatur nach 1945*. Göttingen: Wallstein, 2003.

Beck, Hans-Rainer: *Politische Rede als Interaktionsgefüge: Der Fall Hitler*. Tübingen: Niemeyer, 2001.

Behrens, Manfred *et al.*: *Faschismus und Ideologie* 1. Berlin: Argument-Verlag, 1980.

Bennecke, Heinrich: *Hitler und die SA*. München/ Wien: Olzog, 1962.

Beyer, Marcel: *Flughunde*. Frankfurt am Main: Suhrkamp, 1995.（バイアー，マルセル『夜に甦る声』長澤崇雄訳，三修社，1997年）

Boberach, Heinz（Hrsg.）: *Meldungen aus dem Reich 1938–1945. Die geheimen Lageberichte des Sicherheitsdienstes der SS*. 17 Bände. Herrsching: Pawlak, 1984.

Boelcke, Willi A.（Hrsg.）: *"Wollt Ihr den totalen Krieg?" Die geheimen Goebbels-Konferenzen 1939–1943*. Stuttgart: Deutscher Taschenbuch Verlag, 1969.

Brecht, Bertolt: *Der aufhaltsame Aufstieg des Arturo Ui*. Berlin: Suhrkamp, 1955.（ブレヒト，ベルトルト「アルトゥロ・ウイの興隆――それは抑えることができた」『ブレヒト戯曲全集』第6巻，岩淵達治訳，未來社，1999年）

Broszat, Martin/ Elke Fröhlich/ Falk Wiesemann（Hrsg.）: *Bayern in der NS-Zeit. Soziale Lage und politisches Verhalten der Bevölkerung im Spiegel vertraulicher Berichte*. München/ Wien: Oldenbourg,

Der Parteitag der Arbeit vom 6. bis 13. September 1937. Offizieller Bericht über den Verlauf des Reichsparteitages mit sämtlichen Kongreßreden. München: Zentralverlag der NSDAP, 1938.

Führerbotschaft an Volk und Welt. Reichstagsrede vom 20. Februar 1938. München: Zentralverlag der NSDAP, 1938.

Der Parteitag Großdeutschland vom 5. bis 12. September 1938. Offizieller Bericht über den Verlauf des Reichsparteitages mit sämtlichen Kongreßreden. München: Zentralverlag der NSDAP, 1938.

Reden des Führers am Parteitag Großdeutschland 1938. München: Zentralverlag der NSDAP, 1939.

Führer-Reden zum Winterhilfswerk 1937 und 1938. Berlin: Zentralverlag der NSDAP, 1939.

Der Führer antwortet Roosevelt. Reichstagsrede vom 28. April 1939. München: Zentralverlag der NSDAP, 1939.

Der großdeutsche Freiheitskampf. Reden Adolf Hitlers. I. Band vom 1. September 1939 bis 10. März 1940, II. Band vom 10. März bis 16. März 1941. Zwei Bände in einem Band, München: Zentralverlag der NSDAP, 1943. III. Band. vom 16. März 1941 bis 15. März 1942. München: Zentralverlag der NSDAP, 1943.

Rede Adolf Hitlers zur Eröffnung des Kriegswinterhilfswerks 1942/43 im Berliner Sportpalast am 30. September 1942. Berlin: Greve, 1942.

Domarus, Max (Hrsg.): *Reden und Proklamationen 1932–1945*. 4 Bände. München: Süddeutscher Verlag, 1965.

Kotze, Hildegart von/ Helmut Krausnick (Hrsg.): *"Es spricht der Führer". 7 exemplarische Hitler-Reden*. Gütersloh: Mohn, 1966.

Klöss, Erhard (Hrsg.): *Reden des Führers. Politik und Propaganda Adolf Hitlers 1922–1945*. München: Deutscher Taschenbuch Verlag, 1967.

Jäckel, Eberhard (Hrsg.): *Hitler. Sämtliche Aufzeichnungen 1905–1924*. Stuttgart: Deutsche Verlags-Anstalt, 1980.

Hitler. Reden, Schriften, Anordnungen, Februar 1925 bis Januar 1933. Herausgegeben vom Institut für Zeitgeschichte. 5 Bände. München: Saur, 1992–1998.

Plöckinger, Othmar: *Reden um die Macht? Wirkung und Strategie der Reden Adolf Hitlers im Wahlkampf zu den Reichstagswahlen am 6. November 1932*. Wien: Passagen, 1999.

文献一覧

《ヒトラーの演説》（出版年順）

Boepple, Ernst（Hrsg.）: *Adolf Hitlers Reden*. München: Deutscher Volksverlag, 1934.

Die Reden Hitlers als Kanzler. Das junge Deutschland will Arbeit und Frieden. München: Eher, 1934.

Die Reden Hitlers für Gleichberechtigung und Frieden. München: Zentralverlag der NSDAP, 1934.

Der Kongreß zu Nürnberg vom 5. bis 10. September 1934. Offizieller Bericht über den Verlauf des Reichsparteitages mit sämtlichen Kongreßreden. 2. Aufl. München: Zentralverlag der NSDAP, 1935.

Der Parteitag der Freiheit vom 10. bis 16. September 1935. Offizieller Bericht über den Verlauf des Reichsparteitages mit sämtlichen Kongreßreden. München: Zentralverlag der NSDAP, 1935.

Die Reden Hitlers am Parteitag der Freiheit 1935. München: Zentralverlag der NSDAP, 1935.

Rede des Führers und Reichskanzlers Adolf Hitler vor dem Reichstag am 21. Mai 1935. In: *Verhandlungen des Reichstags IX. Wahlperiode 1933*. Band 458. *Stenographische Berichte. Anlagen zu den Stenographischen Berichten*. Berlin: Reichsdruckerei, 1936.

Reden des Führers am Parteitag der Ehre 1936. Historische Reichstagsrede vom 7. März 1936. Rede am Bückeberg. Rede zum Winterhilfswerk. München/ Berlin: Zentralverlag der NSDAP, 1936.

Der Parteitag der Ehre vom 8. bis 14. September 1936. Offizieller Bericht über den Verlauf des Reichsparteitages mit sämtlichen Kongreßreden. München: Zentralverlag der NSDAP, 1936.

Des Führers Kampf um den Weltfrieden. München: Zentralverlag der NSDAP, 1936.

Reden des Führers und Reichskanzlers Adolf Hitler vor dem Reichstag am 30. Januar 1937. Berlin: Müller & Sohn, 1937.

Reden des Führers am Parteitag der Arbeit 1937. München: Zentralverlag der NSDAP, 1938.

Arbeiter zusammenfügt zu einer Gemeinschaft und über allen stehen läßt des Reiches Wehr und Waffen.

かくして実際に，今日，この五月一日は，ドイツ民族が永遠の分裂，分断，相互の無理解と相互の争いから復興する輝かしい祝日である．新しい偉大な民族共同体が立ち上がる輝かしい日である．それ（この民族共同体）はあらゆる地域を越えて広がり，都市と田舎をともにまとめ，労働者，農民，インテリそして精神労働者をともにつなぎ合わせて，国の武力をなによりも勝ったものにする．

《演説⑬》1938年3月18日，国会でのオーストリア併合の「勝利演説」（ベルリン）

Welch stolzere Befriedigung kann es auf dieser Welt für einen Mann geben, als die Menschen der eigenen Heimat in die größere Volksgemeinschaft geführt zu haben! Ein Volk, ein Reich, Deutschland! Sieg Heil!

このように自らの故郷の人々をより大きな民族共同体へ導き入れたこと以上に誇らしい満足が，ひとりの人間にとってこの世界にありうるだろうか．一つの民族，一つの帝国，ドイツ！　勝利万歳！

《演説⑧》1935年10月6日，「全国収穫祭」にて（ビュッケベルク）
Sicherheit des täglichen Brotes, und Sicherheit des Gründens auf eigene Kraft. Dies sind die allein sicheren Garanten der Unabhängigkeit und der Freiheit eines Volkes.
　日々のパンを確かにすること，そして自力で立つことを確かにすること．これこそが，国民に自立と自由を確かにする唯一の方法である．

《演説⑨》1935年9月14日，党大会，ヒトラーユーゲントを前にして（ニュルンベルク）
In unseren Augen, da muß der deutsche Junge der Zukunft schlank und rank sein, flink wie Windhunde, zäh wie Leder und hart wie Kruppstahl.
　われわれが見るところ，未来のドイツの青少年はすらりとほっそりとした立ち姿でなければならない．グレーハウンド犬のように敏捷に，皮革のように強靭に，そしてクルップ鋼のようにかたく．

《演説⑩》1934年8月17日（？），造船労働者を前にして（ハンブルク？）
　　→『平和を求めての3年間の闘争』《演説②》と同一

《演説⑪》1935年10月8日，「冬季貧民救済事業」開始の公式行事で
Sage mir nicht: Ja, aber es ist doch lästig, immer diese Sammlungen. Du hast nie den Hunger kennengelernt, sonst würdest du wissen, wie lästig der Hunger ist.
　いつもこのように収集の作業をするのは厄介なことだと，言ってほしくない．あなたは空腹の経験が一度もないだろう．でなければ，あなたは空腹がどれほど厄介なことであるかを知っているはずだ．

《演説⑫》1937年5月1日，「国民労働の日」の公式行事にて（ベルリン）
Und so ist denn dieser Tag, dieser 1. Mai, der glanzvolle Feiertag der Wiederauferstehung des deutschen Volkes aus ewiger Zerrissenheit, Zersplitterung, gegenseitigem Nichtverstehen und gegenseitigem Kampf. Es ist der glanzvolle Tag der Aufrichtung einer neuen großen Volksgemeinschaft, die über alle Gebiete hinweg sich breitet, die Stadt und Land zusammenfaßt, Arbeiter, Bauer, Intellektuelle, geistige

われはこの永遠のばかげた戦争を続けるつもりはない.

《演説⑤》1935年9月14日，党大会，ヒトラーユーゲントを前にして（ニュルンベルク）

Der einzige Vorbehalt, den wir für unsere Friedensliebe aufstellen müssen. Keinem etwas zu Leide tun und von keinem ein Leid erdulden!

われわれが平和を希求する際に心がけるべき唯一の前提は，誰にも痛みを与えないこと，そして誰からも痛みを受けないことである.

《演説⑥》1936年3月12日，選挙遊説にて（カールスルーエ）

Nicht meinetwegen bitte ich Sie, daß Sie an diesem 29. Ihre Pflicht erfüllen, sondern unseres Volkes und seiner Zukunft wegen. Denn wir sind vergänglich, aber Deutschland wird bestehen! Wir werden sterben, aber Deutschland muß leben, jetzt und immerdar!

来る二十九日（投票日のこと）にみなさんがみなさんの義務を果たすようにというお願いは，私のために言っているのではなくて，われらが国民そしてその未来のために言っているのである．われわれははかない存在であるが，しかしドイツは存在しつづけるであろう．われわれは死ぬであろうが，しかしドイツは永遠に生きつづけねばならない.

B　『昨日と今日』（Gestern und heute，本文197頁参照）

《演説⑦》1933年11月10日，ジーメンスシュタットで労働者を前にして（ベルリン）

Meine deutschen Arbeiter! Ich bin aus euch selbst herausgewachsen, bin einst selbst unter euch gestanden, bin in viereinhalb Jahren Krieg wieder mitten unter euch gewesen... Nicht die intellektuellen Schichten haben mir den Mut gegeben, dieses gigantische Werk zu beginnen, sondern — das kann ich sagen — den Mut habe ich nur gefaßt, weil ich zwei Schichten kannte, den Bauer und den deutschen Arbeiter.

ドイツの労働者のみなさん．私はみなさん自身と同じ労働者の出であり，かつてはみなさんといっしょに並び，四年半の間は戦地でみなさんといっしょに過ごした……私にこの巨大な仕事を始める勇気をくれたのはインテリ層ではなくて，言っておくが，その勇気が持てたのは農民と労働者というふたつの層を私が知っていたからなのである.

anständigen Volk auf dieser Welt auseinanderzusetzen hat.

われわれは世界の誰とも喧嘩をするつもりはない．ある民族がしっかりとひとつの統一体に統合されそうと見るや，喧嘩をふっかけようと待ちかまえている他国もある．彼らは，われわれが分かつことができない強固な一枚岩になっていることを知るにちがいない．平和を欲する者は，それゆえ，この世界で誠実で品性ある民族に対して採るのと同じ態度で，平和と取り組まねばならない．

《演説③》1935年5月1日，「国民労働の日」の公式行事にて（ベルリン）

Es ist das Unglück der Menschheit, daß ihre Führungen nur zu oft vergessen, daß die letzte Stärke überhaupt nicht in den Divisionen und Regimenten und nicht in den Kanonen und Tanks liegt, sondern daß die größte Stärke für jede Führung im Volke selbst liegt, in der Einmütigkeit eines Volkes, in der inneren Geschlossenheit eines Volkes, im idealistischen Glauben eines Volkes. Das ist die Kraft, die am Ende Berge des Widerstandes versetzen kann!

不幸なことに，政権にある者たちはほとんどの場合に忘れ去ってしまっているのだが，最終的な強さというものはそもそも師団や連隊，大砲や戦車の数にあるのではなく，政権にとっての最大の強さは国民自体のなかに，一致団結した国民，内面で連帯した国民，理念を確信した国民のなかにある．この国民の力があってこそ，山のような障害も最後には取り除くことができるのである．

《演説④》1936年2月／3月（？），選挙遊説にて

Ich mache gar keine Gesten, sondern ich verhalte mich aufrichtig und ehrlich. Die Welt kann es jederzeit sehen. Was will ich denn von ihr? Was hab ich getan in diesen drei Jahren? Ich habe mich bemüht, ehrliche Voraussetzungen für einen Frieden zu schaffen. Wir wollen dem französischen Volk die Hand geben. Wir wollen nicht diesen ewigen, wahnsinnigen Kampf weiterführen.

私はポーズだけの人間ではなく，誠実できちんとした振る舞いをする人間である．そのことを世界中がいつでも見てわかっている．私は，はたして世界に何を望もうか．私はこの三年間に何をしてきたのか．私はただ，必要なことをきちんと行って平和を実現するように尽力してきた．われわれは，フランス国民に手を差し伸べたいと思う．われ

2　選挙キャンペーン映画のなかの演説（転写テクスト）

＊それぞれの演説文の日時と場所は，筆者が「ヒトラー演説150万語データ」等と照合して調べたものである（完全な確定が困難であった演説については疑問符を付けておく）．なお，演説を書き取ってみると，文法的に一貫しない事例もあったことを付言しておく．

A　映画『平和を求めての三年間の闘争』(Drei Jahre Kampf um Frieden，1936年，本文184頁参照)

《演説①》1936年2月／3月（？），選挙遊説にて

Über drei Jahre führe ich nun die Geschäfte des Reiches und damit das deutsche Volk. In diesen drei Jahren ist meiner Überzeugung nach Unendliches geleistet worden. Vor allem haben wir unserem Volk in diesen drei Jahren versucht, die gleiche Kraft zu geben, wie sie andere Völker besitzen, haben wir uns bemüht, dieses deutsche Volk in eine Form zu bringen, in der es geistig, moralisch und auch sachlich widerstandfähig ist auf dieser Welt; haben wir uns bemüht in diesen drei Jahren den Frieden zu bewahren und den Frieden zu sichern, haben wir in diesen drei Jahren Deutschland...

三年以上にわたり私は国の職務を指揮し，ドイツ国民を指揮している．私の確信するところ，この三年間に，計り知れないことが成し遂げられた．とりわけわれわれはこの三年間に，他国民が持っているのと同じ力をわが国民に与えるよう試みてきた．われわれは，この世界において精神面，道義面，そして実際面で抵抗力をつける方法をこのドイツ国民に教えるように努めてきた．われわれはこの三年間に，平和を守り，平和を確かなものにするよう努めてきた．われわれはこの三年間に，ドイツを……

《演説②》1935年頃，造船労働者を前にして（ハンブルク？）

Wir wollen mit niemandem Händel in der Welt, allein die andere Welt, die wird nur dazu bereit sein, wenn sie sieht, daß sie mit einem Volk — geschlossen in einer Einheit zusammengefaßt — zu rechnen hat. Sie müssen wissen, daß dieses Volk ein unzertrennlicher Block geworden ist. Wer den Frieden will und mit dem sie sich daher auch so auseinandersetzen müssen, wie man sich mit einem ehrlichen und aller Hemmungen und Verfolgungen, aller Verbote und aller Versuche, die Führer lahm zu legen, wächst die Bewegung dennoch ununterbrochen. ⑰ Wer hätte noch vor 4-5 Jahren geahnt, daß sich die Bewegung selbst auf die kleinen Orte des Reiches ausdehnen würde? ⑱ Wir müssen vor allem eingedenk sein des Satzes: Der Wille ebnet den Weg. ⑲ Wenn uns jemand sagt, wir seien eine Konjunkturpartei, können wir getrost ja sagen. ⑳ Der heutige Boden in Deutschland gibt den besten Boden für unsere Bewegung.

［Ⅳ］ ㉑ Es mögen noch 20 oder 100 Jahre vergehen, ehe unsere Idee siegreich ist. ㉒ Es mögen die, die heute an die Idee glauben, sterben, was bedeutet ein Mensch in der Entwicklung eines Volkes, der Menschheit? ㉓ Es wird eine Zeit kommen, wo unsere Idee anerkannt sein wird. ㉔ Wir müssen daher den Kampf ausfechten, müssen ihn so ausfechten, daß spätere Generationen von uns sagen können, wir haben den Kampf richtig, nicht nur als Deutsche, sondern als Christen bestanden.

ヒトラー演説のドイツ語原文

1　ディンゴルフィングにおけるナチ党集会での演説（Rede auf NSDAP-Versammlung in Dingolfing，1925年12月12日，本文78頁参照）

［Ⅰ］① Die Zeit, in der sich das Ereignis abspielte, das wir zu Weihnachten feiern, trägt in vielem ähnliche Züge wie die heutige Zeit. ② Auch damals eine vom Judentum verseuchte materialistische Welt. ③ Auch damals kam die Überwindung nicht von staatlichen Machtmitteln, sondern durch eine Heilslehre, deren Verkünder geboren wurde unter den erbärmlichsten Verhältnissen. ④ Und doch feiern alle Menschen, die arischen Blutes sind, noch heute diese Geburt. ⑤ Christus war arischen Blutes.

［Ⅱ］⑥ Wir haben auch heute wieder eine Periode, von Gift erzeugt und der Unfähigkeit, durch staatliche Machtmittel ihrer Herr zu werden. ⑦ So treibt uns denn alle heute im Grunde genommen festester christlicher Glaube, wenn wir für eine Bewegung kämpfen, die die Menschen unseres Blutes aus dieser Welt des Materialismus befreien und ihnen den seelischen Frieden wieder geben will. ⑧ Wir Nationalsozialisten sehen in dem Werke Christi die Möglichkeit, durch einen fanatischen Glauben das Ungeheuerlichste zu erreichen. ⑨ Christus ist in einer verfaulten Welt erstanden, hat den Glauben gepredigt, zuerst verhöhnt, und doch ist aus diesem Glauben eine große Weltbewegung geworden. ⑩ Wir wollen das gleiche auf politischem Gebiete herbeiführen. ⑪ Die eine Überzeugung darf jeder Nationalsozialist im Herzen tragen, wenn wir mit eiserner Energie, Beharrlichkeit und höchstem Glauben unser Werk durchführen, dann wird unser Werk von keiner irdischen Macht gebrochen werden können. ⑫ Auch die Macht von Geld und Gold wird gebrochen werden, denn Gold ist nicht das höchste in der Welt.

［Ⅲ］⑬ Wir dürfen die Überzeugung haben, daß sich unsere Idee, wenn sie an sich richtig ist, durchsetzen wird. ⑭ Und sie ist richtig und setzt sich durch. ⑮ Das zeigt sich auch heute in Deutschland. ⑯ Trotz

高田博行（たかだ・ひろゆき）

1955年（昭和30年），京都市に生まれる．大阪外国語大学大学院修士課程修了．Dr. phil.（文学博士）．フンボルト財団招聘研究員，大阪外国語大学教授，関西大学教授などを経て，現在，学習院大学文学部教授．第28回ドイツ語学文学振興会奨励賞受賞（1988年），第９回日本独文学会賞受賞（2011年），第53回日本翻訳出版文化賞受賞（2017年）．*Germanistik*（de Gruyter）国際編集顧問．*Journal of Historical Sociolinguistics*（de Gruyter）編集委員．専門は近現代のドイツ語史．

著 書 *Grammatik und Sprachwirklichkeit von 1640-1700*. de Gruyter, 2011.
『歴史語用論入門』（共編著，大修館書店，2011年）
『言語意識と社会』（共編著，三元社，2011年）
『講座 ドイツ言語学』（全３巻，責任編集，ひつじ書房，2013～14年）
『歴史語用論の世界』（共編著，ひつじ書房，2014年）
『歴史社会言語学入門』（共編著，大修館書店，2015年）
『断絶のコミュニケーション』（共編著，ひつじ書房，2019年）ほか

ヒトラー演説《えんぜつ》 2014年６月25日初版
中公新書 *2272* 2019年６月30日10版

著 者 高 田 博 行
発行者 松 田 陽 三

本文印刷 三晃印刷
カバー印刷 大熊整美堂
製 本 小泉製本

発行所 中央公論新社
〒100-8152
東京都千代田区大手町 1-7-1
電話 販売 03-5299-1730
編集 03-5299-1830
URL http://www.chuko.co.jp/

Published by CHUOKORON-SHINSHA, INC.
Printed in Japan ISBN978-4-12-102272-1 C1222

中公新書刊行のことば

いまからちょうど五世紀まえ、グーテンベルクが近代印刷術を発明したとき、書物の大量生産は潜在的可能性を獲得し、いまからちょうど一世紀まえ、世界のおもな文明国で義務教育制度が採用されたとき、書物の大量需要の潜在性が形成された。この二つの潜在性がはげしく現実化したのが現代である。

いまや、書物によって視野を拡大し、変りゆく世界に豊かに対応しようとする強い要求を私たちは抑えることができない。この要求にこたえる義務を、今日の書物は背負っている。だが、その義務は、たんに専門的知識の通俗化をはかることによって果たされるものでもなく、通俗的好奇心にうったえて、いたずらに発行部数の巨大さを誇ることによって果たされるものでもない。現代を真摯に生きようとする読者に、真に知るに価いする知識だけを選びだして提供すること、これが中公新書の最大の目標である。

私たちは、知識として錯覚しているものによってしばしば動かされ、裏切られる。私たちは、作為によってあたえられた知識のうえに生きることがあまりに多く、ゆるぎない事実を通して思索することがあまりにすくない。中公新書が、その一貫した特色として自らに課すものは、この事実のみの持つ無条件の説得力を発揮させることである。現代にあらたな意味を投げかけるべく待機している過去の歴史的事実もまた、中公新書によって数多く発掘されるであろう。

中公新書は、現代を自らの眼で見つめようとする、逞しい知的な読者の活力となることを欲している。

一九六二年一一月

中公新書

世界史

e2

2050 新・現代歴史学の名著 樺山紘一編著
2223 世界史の叡智 本村凌二
2253 禁欲のヨーロッパ 佐藤彰一
2409 贖罪のヨーロッパ 佐藤彰一
2467 剣と清貧のヨーロッパ 佐藤彰一
2516 宣教のヨーロッパ 佐藤彰一
1045 物語 イタリアの歴史 藤沢道郎
1771 物語 イタリアの歴史 II 藤沢道郎
2508 貨幣が語る ローマ帝国史 比佐 篤
2413 ガリバルディ 藤澤房俊
2152 物語 近現代ギリシャの歴史 村田奈々子
2440 バルカン―「ヨーロッパの火薬庫」の歴史 M・マゾワー 井上廣美訳
1635 物語 スペインの歴史 岩根圀和
1750 物語 スペインの歴史 人物篇 岩根圀和
1564 物語 カタルーニャの歴史 田澤 耕

1963 物語 フランス革命 安達正勝
2286 マリー・アントワネット 安達正勝
2466 ナポレオン時代 A・ホーン 大久保庸子訳
2529 ナポレオン四代 野村啓介
2027 物語 ストラスブールの歴史 内田日出海
2318 2319 物語 イギリスの歴史(上下) 君塚直隆
2167 イギリス帝国の歴史 秋田 茂
1916 ヴィクトリア女王 君塚直隆
1215 物語 アイルランドの歴史 波多野裕造
1420 物語 ドイツの歴史 阿部謹也
2304 ビスマルク 飯田洋介
2490 ヴィルヘルム2世 竹中 亨
2434 物語 オランダの歴史 桜田美津夫
2279 物語 ベルギーの歴史 松尾秀哉
1838 物語 チェコの歴史 薩摩秀登
2445 物語 ポーランドの歴史 渡辺克義
1131 物語 北欧の歴史 武田龍夫

2456 物語 フィンランドの歴史 石野裕子
1758 物語 バルト三国の歴史 志摩園子
1655 物語 ウクライナの歴史 黒川祐次
1042 物語 アメリカの歴史 猿谷 要
2209 アメリカ黒人の歴史 上杉 忍
1437 物語 ラテン・アメリカの歴史 増田義郎
1935 物語 メキシコの歴史 大垣貴志郎
1547 物語 オーストラリアの歴史 竹田いさみ
2545 物語 ナイジェリアの歴史 島田周平
1644 ハワイの歴史と文化 矢口祐人
2442 海賊の世界史 桃井治郎
518 刑吏の社会史 阿部謹也
2451 トラクターの世界史 藤原辰史
2368 第一次世界大戦史 飯倉 章
2546 物語 オーストリアの歴史 山之内克子

中公新書

現代史

2105 昭和天皇　古川隆久
2309 朝鮮王公族―帝国日本の準皇族　新城道彦
2482 日本統治下の朝鮮　木村光彦
632 海軍と日本　池田　清
2192 政友会と民政党　井上寿一
377 満州事変　臼井勝美
1138 キメラ―満洲国の肖像（増補版）　山室信一
2348 日本陸軍とモンゴル　楊　海英
1232 軍国日本の興亡　猪木正道
2144 昭和陸軍の軌跡　川田　稔
76 二・二六事件（増補改版）　高橋正衛
2059 外務省革新派　戸部良一
1951 広田弘毅　服部龍二
795 南京事件（増補版）　秦　郁彦
84 90 太平洋戦争（上下）　児島　襄

2465 日本軍兵士―アジア・太平洋戦争の現実　吉田　裕
2387 戦艦武蔵　一ノ瀬俊也
2525 硫《い》黄《おう》島《とう》　石原　俊
2337 特攻―戦争と日本人　栗原俊雄
244 248 東京裁判（上下）　児島　襄
2015 「大日本帝国」崩壊　加藤聖文
2296 日本占領史 1945-1952　福永文夫
2175 残留日本兵　林　英一
2411 シベリア抑留　富田　武
2471 戦前日本のポピュリズム　筒井清忠
2171 治安維持法　中澤俊輔
1759 言論統制　佐藤卓己
828 清沢《きよさわ》洌《きよし》（増補版）　北岡伸一
1243 石橋湛山　増田　弘
2515 小泉信三―天皇の師として、自由主義者として　小川原正道

現代史

f 3

27 ワイマル共和国 林 健太郎
478 アドルフ・ヒトラー 村瀬興雄
2272 ヒトラー演説 高田博行
1943 ホロコースト 芝 健介
2349 ヒトラーに抵抗した人々 對馬達雄
2448 闘う文豪とナチス・ドイツ 池内 紀
2329 ナチスの戦争 1918-1949 R・ベッセル 大山 晶訳
2313 ニュルンベルク裁判 A・ヴァインケ 板橋拓己訳
2266 アデナウアー 板橋拓己
2274 スターリン 横手慎二
530 チャーチル（増補版） 河合秀和
1415 フランス現代史 渡邊啓貴
2356 イタリア現代史 伊藤 武
2221 バチカン近現代史 松本佐保
2538 アジア近現代史 岩崎育夫

2437 中国ナショナリズム 小野寺史郎
1959 韓国現代史 木村 幹
2262 先進国・韓国の憂鬱 大西 裕
1763 アジア冷戦史 下斗米伸夫
1876 インドネシア 水本達也
2143 経済大国インドネシア 佐藤百合
1596 ベトナム戦争 松岡 完
2330 チェ・ゲバラ 伊高浩昭
1664 1665 アメリカの20世紀（上下） 有賀夏紀
1920 ケネディ―「神話」と実像 土田 宏
2140 レーガン 村田晃嗣
2383 ビル・クリントン 西川 賢
2527 大統領とハリウッド 村田晃嗣
1863 性と暴力のアメリカ 鈴木 透
2479 スポーツ国家アメリカ 鈴木 透
2540 食の実験場アメリカ 鈴木 透
2504 アメリカとヨーロッパ 渡邊啓貴

2381 ユダヤとアメリカ 立山良司
2415 トルコ現代史 今井宏平
2163 人種とスポーツ 川島浩平

中公新書

言語・文学・エッセイ

j1

433 日本語の個性　外山滋比古
533 日本の方言地図　徳川宗賢編
2493 日本語を翻訳するということ　牧野成一
500 漢字百話　白川　静
2213 漢字再入門　阿辻哲次
1755 部首のはなし　阿辻哲次
2534 漢字の字形　落合淳思
2430 謎の漢字　笹原宏之
2341 常用漢字の歴史　今野真二
2363 外国語を学ぶための言語学の考え方　黒田龍之助
1880 近くて遠い中国語　阿辻哲次
1833 ラテン語の世界　小林　標
1971 英語の歴史　寺澤　盾
2407 英単語の世界　寺澤　盾
1533 英語達人列伝　斎藤兆史
1701 英語達人塾　斎藤兆史
2086 英語の質問箱　里中哲彦
2165 英文法の魅力　里中哲彦
2231 英文法の楽園　里中哲彦
1448 「超」フランス語入門　西永良成
352 日本の名作　小田切　進
212 日本文学史　奥野健男
2285 日本ミステリー小説史　堀　啓子
2427 日本ノンフィクション史　武田　徹
563 幼い子の文学　瀬田貞二
2156 源氏物語の結婚　工藤重矩
1787 平家物語　板坂耀子
1798 ギリシア神話　西村賀子
1254 ケルト神話と中世騎士物語　田中仁彦
2382 シェイクスピア　河合祥一郎
2242 オスカー・ワイルド　宮﨑かすみ
275 マザー・グースの唄　平野敬一
2404 ラテンアメリカ文学入門　寺尾隆吉
1790 批評理論入門　廣野由美子